GRAMMAIRE FRANÇAISE

A L'USAGE DES PENSIONNATS

DES URSULINES DE JÉSUS

DITES DE CHAVAGNES

POITIERS

HENRI OUDIN, LIBRAIRE-ÉDITEUR

RUE DE L'ÉPERON, 4

1870

GRAMMAIRE FRANÇAISE

A L'USAGE DES PENSIONNATS

DES URSULINES DE JÉSUS

DITES DE CHAVAGNES

POITIERS

HENRI OUDIN, LIBRAIRE-ÉDITEUR

RUE DE L'ÉPERON, 4

1870

Cette grammaire est destinée à des élèves qui en auront déjà vu l'abrégé.

Elle a été soumise à l'examen de Monseigneur l'Evêque de Luçon, qui, après en avoir pris connaissance, l'a jugée digne du but que l'auteur se proposait, et a daigné ajouter :

Permis d'imprimer :

Luçon, le 7 juillet 1869.

† CHARLES, évêque de Luçon.

—

Nous pouvons, de nos jours, répéter ce qu'un poëte illustre, Horace, écrivait il y a plus de dix-huit siècles : *Grammatici certant*, les grammairiens ne sont pas d'accord ; ce que les uns enseignent, les autres le condamnent ; l'autorité même de l'Académie n'est pas toujours respectée. Au milieu de cette diversité d'opinions, nous avons trouvé de précieux éclaircissements dans des ouvrages d'un grand mérite, spécialement dans la *Grammaire des grammaires*. D'ailleurs, nous nous sommes généralement attaché aux principes de l'Académie.

AVANT-PROPOS.

—

Le langage, dans son sens le plus étendu, est la manière d'exprimer les pensées.

Il y a trois sortes de langage : le langage *mimique* ou d'action, par exemple celui des sourds-muets; le langage *parlé*, ou la parole; et le langage *écrit*, ou l'écriture.

Une langue est le langage parlé ou écrit, propre à une nation.

Les langues sont mortes ou vivantes.

Une langue *morte* est celle qu'on ne parle plus, comme l'*hébreu*, le *latin* et le *grec ancien*.

Une langue *vivante* est celle qu'on parle actuellement, comme le *français*, l'*anglais*, l'*italien*, l'*espagnol*.

Les langues sont *mères* ou *dérivées*. Elles sont *langues mères* si elles ont donné naissance à d'autres langues, comme l'*hébreu*, le *sanscrit* (1), le *celtique* (2). Elles sont *dérivées* si elles sont elles-mêmes formées d'autres langues, comme le *français*, l'*anglais*.

1. Le sanscrit est l'ancienne langue des Indous, qui est devenue la langue de leur religion et n'est entendue que par les brahmes les plus instruits.
2. Langue des anciens peuples de la Gaule.

Une *grammaire* est l'ensemble des règles d'une langue.

Il y a deux sortes de grammaires : la grammaire *générale* et la grammaire *particulière*.

La grammaire *générale* traite des principes communs aux différentes langues, qui toutes ont des *substantifs*, des *adjectifs* et des *verbes*.

Une grammaire *particulière* traite des principes d'une langue.

La grammaire *française* est la grammaire *particulière* de notre langue : telle est celle qui a été composée pour la Congrégation des Ursulines de Jésus, dites de Chavagnes. Elle se divise en deux parties : la première comprend les éléments du langage, précédés de quelques notions préliminaires; la seconde, la syntaxe.

GRAMMAIRE FRANÇAISE.

PREMIÈRE PARTIE.

ÉLÉMENTS DU LANGAGE.

NOTIONS PRÉLIMINAIRES.

La *grammaire française* est l'ensemble des règles de notre langue.

Pour *parler* et pour *écrire*, on emploie des mots.

Les mots *parlés* sont formés des sons de la voix. Les mots *écrits* sont composés de lettres qui représentent des sons.

On appelle *son propre* le son qu'a la consonne habituellement, et *son accidentel* le son qu'elle reçoit accidentellement. Ainsi le son propre de *c* est *ke*, devant *a, o, u* : *cadre, copie, cube*, et *se* devant *e, i, cela, citadelle*; *c* a un son accidentel, quand il perd le son propre, par exemple dans *second*, qu'on prononce *segond*.

Lettres.

Il y a en français vingt-cinq lettres :
a, b, c, d, e, f, g, h, i, j, k, l, m, n, o, p, q, r, s, t, u, v, x, y, z (1).

1. Il y a deux manières de prononcer ces lettres : l'ancienne consiste à dire : *bé, cé, dé, effe, gé, ache, i, gi, ka, elle, emme, enne, pé, qu, erre, esse, té,–vé, ixe, igrec, zède*; la nouvelle nomme toutes les consonnes avec le secours de l'*e* muet : *be, ce, de, fe, gue*, etc.

Suivant l'ancienne épellation, les lettres qu'on ne prononce qu'avec le secours d'autres lettres sont féminines : *f, h, m, n, r, s*, excepté *x*; toutes les autres lettres sont masculines. Dans la nouvelle épellation toutes les lettres sont masculines.

Chacune de ces lettres se nomme *majuscule* ou grande lettre dans l'écriture et dans les imprimés, quand elle se distingue par sa forme et par sa grandeur ; les autres s'appellent *minuscules* ou *petites lettres*.

Les lettres se divisent en deux classes : les *voyelles* et les *consonnes*.

Voyelles.

Il y a six *voyelles* : *a, e, i, o, u, y* ; on les appelle ainsi parce que seules elles forment une voix ou un son.

L'*e* se prononce de trois manières, et prend, pour cette raison, trois noms différents :

L'*e muet*, monde ; l'*e fermé*, clarté ; l'*e ouvert*, progrès.

L'*y (grec)* s'emploie tantôt pour *deux i*, comme dans *moyen*, tantôt pour *un i*, comme dans *lyre*.

Les voyelles se divisent en *longues* et en *brèves*.

Les voyelles longues sont celles qu'on prononce lentement : *pâte, châsse* ; les voyelles brèves sont celles qu'on prononce rapidement : *patte, chasse*.

Consonnes.

Il y a dix-neuf *consonnes* : *b, c, d, f, g, h, j, k, l, m, n, p, q, r, s, t, v, x, z*.

Ces lettres se nomment *consonnes*, parce qu'elles ne forment un son qu'avec le secours des voyelles.

La lettre *h* est *muette* ou *aspirée*.

Elle est *muette* quand elle ne se fait pas sentir dans la prononciation : l'*homme*, l'*honneur*.

Elle est *aspirée* quand elle fait prononcer du gosier la voyelle qui suit : la *haire*, le *hameau*.

Le double *v* (w) est une lettre étrangère qui se prononce tantôt comme *v*, *Westphalie*, *Vesphalie* ; tantôt comme *ou*, particulièrement dans les mots venus de l'anglais, alors elle ne se lie point avec le mot qui précède : *whist* (1) (ouist).

On appelle *lettres euphoniques*, des *consonnes* qui se placent entre certains mots uniquement pour adoucir la prononciation *l, s, t* : si *l*'on veut, mène-s-y, donne-*t*-il.

Syllabes.

On appelle syllabe une ou plusieurs lettres qu'on prononce par une simple émission de voix.

Il y a une seule syllabe dans le mot *thé*; il y en a deux dans le mot *ar-deur*, et trois dans le mot *cha-ri-té*.

Voyelle composée et diphthongue.

La voyelle est composée quand elle est formée de deux voyelles réunies en une seule, comme dans *vœu, feu, nœud*.

La diphthongue est la réunion de deux sons distincts en une seule syllabe : *Dieu, puits, loi*.

Signes orthographiques.

Les signes orthographiques sont : l'*accent*, l'*apostrophe*, le *tréma*, le *trait d'union*, le *tiret*, la *cédille*, la *parenthèse* et les *guillemets*.

Accents.

Il y a trois sortes d'accents : 1° l'accent *aigu* (´), qui se met sur les *e fermés* : *bonté, café;* 2° l'accent *grave* (`), qui se met sur les *e ouverts* : *père, succès, fièvre;* 3° l'accent *circonflexe* (ˆ), qui se met sur la plupart des voyelles longues : *pâte, tempête, gîte, flûte*.

Apostrophe.

L'apostrophe (') marque le retranchement d'une de ces trois lettres : *a, e, i*, et empêche de confondre deux

1. Sorte de jeu de cartes.

mots en un seul. On ne l'emploie que devant une voyelle ou devant une h muette : l'*écritoire* pour la *écritoire* ; l'*héroïne* pour la *héroïne*.

Tréma.

On appelle tréma (¨) deux points que l'on place, dans certains mots, sur les voyelles *e*, *i*, *u*, précédées d'une autre voyelle, quand ces lettres doivent être prononcées séparément de la voyelle qui précède, comme *naïf*, *Saül*, *ciguë*. Sans le tréma, on prononcerait *naïf* comme *nef* ; *Saül* comme *Saul* ; *ciguë* comme *cigue*.

Trait d'union.

Le trait d'union (-) est un trait horizontal qui sert à unir deux ou plusieurs mots.

Ex. : *Chef-lieu, Châlons-sur-Saône.*

Tiret.

Le tiret ou trait de séparation (1) est un signe semblable au trait d'union mais un peu plus long, qu'on place entre deux mots pour indiquer un changement d'interlocuteur et en général pour éviter la répétition des mêmes termes.

La Fontaine dans une de ses fables fait parler ainsi la *grenouille* qui veut s'égaler au *bœuf*.

Ex. : Est-ce assez, dites-moi, n'y suis-je point encore ? — Nenni. — M'y voilà donc ? — Point du tout. — M'y voilà. — Vous n'en approchez point.

Cédille.

La cédille est un petit signe (,) qui se met sous le *c*,

---

1. Il y a des auteurs qui ne font qu'un seul signe du *tiret* et du *trait d'union*.

devant les voyelles *a*, *o*, *u*, pour avertir qu'il doit avoir le son de deux *s*, comme dans *façade*, *leçon*, *reçu*.

Parenthèse.

On appelle parenthèse () deux signes entre lesquels on renferme quelques mots détachés.

Ex. : Celui qui évite de s'instruire (c'est le sage qui parle) tombera dans le malheur.

Guillemets.

Les guillemets (« ») sont de petits signes qui servent particulièrement à indiquer les citations.

Ex. : Le sage dit : « Gardez en tout temps votre cœur ».

Alinéa.

Il n'y a pas de signes particuliers pour marquer l'alinéa. On l'indique en commençant une nouvelle ligne : c'est ce qu'on appelle *mettre à la ligne*.

Ponctuation.

La ponctuation sert à distinguer les phrases et les différents membres de phrases.

Les signes de la ponctuation sont : la virgule (,), le point-virgule (;), les deux points (:), le point (.), le point interrogatif (?), le point exclamatif (!), les points suspensifs (....) (1).

Mots ou parties du discours.

Il y a dix parties du discours : le *nom* ou *substantif*, l'*article*, l'*adjectif*, le *pronom*, le *verbe*, le *participe*, l'*adverbe*, la *préposition*, la *conjonction* et l'*interjection*.

_1. La connaissance de la syntaxe étant nécessaire pour appliquer toutes les règles de la ponctuation, nous les renvoyons à la fin de la deuxième partie.

Quelques grammairiens modernes rangent l'article dans la classe des adjectifs déterminatifs, comme un mot ne servant qu'à déterminer et à préciser le genre des noms, et ne voient dans le participe qu'un mode du verbe.

On se sert des parties du discours pour exprimer ses pensées.

La pensée est l'acte par lequel l'intelligence compare deux idées, c'est-à-dire deux choses qu'elle se représente, et juge du rapport qu'elles ont entre elles.

La proposition est l'expression du jugement.

Toute proposition renferme trois parties essentielles : le *sujet*, le *verbe* et l'*attribut*.

Le *sujet* est l'objet du jugement, la personne ou la chose dont on exprime l'état ou l'action.

L'*attribut* est *ce* que l'on affirme du sujet.

Le *verbe* est le mot qui unit l'attribut au sujet.

Ex. : Le printemps est beau.

Printemps, sujet ; *beau*, attribut ; *est*, verbe.

Le sujet et l'attribut peuvent avoir un régime ou complément.

Le complément est un mot qui complète l'idée commencée par un autre mot.

Ex. : La victoire de Lépante est célèbre.

De Lépante est le complément du sujet, le substantif *victoire*.

Ex. : Dieu a créé le monde.

Monde complément du verbe *créé*.

Il y a des parties du discours qui sont variables et d'autres qui ne le sont pas.

On appelle *variables* celles dont la terminaison change, et *invariables* celles qui restent toujours les mêmes.

Les mots *variables* sont : le nom ou substantif, l'article, l'adjectif, le pronom, le verbe, le participe.

Les mots *invariables* sont : la préposition, l'adverbe, la conjonction et l'interjection.

QUESTIONNAIRE DES NOTIONS PRÉLIMINAIRES.

Qu'est-ce que la grammaire ? — Combien y a-t-il de lettres ? de voyelles ? de consonnes ? — Qu'appelle-t-on syllabe ? voyelle composée et diphthongue ?—Quels sont les signes orthographiques? — Qu'est-ce que l'accent ? l'apostrophe ? le tréma ? le trait d'union ? le tiret ? la cédille ? la parenthèse ? — Qu'appelle-t-on guillemets ? — Qu'est-ce que la ponctuation ? quels en sont les signes ? —Quels sont les mots ou parties du discours ? — Qu'est-ce que la pensée? la proposition ? le sujet ? l'attribut? le verbe ? le complément ? — Qu'est-ce qu'un mot variable et un mot invariable ? — Quels sont les mots variables et les mots invariables ?

CHAPITRE PREMIER.

LE NOM OU SUBSTANTIF.

Le nom ou substantif est un mot qui sert à désigner des êtres animés ou inanimés : *homme, lion, forêt.*

Il y a deux sortes de substantifs : le substantif *commun* et le substantif *propre.*

Le substantif *commun* est celui qui convient à plusieurs personnes ou à plusieurs choses : *homme, maison,* sont des substantifs communs, car le substantif *homme* convient à tous les *hommes,* le substantif *maison* à toutes les *maisons.*

Le substantif *propre* est celui qui ne convient qu'à une seule personne ou à une seule chose : *Adam, Ève, Paris.*

Le substantif commun est *simple, composé* ou *collectif.*

1*

Le substantif est *simple* quand il est exprimé par un seul mot, comme *jardin;* il est *composé* quand il est formé de quelques mots joints par un trait d'union, comme *chef-d'œuvre*, *chou-fleur*.

Le substantif *collectif* est celui qui exprime la réunion de plusieurs personnes ou de plusieurs choses, comme *foule, multitude, la plupart*.

Il est collectif *général* quand il exprime la totalité des personnes ou des choses dont on parle.

Ex. : La *foule* des hommes est condamnée à mourir.

Il est collectif *partitif* quand il ne désigne qu'une partie des personnes ou des choses dont on parle.

Ex. : Il y a à Paris une *foule* d'hommes désœuvrés.

Genre.

Il y a deux sortes de genres : le *masculin* et le *féminin*. Les noms d'êtres mâles sont du genre masculin : *père, frère, lion,* etc. ; les noms d'êtres femelles sont du genre féminin : *mère, sœur, brebis*.

On a établi arbitrairement cette distinction pour des choses qui, par elles-mêmes, n'ont aucun genre : *bonheur,* masculin ; *ardeur,* féminin.

Le genre des êtres se distingue par la terminaison : *lion, lionne,* ou par une forme différente : *cerf, biche*.

Plusieurs substantifs masculins conservent leur genre quand ils s'appliquent à des femmes : *auteur, poète, écrivain, médecin, professeur, littérateur,* etc.

Ex. : Madame Swetchine est *un* écrivain *distingué*.

Il y a des substantifs semblables pour les deux genres, comme *enfant* (1).

1. Ce mot est marqué par les grammairiens comme toujours masculin au pluriel ; l'usage s'introduit de le mettre des deux genres au pluriel comme il l'est au singulier.

D'autres, en gardant la même forme, changent de genre, selon le sens qu'on y attache ou selon leur emploi (1). Ainsi le substantif *aigle* est masculin quand il signifie un oiseau, et féminin quand il signifie une enseigne.

Nombre dans les substantifs.

Il y a deux nombres : le *singulier* et le *pluriel*; le *singulier* quand on parle d'une seule personne ou d'une seule chose, comme un *homme*, un *livre;* le *pluriel* quand on parle de plusieurs personnes ou de plusieurs choses, comme des *hommes*, des *livres.*

PREMIÈRE REMARQUE : Il y a des substantifs qui n'ont que le singulier :

1° Plusieurs noms de métaux : *or, argent,* etc.

2° Les aromates : le *baume,* la *myrrhe,* etc.

3° Les noms de qualités physiques ou morales, de vertus et de vices : l'*adolescence*, la *beauté*, la *bonté*, la *paresse*, etc.

4° Des mots étrangers : *choléra, laudanum*, etc.

DEUXIÈME REMARQUE. Il y a des substantifs qui n'ont pas de singulier : *alentours, ancêtres, annales, armoiries*, etc. Ces mots et d'autres que l'usage apprendra n'ont point de singulier, parce qu'ils expriment plusieurs choses distinctes, réunies sous la même dénomination.

TROISIÈME REMARQUE. Les *noms propres* suivent la règle générale ; même quand ils sont précédés de l'article au pluriel, ils se mettent au singulier :

1. Girault-Duvivier en cite plus de soixante ; on les trouvera à la fin de cette grammaire.

1° S'ils n'ont pas l'idée de pluralité.

Ex. : Les Bossuet, les Fénélon, les Bourdaloue ont illustré la chaire sacrée.

On ne parle que d'un Bossuet, d'un Fénélon, ou d'un Bourdaloue ; *les* est mis par emphase.

Ordinairement on reconnaît qu'il y a unité dans l'idée lorsqu'on peut supprimer l'article.

Ex. : Les *Turenne* et les *Vauban* se sont distingués.

On peut dire : *Turenne* et *Vauban* se sont distingués.

2° Les noms propres se mettent aussi au singulier quand on veut désigner des personnages considérés séparément : les deux *Corneille*, les deux *Racine* (1).

Les noms *propres* se mettent au pluriel :

1° Quand il s'agit d'une classe de personnes :

Ex. : Les *Stuarts*, les douze *Césars*.

2° Lorsqu'ils désignent des personnes semblables à celles dont on emploie le nom :

Ex. : Un Auguste aisément peut faire des Virgiles.   -

BOILEAU.

Formation du pluriel dans les substantifs simples.

RÈGLE GÉNÉRALE.

Pour former le pluriel des substantifs, on ajoute un *s* à la fin du singulier.

Ex. : La *loi*, les *lois* ; le *livre*, les *livres* ; le *présent*, les *présents* (2).

---

1. Il y a des grammairiens qui dans ce cas veulent le pluriel.
2. Autrefois, on remplaçait *t* par *s* dans les mots terminés en *ant* ou *ent* ; mais aujourd'hui on suit la règle que nous indiquons ; toutefois, il y a des écrivains qui conservent encore l'ancienne règle.

RÈGLES PARTICULIÈRES.

1° Les substantifs terminés au singulier par *s*, *x*, *z*, n'ajoutent rien au pluriel.

Ex. : Le *fils*, les *fils*; le *nez*, les *nez*; la *voix*, les *voix*.

2° Les substantifs terminés au singulier par *au*, *eu*, prennent un *x* au pluriel, le *bateau*, les *bateaux*; le *feu*, les *feux*; il faut y ajouter *bijou*, *joujou*, *caillou*, *chou*, *genou*, *hibou* et *pou*.

3° La plupart des substantifs terminés au singulier par *al*, *ail* font leur pluriel en *aux*.

Ex. : Le *mal*, les *maux*; le *cheval*, les *chevaux*; le *travail*, les *travaux*. Mais : *détail*, *épouvantail*, *portail*, *gouvernail*, *éventails*, etc., font *détails*, *épouvantails*, *portails*, *gouvernails*, *éventails*, etc., suivant la règle générale.

4° *Aïeul*, *ciel*, *œil* font *aïeux*, *cieux*, *yeux*; on dit cependant des *ciels de lits*, ou des *ciels de tableaux*, des *œils de bœufs* (1).

5° *Gent* est le seul mot en *ent* qui ne garde pas le *t* au pluriel.

Il y a des substantifs qui expriment la pluralité, sans prendre la marque du pluriel; on n'a pas de règles bien certaines pour les distinguer. Toutefois, on peut dire que généralement ces mots sont formés des langues anciennes :

Ex. : *Alleluia*, *Amen*, *Pater*, *Ave*, etc. ; ou de langues modernes étrangères: *crescendo*, *dolce*, *largo*, *piano* (2), etc.

____

1. Petite lucarne ovale.
2. Termes de musique.

C'est aussi une règle générale que les mots d'origine étrangère terminés en *a*, et les mots terminés en *i*, qui ne sont pas purement italiens, prennent la marque du pluriel.

Ex. : *Acacias, boas, opéras, parias, sophas,* etc. *Alcalis, amphigouris, bengalis, charivaris, colibris.*

Formation du pluriel dans les noms composés.

Cinq mots, le *substantif*, l'*adjectif*, le *verbe*, l'*adverbe* et la *préposition* servent à former les noms composés. Les trois derniers restent toujours invariables ; les deux autres varient.

Le substantif, pris séparément, se met au pluriel lorsqu'il renferme l'idée de pluralité ; l'adjectif suit la règle d'accord indiquée par la syntaxe.

Voici des exemples pour différentes sortes de noms composés :

I. — *Substantifs placés immédiatement l'un auprès de l'autre.*

Des *chefs-lieux.* Ici il y a idée de pluralité : plusieurs *chefs*, plusieurs *lieux*.

Des *Hôtels-Dieu*, il y a plusieurs *hôtels* et un seul *Dieu.*

II. — *Substantifs séparés par une préposition.*

Des *arcs-en-ciel*, c'est-à-dire dans le *ciel ;* des *eaux-de-vie*, c'est-à-dire qui donnent la *vie.*

Des *coq-à-l'âne*, c'est-à-dire des conversations sans suite, où l'on passe du *coq* à l'*âne.*

III. — *Noms composés d'un substantif et d'un verbe.*

Des *essuie-mains*, des *porte-mouchettes* ; il y a idée de pluralité pour *mains* et pour *mouchettes*.

Des *serre-tête*, des *casse-cou*, c'est-à-dire des objets serrant la *tête*, cassant le *cou*.

IV. — *Noms composés d'un substantif et d'une préposition.*

Des *contre-forts*, des *contre-maîtres* ; il y a idée du pluriel dans le sens particulier des mots *forts* et *maîtres*.

Des *contre-poison*, c'est-à-dire des remèdes contre le *poison*.

V. — *Noms composés d'un verbe et d'un adverbe.*

Des *passe-partout*, des *ouï-dire*, des *qu'en dira-t-on* : chacun de ces mots pris séparément exclut l'idée de pluralité (1).

1. On trouvera à la fin de la grammaire la liste des substantifs composés le plus en usage, orthographiés ainsi qu'ils doivent l'être au pluriel.

QUESTIONNAIRE DU CHAPITRE PREMIER.

Qu'est-ce que le nom ou substantif? — Combien y a-t-il de sortes de substantifs ? — Combien y a-t-il de genres, et comment les distingue-t-on ? — Y a-t-il des substantifs semblables pour les deux genres? Combien y a-t-il de nombres dans les noms, et comment les distinguer ? — Tous les noms ont-ils un singulier, un pluriel ? — Quelle est la règle générale pour la formation du pluriel dans les substantifs ? — Quelles sont les règles particulières? — Quelles sont les règles pour la formation du pluriel dans les noms composés ? — Donnez des exemples.

CHAPITRE II.

L'ARTICLE.

L'article est un mot qui se place devant un nom, particulièrement pour en exprimer le genre et le nombre.

Il n'y a qu'un article *le, la, les* : *le* pour le masculin singulier, *la* pour le féminin singulier, *les* pour le pluriel des deux genres.

L'article au singulier s'élide (1) devant une *voyelle* ou une *h muette* ; *a, e*, se remplacent alors par l'apostrophe : *l'amitié* pour *la amitié*, *l'honneur* pour *le honneur*.

Le, joint à la préposition *de*, se contracte en *du* : *du jardin* pour *de le jardin* (2) ; mais cette contraction n'a pas lieu devant une *voyelle* ni devant une *h* muette : *de l'esprit*, et non *du esprit*; *de l'honneur*, et non *du honneur*.

Le, joint à la préposition *à*, se contracte en *au* : *au monde*, pour *à le monde* ; mais cette contraction n'a pas lieu devant une *voyelle* ni devant une *h muette* : on dit *à l'esprit*, et non *au esprit*; *à l'honneur*, et non *au honneur*.

Les, joint à la préposition *de*, se contracte en *des* : *des roses* pour *de les roses*. Joint à la préposition *à*, il se change en *aux* : *aux roses* pour *à les roses* (3).

1. L'élision est la suppression d'une voyelle devant une *voyelle* ou une *h muette*.

2. La contraction est la réunion de deux lettres en une seule : *août, paon*, se prononcent par contraction : *out, pan*.

3. L'article s'appelle *composé* quand il est contracté, et *simple* quand il ne l'est pas. Il se supprime en quelques circonstances qui seront indiquées plus tard.

Qu'est-ce que l'article ? — Combien y a-t-il d'articles ?—Devant quelles lettres s'élide l'article ?—Quand l'article se contracte-t-il ?

CHAPITRE III.

L'ADJECTIF.

L'adjectif est un mot qu'on ajoute au substantif pour le qualifier ou le déterminer. Quand je dis : Le lis *blanc*, je qualifie le lis, j'exprime une qualité du lis ; si je dis *cette* rose, je la détermine, je la distingue des autres roses.

En général, on connaît qu'un mot est adjectif quand on peut y joindre le mot *personne* ou *chose*, ainsi : *habile*, *agréable*, sont des adjectifs, parce qu'on peut dire : personne *habile*, chose *agréable*.

REMARQUE. Les adjectifs peuvent être pris substantivement : le *beau*, le *vrai*, l'*utile*.

Les adjectifs ont, comme les substantifs, deux genres : le *masculin* et le *féminin*, et deux nombres : le *singulier* et le *pluriel*.

Il y a autant de sortes d'adjectifs qu'il y a de sortes de rapports sous lesquels on peut considérer les substantifs. On les range néanmoins en deux classes : les adjectifs *qualificatifs* et les adjectifs *déterminatifs*.

ADJECTIFS QUALIFICATIFS.

Les adjectifs qualificatifs sont ceux qui servent à exprimer la qualité des personnes ou des choses, comme : *bon*, *bonne*, père *bon*, mère *bonne*.

Ils sont très-nombreux.

Un substantif peut être employé adjectivement :

Ex. : C'est une femme *philosophe*.

Formation du féminin dans les adjectifs qualificatifs.

RÈGLE GÉNÉRALE.

On forme le féminin dans les adjectifs qualificatifs en y ajoutant un *e muet* : *prudent, prudente.*

RÈGLES PARTICULIÈRES.

1° Si les adjectifs sont terminés au masculin par un *e muet*, on n'ajoute rien au féminin : un *homme recommandable*, une *femme recommandable.*

2° Quand ils sont terminés en *er* au masculin, on change *er* en *ère* : *altier, altière.*

3° Quand ils sont terminés par *gu*, on y ajoute un *e* sur lequel on met un tréma : *aigu, aiguë.*

4° Quand ils sont terminés par *el, eil, en, on, et*, au masculin, on double la consonne finale devant l'*e muet* : *cruel , cruelle ; pareil , pareille; ancien, ancienne ; bon, bonne; muet, muette.*

Il en est de même des adjectifs *nul, gentil, bellot, sot, vieillot, gras, gros, las, épais, exprès.*

La consonne finale ne se redouble point dans les six adjectifs suivants et leurs composés :

Complet, complète ; concret, concrète ; discret, discrète ; inquiet, inquiète ; replet, replète ; secret, secrète.

5° Les adjectifs *beau, nouveau* et *fou* font au féminin *belle, nouvelle* et *folle*, parce que, au masculin, on dit aussi : *bel, nouvel, fol*, devant une *voyelle* ou une *h* muette : *bel oiseau, nouvel hôte, fol entêtement.*

6° Les adjectifs *blanc , franc, sec , frais*, font *blanche, franche, sèche, fraîche.*

7° *Public, caduc, grec* font *publique, caduque, grecque.*

8° Les adjectifs *bref, neuf, naïf*, font au féminin *brève, neuve, naïve* en changeant *f* en *ve* ; *long* fait *longue.*

9° *Malin*, *bénin*, font *maligne*, *bénigne*.

10° Les adjectifs en *eur* ont ordinairement leur féminin en *euse* : *trompeur*, *trompeuse* ; *flatteur*, *flatteuse* ; et quelquefois en *ice* : *consolateur*, *consolatrice*.

11° Les adjectifs terminés en *x* changent cet *x* en *se* : *dangereux*, *dangereuse* ; *honteux*, *honteuse* ; *jaloux*, *jalouse* ; cependant *doux* fait *douce*, *roux* fait *rousse*.

Formation du pluriel dans les adjectifs qualificatifs.

RÈGLE GÉNÉRALE.

On forme le pluriel des adjectifs qualificatifs en ajoutant un *s* au singulier : *grand*, *grands* ; *grande*, *grandes*.

RÈGLES PARTICULIÈRES.

1° On n'ajoute rien aux adjectifs terminés au singulier par *s*, *x* : un mur *épais*, des murs *épais* ; un fruit *doux*, des fruits *doux*.

L'adjectif *tout* perd le *t* au pluriel : *tous*.

2° Les adjectifs en *eau* prennent un *x* au pluriel : *beau*, *beaux*.

3° La plupart des adjectifs en *al* font leur pluriel en *aux* : un homme *social*, des hommes *sociaux*.

4° Un certain nombre d'adjectifs en *al* ne prennent guère le pluriel qu'au féminin ; des plantes *médicinales*, des fêtes *patronales*.

Degrés de signification dans les adjectifs.

On distingue dans les adjectifs trois degrés de signification : le *positif*, le *comparatif* et le *superlatif*.

POSITIF.

Le *positif* n'est autre chose que l'adjectif même, comme *beau*, *belle*, *agréable*.

COMPARATIF.

Le *comparatif* est l'adjectif avec comparaison. Quand on compare deux choses, on trouve que l'une est supérieure à l'autre, ou inférieure à l'autre, ou égale à l'autre : de là trois sortes de comparatifs.

Pour marquer un comparatif de *supériorité*, on met *plus* devant l'adjectif.

Ex. : La rose est *plus* belle que la violette.

Pour marquer un comparatif d'*infériorité*, on met *moins* devant l'adjectif.

Ex. : La violette est *moins* belle que la rose.

Pour marquer un comparatif d'*égalité*, on met *aussi* devant l'adjectif.

Ex. : La rose est *aussi* belle que la tulipe.

Nous avons trois adjectifs qui expriment seuls une comparaison : *meilleur*, au lieu de *plus bon*, qui ne se dit pas ; *moindre* au lieu de *plus petit* ; *pire* au lieu de *plus mauvais*.

Ex. : La vertu est *meilleure* que la science.

Le mensonge est *pire* que la paresse.

SUPERLATIF.

Le *superlatif* est l'adjectif énonçant la qualité dans un très-haut ou un très-bas degré; ou bien dans le plus haut degré ou dans le degré le plus bas. Il y a deux sortes de superlatifs : l'*absolu* et le *relatif*.

Le superlatif *absolu* est un adjectif précédé des adverbes *très, fort, bien*, etc.

Ex. : Paris est une ville *très-belle*.

Le superlatif *relatif* est un comparatif de supériorité ou d'infériorité précédé de l'un des articles *le, la, les* : *du, des* ; *au, aux* ; ou bien de l'un des pronoms *mon, ma, mes* ; *ton, ta, tes* ; *son, sa, ses* ; *notre, votre, leur*.

Ex. : Paris est la *plus belle* des villes.

Voilà mon *plus cher* trésor.

ADJECTIFS DÉTERMINATIFS.

Les adjectifs déterminatifs sont ceux qui, en restreignant l'étendue de la signification du substantif, servent à le préciser et à le déterminer (1).

Quand je dis : *Ce* jardin, je restreins le sens du substantif *jardin*, par lequel on peut entendre un jardin quelconque ; je le précise et le détermine en montrant quel est le jardin dont je parle.

Il y a cinq sortes d'adjectifs déterminatifs : les adjectifs *numéraux*, les adjectifs *démonstratifs*, les adjectifs *possessifs*, les adjectifs *conjonctifs* et les adjectifs *indéfinis*.

Adjectifs numéraux.

Les adjectifs *numéraux* sont ceux qui désignent le nombre et le rang.

Il y a deux sortes d'adjectifs numéraux : les adjectifs numéraux *cardinaux* et les adjectifs numéraux *ordinaux*.

Les adjectifs numéraux *cardinaux* marquent le nombre, la quantité : *un, deux, trois*, etc.

1. Nous empruntons cette définition et quelques autres à M. Leclair.

Les adjectifs numéraux *ordinaux* marquent le rang : *premier*, *second* ou *deuxième*, *troisième* (1).

Adjectifs démonstratifs.

Les adjectifs *démonstratifs* sont ceux qui indiquent un objet en le montrant, ou comme s'ils le montraient. Je dis dans un jardin : Voyer *ce* rosier, en l'indiquant ; je parle d'un enfant, et je dis : *Cet* enfant est sage ; je parle de l'enfant comme si je le montrais.

Les adjectifs démonstratifs sont : *ce*, *cet*, pour le masculin singulier, *cette* pour le féminin singulier, *ces* pour le pluriel des deux genres. *Ce* se met devant les substantifs qui commencent par une *consonne* ou une *h aspirée* : *ce* palais, *ce* héros. *Cet* se place devant les substantifs qui commencent par une *voyelle* ou par une *h muette* : *cet* arbre, *cet* homme.

Adjectifs possessifs.

Les adjectifs possessifs sont ceux qui marquent la possession de la personne ou de la chose dont on parle, comme : *mon* père, *sa* table.

Ces adjectifs sont :

SINGULIER.		PLURIEL DES DEUX GENRES.
Masculin.	*Féminin.*	
Mon,	Ma,	Mes,
Ton,	Ta,	Tes,
Son.	Sa.	Ses.
Notre,	Notre,	Nos,
Votre,	Votre,	Vos,
Leur.	Leur.	Leurs.

1. « On se sert du mot *second* lorsqu'il ne s'agit que de deux personnes ou de deux choses. On dira d'un ouvrage qui n'a que deux tomes : « Voici le *second* tome », et non pas le deuxième; — et de celui qui en a plus de deux : « Voici le *deuxième* tome, » ou si l'on veut : « Voici le *second* tome. »

(*Grammaire des grammaires.*)

Mon, *ton*, *son* s'emploient par euphonie, au lieu de *ma*, *ta*, *sa*, devant un substantif féminin qui commence par une voyelle ou par une *h* muette : *mon* âme, *ton* armoire, *son* humeur, *son* histoire.

Adjectifs conjonctifs ou relatifs.

Les adjectifs conjonctifs servent à lier deux membres de phrase. Ils s'appellent aussi relatifs parce qu'ils se rapportent à un substantif déjà exprimé.

Ces adjectifs sont :

SINGULIER.		PLURIEL.	
Masculin.	*Féminin.*	*Masculin.*	*Féminin.*
Lequel,	Laquelle,	Lesquels,	Lesquelles,
Duquel,	De laquelle,	Desquels,	Desquelles,
Auquel.	A laquelle.	Auxquels.	Auxquelles.

Ces mots sont adjectifs quand l'antécédent est répété.

Ex. : Le bonheur est le terme où l'on aspire, *lequel* bonheur nous échappe ici-bas.

Les adjectifs conjonctifs deviennent interrogatifs quand ils servent à interroger : alors ils ne sont pas accompagnés de l'article.

Ex. : *Quelle* contrée avez-vous visitée (1) ?

Adjectifs indéfinis.

Les adjectifs *indéfinis* sont ceux qui déterminent le substantif d'une manière vague et générale.

Ces adjectifs sont : *autre*, *aucun*, *chaque*, *certain*, *maint*, *même*, *nul*, *plusieurs*, *quelque*, *quelconque*, *un*, *tel*.

Ex. : *Chaque* pays a ses coutumes.

1. Les adjectifs démonstratifs, possessifs et relatifs deviennent pronoms dans des cas que nous ferons connaître.

Qu'est-ce que l'adjectif ? — Comment connaît-on qu'un mot est adjectif? — Combien les adjectifs ont-ils de genres et de nombres? — Combien y a-t-il de sortes d'adjectifs ? — Qu'est-ce qu'un adjectif qualificatif ? — Quelle est la règle générale pour la formation du féminin dans les adjectifs qualificatifs ? — Quelles sont les règles particulières? — Quelle est la règle générale pour la formation du pluriel dans les adjectifs qualificatifs ? — Quelles sont les règles particulières? — Combien distingue-t-on de degrés de signification dans les adjectifs ? — Qu'est-ce que le positif? — le comparatif? — Combien y a-t-il de sortes de comparatifs? — Qu'est-ce que le superlatif ? — Qu'est-ce que le superlatif absolu ? — relatif? — Qu'entendez-vous par adjectifs déterminatifs? — Combien y a-t-il de sortes d'adjectifs déterminatifs ?— Qu'appelle-t-on adjectifs numéraux? — Combien y en a-t-il de sortes ? — Que marquent les adjectifs numéraux cardinaux? — ordinaux? — Qu'entend-on par adjectifs démonstratifs ? — Quels sont-ils ? — Définissez et faites connaître les adjectifs possessifs, — conjonctifs, — indéfinis.

CHAPITRE IV.

LE PRONOM.

Le *pronom* est un mot qui tient la place du substantif. Si, en parlant d'un enfant, je dis : *Il* est sage; le mot *il* tient la place d'enfant : c'est un pronom.

Il y a cinq sortes de pronoms : le pronom *personnel*, le pronom *démonstratif*, le pronom *possessif*, le pronom *conjonctif* ou *relatif* et le pronom *indéfini*.

Pronoms personnels.

Les pronoms personnels sont ceux qui désignent les personnes.

Il y a trois sortes de pronoms *personnels :* ceux de la première personne, ceux de la deuxième et ceux de la troisième.

Pronoms de la 1re personne :

Je, me, moi, nous.

Pronoms de la 2e personne :

Tu, te, toi, vous.

REMARQUE. Par politesse, on dit *vous* au singulier.

Pronoms de la 3e personne :

Il, ils, elle, elles, se, lui, leur, soi, se, le, la, les, en, y.

Les pronoms *se, en, y* sont des deux genres et des deux nombres.

REMARQUES. 1° *Le, la, les,* pronoms, accompagnent toujours un verbe : Je *le* vois, je *la* connais, je *les* récompenserai ; tandis que *le, la, les,* articles, précèdent toujours un substantif : *le* roi, *la* reine, *les* princes.

2° *Leur,* pronom personnel, est toujours joint à un verbe et reste invariable : Je *leur* parlerai ; tandis que *leur,* adjectif ou pronom possessif, se rapporte à un substantif et est variable : *leurs* châteaux sont brûlés.

Le pronom *personnel* est composé quand l'adjectif *même* y est uni : *moi-même, toi-même, lui-même, nous-mêmes*

Pronoms démonstratifs.

Les pronoms *démonstratifs* servent à indiquer les personnes ou les choses qu'ils représentent.

	SINGULIER.		PLURIEL.
Masculin.	*Féminin.*	*Masculin.*	*Féminin.*
Celui,	Celle,	Ceux,	Celles,
Celui-ci,	Celle-ci,	Ceux-ci,	Celles-ci,
Celui-là.	Celle-là.	Ceux-là.	Celles-là.

Pour les deux genres : ceci, cela.

PRONOM *ce.*

Ce est pronom démonstratif quand il est accompagné du verbe *être*, ou d'un pronom relatif ; il veut dire l'objet, la chose.

Ex. : *Ce* qui me plaît dans cet enfant, *c'est* sa modestie.

Le pronom *ce* n'est pas indispensablement joint à un verbe ou suivi d'un relatif ; on dit : *sur ce, pour ce faire.*

Celui, celle.

Les pronoms *celui, celle,* appliqués aux personnes ou aux choses, ont toujours rapport à un substantif énoncé auparavant, et ont besoin d'être déterminés par la préposition *de* ou par les pronoms relatifs *qui, que, dont.*

Ex. : Les vertus de Louis IX étaient *celles* d'un saint.

De toutes les fleurs, la rose est *celle* que je préfère.

Celui-ci, celui-là.

Les pronoms démonstratifs *celui-ci, celui-là,* ayant une signification fixe, par le moyen de *ci* et de *là,* n'exigent pas de préposition ni de relatif.

Ex. : *Celui-ci,* glorieux d'une charge si belle,
N'eût voulu pour beaucoup en être soulagé.

LA FONTAINE.

Les pronoms démonstratifs *ceci, cela,* ne se disent que des choses, et n'ont pas de pluriel.

Pronoms possessifs.

Les pronoms *possessifs* sont ceux qui indiquent la possession. Ils sont ordinairement précédés de *le*.

Masc. sing.	*Fém. sing.*	*Masc. plur.*	*Fém. plur.*
Le mien,	La mienne,	Les miens,	Les miennes,
Le tien,	La tienne,	Les tiens,	Les tiennes,
Le sien,	La sienne,	Les siens,	Les siennes,
Le nôtre,	La nôtre,	Les nôtres,	Les nôtres,
Le vôtre,	La vôtre,	Les vôtres,	Les vôtres,
Le leur.	La leur.	Les leurs.	Les leurs.

Ces mots sont *pronoms* quand ils ne sont pas suivis d'un substantif.

Ex. : Cet écrit est *le vôtre.*

Cette plume est *la mienne.*

Vôtre tient la place d'écrit, et *mienne* celle de plume.

Notre et *votre*, adjectifs, ne prennent pas d'accent, tandis qu'il y a un accent circonflexe dans *le nôtre, le vôtre* pronoms possessifs.

Pronoms conjonctifs ou relatifs.

Les pronoms *conjonctifs* ou *relatifs* sont ceux qui rattachent un membre de phrase au substantif ou au sujet dont il tient la place et qu'on appelle antécédent.

Ex. : Les roses *qui* parent votre front doivent se flétrir.

Masc. sing.	*Fém. sing.*	*Masc. plur.*	*Fém. plur.*
Lequel,	Laquelle,	Lesquels,	Lesquelles,
Duquel,	De laquelle,	Desquels,	Desquelles,
Auquel.	A laquelle.	Auxquels.	Auxquelles.

Qui, que, quoi, dont, de qui, sont des deux genres et ne deviennent jamais adjectifs.

Les pronoms relatifs servent à interroger.

Ex. : Voici deux routes : *laquelle* voulez-vous suivre?

Laquelle tient la place du substantif *route*.

Qui, *que*, *quoi*, *dont* sont interrogatifs, quand ils sont sans antécédent, c'est-à-dire sans un mot précédent auquel ils se rapportent, et qu'ils signifient quelle personne ou quelle chose.

Ex. : *Qui* a fait cet ouvrage ?

c'est-à-dire *quelle personne ?*

Que cherchez-vous?

c'est-à-dire *quelle chose* cherchez-vous?

Pronoms indéfinis.

On appelle pronoms *indéfinis* ceux qui désignent d'une manière vague et générale le substantif dont ils tiennent la place.

On vient, c'est-à-dire des personnes viennent.

On considère comme pronoms indéfinis :

Autrui, *chacun*, *l'un l'autre*, *l'un et l'autre*, *on*, *personne*, *quelqu'un*, *quiconque*, *rien*, *tous*.

Quand les quatre adjectifs indéfinis, *nul*, *aucun*, *plusieurs*, *tel*, sont employés seuls, ils deviennent pronoms indéfinis.

Ex. : *Nul* ne peut échapper à la mort.

QUESTIONNAIRE DU CHAPITRE IV.

Qu'est-ce qu'un pronom? — Combien y a-t-il de sortes de pronoms? — Qu'est-ce qu'un pronom personnel? — Combien y a-t-il de sortes de pronoms personnels? — Quels sont les pronoms de la première personne? de la deuxième? de la troisième?

— Quelles sont les remarques sur les pronoms personnels *le*, *la*, *les*, *leur*, *moi-même*, *toi-même*, *soi-même* ? — Définissez et indiquez les pronoms démonstratifs ? possessifs ? conjonctifs ou relatifs ? indéfinis ?

CHAPITRE V.

LE VERBE.

Le verbe est un mot qui exprime le rapport de l'attribut avec le sujet ; il affirme que cet attribut convient ou qu'il ne convient pas. Ainsi il fait connaître l'existence, l'état ou l'action du sujet.

Ex. : La vertu *est* aimable,

Le verbe *est* affirme que la qualité d'aimable convient à la vertu.

Le méchant n'*est* pas heureux.

Le verbe *est* affirme que le bonheur n'est pas pour le méchant.

Verbe substantif.

Il n'y a à proprement parler qu'un seul verbe, le verbe *être*, appelé *substantif*, « soit parce qu'il signifie l'*être* et l'*existence*, soit parce qu'il est le mot fondamental du discours (1) » ; il est le seul qui puisse marquer l'affirmation sans être attributif.

Ex. : Dieu *est* infiniment parfait.

Il n'y a pas d'attribut renfermé dans le mot *est*.

Verbes attributifs.

Tous les verbes, excepté le verbe *être*, sont *attributifs*,

1. Bouëdron, *Cours de Philosophie.*

parce qu'ils renferment en eux-mêmes le verbe *être* et l'*attribut*. Ces mots : je *languis* équivalent à ces autres : je *suis languissant*; je *parle* pour je *suis parlant*.

On connaît un verbe, en francais, quand on peut y ajouter ces pronoms : *Je, tu, il, nous, vous, ils* : comme *je* lis, *tu* lis, *il* lit, *nous* lisons, *vous* lisez, *ils* lisent.

Du sujet.

Le sujet du verbe est le nom ou pronom auquel il se rapporte.

Ex. : Marie est notre mère ; *elle* nous aime.

On trouve le sujet des verbes en faisant la question : *qui est-ce qui?* pour une personne, et *qu'est-ce qui ?* pour une chose.

Ex. : *L'enfant pleure. — Qui est-ce qui* pleure ? l'enfant. — L'enfant est le sujet du verbe *pleurer*.

La violette sè cache. — Qu'est-ce qui se cache ? La violette. — La violette est le sujet du verbe *se cacher*.

Du complément.

Le verbe peut avoir trois compléments : le complément direct, le complément indirect et le complément circonstanciel.

1° Le *complément direct* est le mot sur lequel le verbe exerce directement son action.

On trouve le complément direct en faisant la question *qui* pour les personnes et *quoi* pour les choses.

Ex. : Le serpent a trompé *Ève.*

A trompé *qui?* Ève.

Ève a mangé le *fruit* défendu.

A mangé *quoi* ? le fruit défendu.

2° Le *complément indirect* est le mot qui complète indirectement, c'est-à-dire à l'aide d'une proposition, l'action commencée par le verbe. Il est ordinairement marqué par *à* ou par *de* (1).

On trouve le complément indirect en faisant l'une des questions *à qui*, *de qui* etc., pour les personnes ; *à quoi*, *de quoi*, etc., pour les choses.

Ex. : Isaac a donné sa bénédiction à *Jacob*.

A donné *à qui* ? à Jacob.

Cet enfant donne son attention à l'*étude*.

Donne son attention *à quoi* ? à l'étude.

3° Le complément *circonstanciel* exprime diverses circonstances, qui peuvent se ramener à quatre principales : la *cause*, la *manière*, le *temps*, le *lieu*.

On trouve le complément circonstanciel par l'une ou l'autre des questions suivantes :

Pourquoi ? comment. ? quand ? où ?

Ex. : Théodose a obtenu l'empire à cause de *son mérite*.

Pourquoi a-t-il obtenu l'empire ? *à cause* de son mérite. (Cause.)

Les Français ont attaqué Sébastopol avec des *canons*.

Comment ? avec des canons. (Manière.)

Des fléaux ravageront la terre à *la fin des siècles*.

Quand ? à la *fin des siècles*. (Le temps.)

1. L'Académie ne pense point que les substantifs ou les pronoms précédés de *pour*, *avec*, *dans*, soient des régimes indirects des verbes ; elle dit positivement que ce sont des régimes des prépositions ; mais l'auteur de la Grammaire des grammaires et généralement les grammairiens rejettent cette opinion et admettent les mots qui suivent **pour, avec, dans,** comme des régimes indirects du verbe précédent.

Je me rends à *Rome.*

Où ? à *Rome.* (Le lieu.)

Il y a quatre choses à considérer dans les verbes : la *personne*, le *nombre*, le *temps* et le *mode*.

I. Personnes.

Le mot personne désigne, en grammaire, le personnage, le rôle que joue dans le discours le substantif ou le pronom.

Il y a trois personnes :

La première est celle qui parle ; elle est indiquée par *je, nous.* « *Je* crois, *nous* croyons que Dieu existe. »

La deuxième est celle à qui l'on parle ; elle est marquée par *tu, vous.* « *Tu* chanteras, *vous* chanterez. »

La troisième est celle de qui l'on parle ; elle est marquée par *il, elle* : « *Il* ou *elle* est raisonnable. »

II. Nombres.

Il y a deux nombres pour les verbes comme pour les substantifs : le *singulier*, quand il s'agit d'une personne ou d'une chose : je *travaille*, tu *travailles*, il *travaille* ; le *pluriel*, quand il s'agit de plusieurs personnes ou de plusieurs choses : nous *travaillons*, vous *travaillez*, ils *travaillent.*

III. Temps.

Le temps est la mesure de la durée des choses.

Ex. : Saint Louis de Gonzague a vécu vingt-trois ans.

Sa vie a *duré* vingt-trois ans.

La durée se partage en trois temps principaux : le *présent*, le *passé* et le *futur.*

PRÉSENT.

Le *présent* marque une chose qui est ou qui se fait au moment de la parole.

Ex. : J'apprends ma leçon.

Ce temps n'admet point de division ; tout ce qui n'est pas rigoureusement présent est *passé* ou *futur*; mais on divise le passé et le futur, parce qu'une action peut être plus ou moins passée, plus ou moins future.

PASSÉ.

On distingue cinq sortes de passés ou parfaits :

L'*imparfait*, le *parfait défini*, le *parfait indéfini*, le *parfait antérieur* et le *plus-que-parfait*.

1. *Imparfait.*

L'*imparfait* exprime une chose passée, mais comme présente à l'égard d'un autre chose faite dans un temps également passé.

Ex. : Balthasar se *divertissait* quand Cyrus *prit* Babylone.

2. *Parfait défini.*

Le *parfait défini* exprime une chose faite dans un temps déterminé et entièrement écoulé.

Ex. : Je *lus* hier.

3. *Parfait indéfini.*

Le *parfait indéfini* exprime une chose faite dans un temps entièrement passé, mais qu'on ne désigne pas ; ou dans un temps qu'on désigne, mais qui n'est pas tout à fait écoulé.

Ex. : J'*ai lu* ce volume.

Je ne dis pas quand je l'ai lu.

Ex. : J'ai *visité* Versailles aujourd'hui.
Le temps n'est pas tout à fait écoulé.

4. *Parfait antérieur.*

Il y a deux sortes de *parfaits antérieurs.* Le *premier* exprime une action faite immédiatement avant une autre également passée.

Ex. : Quand *j'eus terminé* mon ouvrage, je pris ma récréation.

Le *second* parfait antérieur, ou parfait antérieur *sur-composé*, exprime une chose passée faite avant une autre dans un temps qui n'est pas entièrement écoulé.

Ex. : Aujourd'hui, quand j'*ai eu* appris la nouvelle de vos derniers succès, j'ai couru en faire part à vos parents.

5. *Plus-que-parfait.*

Le *plus-que-parfait* exprime une action dite ou faite quand une autre également passée s'est dite ou faite.

Ex. : J'*avais achevé* ma tâche lorsque ma sœur arriva.

FUTUR.

Il y a deux sortes de futurs : le *futur simple* et le *futur antérieur.*

Le *futur simple* indique simplement que la chose aura lieu.

Ex. : Je *partirai* demain.

Le *futur antérieur* marque que la chose sera faite avant une autre.

Ex. : J'aurai appris ma leçon quand l'étude se terminera.

TEMPS SIMPLES.

Les *temps simples* sont les temps qui se forment sans le secours d'un verbe auxiliaire : *Je grandis.*

TEMPS COMPOSÉS.

Les *temps composés* sont ceux qui se forment à l'aide d'un verbe auxiliaire : J'*ai grandi*, je *suis tombée*.

TEMPS PRIMITIFS ET TEMPS DÉRIVÉS.

Les *temps primitifs* sont ceux qui servent à former les autres temps. Les *temps dérivés* sont ceux qui sont formés des temps primitifs.

Il y a cinq temps primitifs : le *présent de l'infinitif*, le *participe présent*, le *participe passé*, le *présent de l'indicatif* et le *parfait défini*.

IV. — Modes.

Les modes sont différentes manières de présenter l'état ou l'action du verbe, d'affirmer plus ou moins la chose dont on parle , et renferment chacun un ou plusieurs temps.

Il y a cinq modes : l'*indicatif*, le *conditionnel*, l'*impératif*, le *subjonctif* et l'*infinitif*.

1° L'*indicatif* affirme simplement que la chose est, qu'elle a été, ou qu'elle sera.

Ex. : Je lis.

2° Le *conditionnel* exprime qu'une chose serait ou aurait été, moyennant une condition.

Ex. : Je *lirais*, si j'avais des livres.

3° L'*impératif* marque le commandement, la prière.

Ex. : *Écoutez*-moi. *Pardonnez*-moi.

Ce mode n'a point de première personne au singulier.

4° Le *subjonctif* dépend d'un autre verbe auquel il est lié.

Ex. : On veut que vous *soyez* sage.

5° L'*infinitif* exprime l'état ou l'action d'une manière indéterminée : *commander*, *vouloir*.

Quatre modes, l'*indicatif*, le *conditionnel*, l'*impératif* et le *subjonctif* sont personnels parce qu'ils admettent la distinction des nombres et des personnes. L'infinitif est un mode impersonnel, n'admettant pas cette distinction.

Radical et terminaison.

Le *radical* est la partie du verbe qui reste invariable :

Aim dans aimer, *fin* dans finir, *rec* dans recevoir, *rend* dans rendre.

Le *terminaison* varie suivant le nombre, la personne, le temps et le mode. Je chant-*e*, tu chant-*ais*, il chant-*a*.

Conjugaison.

La *conjugaison* est l'ensemble des formes auxquelles un verbe est soumis.

Il y a quatre conjugaisons, que l'on distingue par la terminaison de l'infinitif.

La première conjugaison est terminée à l'infinitif en *er*, comme *aimer*.

La seconde est terminée à l'infinitif en *ir*, comme *finir*.

La troisième est terminée à l'infinitif en *oir* comme *recevoir*.

La quatrième est terminée à l'infinitif en *re*, comme *rendre*.

Qu'est-ce que le verbe ? — Le verbe substantif ? — Quels sont les verbes attributifs ? — Qu'est-ce que le sujet ? — Qu'est-ce que le complément ? — Combien le verbe peut-il avoir de sortes de

compléments.? — Qu'est-ce que le complément direct? — indirect?
— circonstanciel?

Combien y a-t-il de choses à considérer dans les verbes? —
Qu'entend-on en grammaire par personnes? — Combien   t-i!
de personnes? — de nombres dans les verbes?

Qu'est-ce que le temps?

Comment se partage la durée? — Combien y a-t-il de sortes de
passés? — Dites ce qu'expriment ces cinq passés? — Que marque
le présent? — Combien y a-t-il de sortes de futurs? — Qu'indique
le futur simple? — le futur antérieur? — Qu'entend-on par temps
simples? — temps composés? — temps primitifs? — Combien y
a-t-il de temps primitifs? — Qu'appelle-t-on modes? — Combien
a-t-il de modes? — Qu'exprime l'indicatif? — le conditionnel?
— l'impératif? — le subjonctif? — l'infinitif?

Qu'est-ce que le radical et la terminaison dans les verbes?

Qu'appelle-t-on conjugaison? — Combien y a-t-il de conjugaisons?

CHAPITRE VI.

DIFFÉRENTES SORTES DE VERBES.

On distingue cinq sortes de verbes : le verbe *actif* ou
transitif, le verbe *passif*, le verbe *neutre* ou *intransitif*,
le verbe *pronominal* ou *réfléchi*, le verbe *unipersonnel* ou
impersonnel.

Les verbes *avoir* et *être* prennent le nom d'*auxiliaires*,
parce qu'ils servent à conjuguer les autres.

Verbe actif ou transitif.

Le verbe *actif* ou *transitif* (1) est celui qui exprime

1. Ce verbe est appelé *transitif* (du mot latin *transire*, aller au delà)
parce que l'action du verbe ne se renferme pas dans le verbe, mais va
s'exercer sur le sujet.

une action faite par le sujet, et qui est accompagné d'un complément direct.

Ex. : Noé a construit l'arche.

On reconnaît qu'un verbe est actif quand on peut mettre, après ce verbe, quelqu'un ou quelque chose.

Ex. : Alexandre a vaincu Porus.

A vaincu qui? *Porus.*

Christophe Colomb a découvert l'Amérique.

A découvert quoi? l'*Amérique.*

Le verbe actif prend toujours l'auxiliaire *avoir* pour se conjuguer : j'*ai* prié; nous *avons* étudié.

Verbe passif.

Le verbe *passif* est celui qui exprime une action reçue par le sujet :

Ex. : Jeanne d'Arc *fut brûlée* par les Anglais.

On peut, sans changer le sens de la phrase, tourner un verbe actif en verbe passif, ou un verbe passif en verbe actif.

Ainsi l'on dira également : Jeanne d'Arc *fut brûlée* par les Anglais, ou les Anglais *brûlèrent* Jeanne d'Arc. — Les justes *seront récompensés* de Dieu, ou Dieu *récompensera* les justes.

Le verbe passif est formé du participe passé joint à l'auxiliaire *être*. Ainsi des participes passés : *aimé, condamné, conduit,* qui viennent des verbes actifs, *aimer, condamner, conduire,* on fait les verbes passifs *être aimé, être condamné, être conduit.*

On reconnaît qu'un verbe est passif quand on peut le changer en actif.

Verbe neutre ou intransitif.

Le verbe *neutre* ou *intransitif* (1) est celui qui exprime l'état ou l'action, mais qui n'a pas de complément direct.

Ex. : Aller, mourir.

On reconnaît qu'un verbe est neutre quand on ne peut placer après lui *quelqu'un* ou *quelque chose*; ainsi on ne peut pas dire : *aller* quelqu'un, *mourir* quelque chose.

Un verbe actif devient neutre quand on l'emploie d'une manière absolue, c'est-à-dire sans complément direct.

Ainsi le verbe *lire*, actif dans cette proposition : Je *lis une lettre*, devient neutre si je dis seulement : Je *lis*.

Le verbe neutre peut avoir un régime indirect.

Le régime indirect du verbe neutre est le substantif ou le pronom qui répond à l'une des questions : à *qui?* à *quoi?* de *qui?* de *quoi?*

Ex. : Parler à quelqu'un. Parler *à qui?* à quelqu'un.
    On rit de vos réponses; on rit *de quoi?* de vos
    réponses.

La plupart des verbes neutres se conjuguent, comme les verbes actifs, avec l'auxiliaire *avoir*.

Ex. : J'ai compati, j'*avais* compati, j'*aurai* compati.

Il y a des verbes neutres qui se conjuguent, dans leurs temps composés, avec l'auxiliaire *être* : je *suis* allé, je *suis* tombé.

Il y a des verbes neutres qui, selon l'occurrence, prennent tantôt *avoir* et tantôt *être;* tels sont : *grandir, passer,* etc.

1. La particule *in* ajoutée au mot *transitif* lui donne un sens contraire.

Remarque. Le verbe neutre devient actif s'il est suivi d'un complément direct.

Ex. : *J'ai couru un grand danger.*

Le verbe *courir*, essentiellement intransitif, devient ici transitif direct.

Verbe réfléchi ou pronominal.

Le verbe *réfléchi* ou *pronominal* est celui dont l'action se reporte sur le sujet même, soit directement, soit indirectement, et qui se conjugue avec deux pronoms de la même personne : *je me, tu te,* etc.

On distingue deux sortes de verbes pronominaux : le verbe pronominal *essentiel* et le verbe pronominal *accidentel*.

Le *verbe pronominal essentiel* est celui qui ne peut se conjuguer qu'avec deux pronoms de la même personne.

Ex. : *Je me repens* (1).

On ne peut pas dire : *Je repens.*

Le *verbe pronominal accidentel* est un verbe actif neutre qui accidentellement a deux pronoms de la même personne.

Ex. : *Je me frappe.*

On peut dire : *Je frappe* quelqu'un.

Il se nuit.

On peut dire : *Il nuit* à quelqu'un.

---

1. *Voir*, à la fin de cette grammaire, la liste des verbes pronominaux essentiels.

Quoiqu'on ne puisse pas mettre *quelqu'un* ou *quelque chose* après les verbes *pronominaux essentiels*, cependant ils ont toujours une signification active.

Ex. : S'abstenir de plaisir, c'est-à-dire *se tenir loin* du plaisir.

Il faut excepter seulement *s'arroger*, où le second pronom est régime indirect.

Ex. : Il s'arroge des droits.

Se est pour à soi.

Tous les verbes pronominaux forment leurs *temps composés* avec le verbe *être*.

Verbe unipersonnel ou impersonnel (1).

On appelle *verbe unipersonnel* ou *impersonnel* celui qui ne s'emploie, dans tous les temps, qu'à la troisième personne du singulier, comme il *faut*, il *pleut*, etc.

Le mot *il* n'est impersonnel que lorsqu'on ne peut pas le remplacer par *quelqu'un*. Dans ces mots : *il joue*, *il* n'est pas impersonnel, parce qu'on peut le remplacer par *quelqu'un* : *quelqu'un joue*. Dans ces mots : *il importe*, *il* est impersonnel, parce qu'on ne peut pas y substituer le mot *quelqu'un*.

---

1. (*Note de Chapsal*.) «*Impersonnel* veut dire sans personne; cette dénomination nous paraît devoir être remplacée par celle d'*unipersonnel*, qui signifie qui n'a qu'une seule personne. »

(*Note de Lemaire.*) « *Il faut, il importe.* Peut-on dire que ce soit là une personne, puisque ces verbes ne prennent jamais de sujet déterminé, et que l'action qu'ils expriment ne peut jamais être attribuée à une certaine personne ou à une certaine chose? »

Cette raison nous fait préférer la dénomination de verbe *impersonnel*, la seule adoptée par l'Académie et par la *Grammaire des Grammaires*.

CONJUGAISONS.

VERBES AUXILIAIRES.

Verbe auxiliaire AVOIR (1).

INDICATIF (*Premier mode*).

PRÉSENT ABSOLU.

Sing. { J'ai.
Tu as.
Il *ou* elle a.

Plur. { Nous avons.
Vous avez
Ils *ou* elles ont.

IMPARFAIT.

J'avais.
Tu avais.
Il *ou* elle avait.
Nous avions.
Vous aviez.
Ils *ou* elles avaient.

PARFAIT DÉFINI.

J'eus.
Tu eus.
Il *ou* elle eut.
Nous eûmes.
Vous eûtes.
Ils *ou* elles eurent.

PARFAIT INDÉFINI.

J'ai eu.
Tu as eu.
Il *ou* elle a eu.
Nous avons eu.
Vous avez eu.
Ils *ou* elles ont eu.

PARFAIT ANTÉRIEUR.

J'eus eu.
Tu eus eu.
Il *ou* elle eut eu.
Nous eûmes eu.
Vous eûtes eu.
Ils *ou* elles eurent eu.

PLUS-QUE-PARFAIT.

J'avais eu.
Tu avais eu.
Il *ou* elle avait eu.
Nous avions eu.
Vous aviez eu.
Ils *ou* elles avaient eu.

FUTUR SIMPLE OU ABSOLU.

J'aurai.
Tu auras.
Il *ou* elle aura.
Nous aurons.
Vous aurez.
Ils *ou* elles auront.

---

1. Nous mettons le verbe *avoir* le premier, parce qu'il sert à composer plusieurs des temps du verbe *être*. Le verbe *avoir* est le seul qui trouve en lui-même de quoi former ses temps composés.

FUTUR ANTÉRIEUR.

J'aurai eu.
Tu auras eu.
Il *ou* elle aura eu.
Nous aurons eu.
Vous aurez eu,
Ils *ou* elles auront eu.

CONDITIONNEL

(*Second mode*).

PRÉSENT CONDITIONNEL.

J'aurais.
Tu aurais.
Il *ou* elle aurait.
Nous aurions.
Vous auriez.
Ils *ou* elles auraient.

1ᵉʳ PARFAIT CONDITIONNEL.

J'aurais.
Tu aurais.
Il *ou* elle aurait.
Nous aurions.
Vous auriez.
Ils *ou* elles auraient.

2ᵒ PARFAIT CONDITIONNEL.

J'eusse eu.
Tu eusses eu.
Il *ou* elle eût eu.
Nous eussions eu.
Vous eussiez eu.
Ils *ou* elles eussent eu.

IMPÉRATIF (*Troisième mode*).

PRÉSENT OU FUTUR.

Point de première personne.

Aie.
Ayons.
Ayez.

SUBJONCTIF (*Quatrième mode*).

PRÉSENT OU FUTUR.

Que j'aie.
Que tu aies.
Qu'il *ou* qu'elle ait.
Que nous ayons.
Que vous ayez.
Qu'ils *ou* qu'elles aient.

IMPARFAIT.

Que j'eusse.
Que tu eusses.
Qu'il *ou* qu'elle eût.
Que nous eussions.
Que vous eussiez.
Qu'ils *ou* qu'elles eussent.

PARFAIT.

Que j'aie eu.
Que tu aies eu.
Qu'il *ou* qu'elle ait eu.
Que nous ayons eu.
Que vous ayez eu.
Qu'ils *ou* qu'elles aient eu.

PLUS-QUE-PARFAIT.

Que j'eusse eu.
Que tu eusses eu.
Qu'il *ou* qu'elle eût eu.
Que nous eussions eu.
Que vous eussiez eu.
Qu'ils *ou* qu'elles eussent eu.

INFINITIF (*Cinquième mode*).

PRÉSENT.

Avoir.

PARFAIT.

Avoir eu.

PARTICIPE PRÉSENT.	PARTICIPE PASSÉ.
Ayant.	Eu, eue (1).
	Ayant eu.

1. Ce participe, ainsi appelé comme exprimant un temps passé, désigne souvent aussi un temps présent.

Ex. : Quel plaisir d'aimer la religion, de la voir *crue* et *soutenue* par les gens les plus élevés ! Elle est *crue* et *soutenue* maintenant comme par le passé.

Verbe substantif et auxiliaire ÊTRE.

INDICATIF (*Premier mode*).

PRÉSENT ABSOLU.

Je suis.
Tu es.
Il *ou* elle est.
Nous sommes.
Vous êtes.
Ils *ou* elles sont.

IMPARFAIT.

J'étais.
Tu étais.
Il *ou* elle était.
Nous étions.
Vous étiez.
Ils *ou* elles étaient.

PARFAIT DÉFINI.

Je fus.
Tu fus.
Il *ou* elle fut.
Nous fûmes.
Vous fûtes.
Ils *ou* elles furent.

PARFAIT INDÉFINI.

J'ai été.
Tu as été.
Il *ou* elle a été.
Nous avons été.
Vous avez été.
Ils *ou* elles ont été.

PARFAIT ANTÉRIEUR.

J'eus été.
Tu eus été.
Il *ou* elle eut été.
Nous eûmes été.
Vous eûtes été.
Ils *ou* elles eurent été.

PLUS-QUE-PARFAIT.

J'avais été.
Tu avais été.
Il *ou* elle avait été.
Nous avions été.
Vous aviez été.
Ils *ou* elles avaient été.

FUTUR SIMPLE.

Je serai.
Tu seras.
Il *ou* elle sera.
Nous serons.
Vous serez.
Ils *ou* elles seront.

FUTUR ANTÉRIEUR.

J'aurai été.
Tu auras été.
Il *ou* elle aura été.
Nous aurons été.
Vous aurez été.
Ils *ou* elles auront été.

CONDITIONNEL

(*Deuxième mode*).

PRÉSENT CONDITIONNEL.

Je serais.
Tu serais.
Il *ou* elle serait.
Nous serions.
Vous seriez.
Ils *ou* elles seraient.

1er PARFAIT CONDITIONNEL.

J'aurais été.
Tu aurais été.
Il *ou* elle aurait été.
Nous aurions été.
Vous auriez été.
Ils *ou* elles auraient été.

2e PARFAIT CONDITIONNEL.

J'eusse été.
Tu eusses été.
Il *ou* elle eût été.
Nous eussions été.
Vous eussiez été.
Ils *ou* elles eussent été.

IMPÉRATIF (*Troisième mode*).

PRÉSENT OU FUTUR.

Point de première personne.

Sois.
Soyons.
Soyez.

SUBJONCTIF (*Quatrième mode*).

PRÉSENT OU FUTUR.

Que je sois.
Que tu sois.
Qu'il *ou* qu'elle soit.
Que nous soyons.
Que vous soyez.
Qu'ils *ou* qu'elles soient.

IMPARFAIT.

Que je fusse.
Que tu fusses.
Qu'il *ou* qu'elle fût.
Que nous fussions.
Que vous fussiez.
Qu'ils *ou* qu'elles fussent.

PARFAIT.

Que j'aie été.
Que tu aies été.
Qu'il *ou* qu'elle ait été.
Que nous ayons été.
Que vous ayez été.
Qu'ils *ou* qu'elles aient été.

PLUS-QUE-PARFAIT.

Que j'eusse été.
Que tu eusses été.
Qu'il *ou* qu'elle eût été.
Que nous eussions été.
Que vous eussiez été.
Qu'ils *ou* qu'elles eussent été.

INFINITIF (*Cinquième mode*).

PRÉSENT.

Être.

PARFAIT.

Avoir été.

PARTICIPE PRÉSENT.

Étant.

PARTICIPE PASSÉ.

Été, ayant été.

VERBES ATTRIBUTIFS.

LES QUATRE CONJUGAISONS (1).

PREMIÈRE CONJUGAISON.

(La première conjugaison a l'infinitif terminé en ER.)

Verbe AIMER.

TEMPS PRIMITIFS.

Aimer, aimant, aimé, j'aime, j'aimai.

INDICATIF (*Premier mode*).

PRÉSENT.

Temps primitif.

J'aime.
Tu aimes.
Il *ou* elle aime.
Nous aimons.
Vous aimez.
Ils *ou* elles aiment.

IMPARFAIT.

Temps dérivé, formé du parti-cipe présent AIMANT *par le chan-gement de* ANT *en* AIS.

J'aim *ais*.
Tu aim *ais*.
Il aim *ait*.
Nous aim *ions*.
Vous aim *iez*.
Ils aim *aient*.

PARFAIT DÉFINI.
Temps primitif

J'aimai.
Tu aimas.
Il aima.
Nous aimâmes.
Vous aimâtes.
Ils aimèrent.

PARFAIT INDÉFINI.

J'ai aimé.
Tu as aimé.
Il a aimé.
Nous avons aimé.
Vous avez aimé.
Ils ont aimé.

1er PARFAIT ANTÉRIEUR.

J'eus aimé.
Tu eus aimé.
Il eut aimé.
Nous eûmes aimé.
Vous eûtes aimé.
Ils eurent aimé.

1. Bien que les règles de la formation des temps se trouvent plus loin, nous croyons utile d'en donner une idée dans le tableau des verbes.

2º PARFAIT ANTÉRIEUR.

J'ai eu aimé.
Tu as eu aimé.
Il a eu aimé.
Nous avons eu aimé.
Vous avez eu aimé.
Ils ont eu aimé.

PLUS-QUE-PARFAIT.

J'avais aimé.
Tu avais aimé.
Il avait aimé.
Nous avions aimé.
Vous aviez aimé.
Ils avaient aimé.

FUTUR SIMPLE.

Temps dérivé, formé du présent de l'infinitif AIMER *par l'addition de* AI.
J'aimer *ai.*
Tu aimer *as.*
Il aimer *a.*
Nous aimer *ons.*
Vous aimer *ez.*
Ils aimer *ont.*

FUTUR ANTÉRIEUR.

J'aurai aimé.
Tu auras aimé.
Il aura aimé.
Nous aurons aimé.
Vous aurez aimé.
Ils auront aimé.

CONDITIONNEL (*Deuxième mode*).

PRÉSENT CONDITIONNEL.

Temps dérivé, formé du présent de l'infinitif AIMER *par l'addition de* AIS.
J'aime *rais.*
Tu aime *rais.*
Il aime *rait.*
Nous aime *rions.*
Vous aime *riez.*
Ils aime *raient.*

1ᵉʳ PARFAIT CONDITIONNEL.

J'aurais aimé.
Tu aurais aimé.
Il aurait aimé.
Nous aurions aimé.
Vous auriez aimé.
Ils auraient aimé.

2ᵉ PARFAIT CONDITIONNEL.

J'eusse aimé.
Tu eusses aimé.
Il eût aimé.
Nous eussions aimé.
Vous eussiez aimé.
Ils eussent aimé.

IMPÉRATIF (*Troisième mode*).

PRÉSENT OU FUTUR.

Temps dérivé, formé du présent de l'indicatif J'AIME *par la suppression de* JE, NOUS, VOUS.
Point de première personne.
Aime.
Aimons.
Aimez.

SUBJONCTIF (*Quatrième mode*).

PRÉSENT OU FUTUR.

Temps dérivé, formé du participe présent AIMANT *par le changement de* ANT *en* E *muet.*
Que j'aim *e.*
Que tu aim *es.*
Qu'il aim *e.*
Que nous aim *ions.*
Que vous aim *iez.*
Qu'ils aim *ent.*

IMPARFAIT.

Temps dérivé, formé du parfait défini J'AIMAI *par le changement de* AI *en* ASSE.
Que j'aim *asse.*
Que tu aim *asses.*
Qu'il aim *ât.*

Que nous aim *assions.*
Que vous aim *assiez*
Qu'ils aim *assent.*

PARFAIT.

Que j'aie aimé.
Que tu aies aimé.
Qu'il ait aimé.
Que nous ayons aimé.
Que vous ayez aimé.
Qu'ils aient aimé.

PLUS-QUE-PARFAIT.

Que j'eusse aimé.
Que tu eusses aimé.
Qu'il eût aimé.
Que nous eussions aimé.

Que vous eussiez aimé.
Qu'ils eussent aimé.

INFINITIF (*Cinquième mode*).

PRÉSENT.
Temps primitif.

Aimer.

PARFAIT.

Avoir aimé, ayant aimé.

PARTICIPE PRÉSENT.
Temps primitif.

Aimant.

PARTICIPE PASSÉ.
Temps primitif.

Aimé, aimée.

Ainsi se conjuguent (1) :

Aider.	Cacher.	Dessiner.	Publier.
Adapter.	Condamner.	Éviter.	Raisonner.
Accepter.	Chanter.	Goûter.	Sacrifier.
Ajouter.	Comparer.	Jouer.	Sauvegarder.
Baptiser.	Demander.	Manger.	Sauver.
Brûler.	Désirer.	Nier.	Simplifier.

Remarques sur les Verbes de la 1re conjugaison.

1° Les verbes de la première conjugaison terminés à l'infinitif en *cer* prennent une cédille sous le *c*, devant les voyelles *a*, *o*.

Ex. : Avancer : il avança, nous avançons.

2° Les verbes dont l'infinitif se termine en *ger* prennent un *e* muet après le *g*, devant les voyelles *a*, *o*.

Ex. : Manger; il mangea, nous mangeons.

3° Les verbes dont l'avant-dernière syllabe est un *e* muet changent cet *e* muet en *è* ouvert devant une syllabe muette.

Ex. : Amener; j'amène, j'amènerai.

1. On peut faire conjuguer ces verbes ou d'autres semblables, par écrit ou de vive voix; mais il n'est pas nécessaire de les apprendre tels qu'ils sont dans ce tableau.

4° Les verbes qui ont un *é* fermé à l'avant-dernière syllabe le remplacent par un *è* ouvert devant une syllabe muette, excepté au futur et au conditionnel.

Ex. : Compl *éter* : je compl *ète*, je compl *éterai*, je compl *éterais*.

L'*é* fermé se conserve à tous les temps des verbes en *éger*.

5° Les verbes en *eler* doublent l'*l*, et ceux en *eter* doublent le *t* devant un *e muet*.

Ex. : Renouveler; je *renouvelle*, je *renouvellerai*. — Jeter ; je *jette*, je *jetterai*.

Il faut en excepter les verbes *acheter*, *becqueter*, *bourreler*, *crocheter*, *déceler*, *décolleter*, *dégeler*, *écarteler*, *étiqueter*, *geler*, *harceler*, *haleter*, *marteler*, *modeler*, *peler*, *racheter*, qui changent l'é muet en *è* ouvert.

6° Les verbes en *ier*, dont le radical est terminé par un *i* au participe présent, ont deux *i* à la première et à la deuxième personne du pluriel de l'imparfait de l'indicatif et du présent du subjonctif.

Ex. : Je *priais*, nous *priions*, vous *priiez* ; que nous *priions*, que vous *priiez*.

7° Les verbes en *yer* prennent un *y* et un *i* à la première et à la deuxième personne plurielle de l'imparfait de l'indicatif et du présent du subjonctif.

Ex. : Employer; nous emplo*yions*, vous emplo*yiez*.

Ces verbes remplacent l'*y* par l'*i* devant une syllabe muette (1).

1. Il en est ainsi pour tous les verbes dans les temps desquels il entre un *y*, quelles que soient d'ailleurs leurs conjugaisons.

Ex. : *Fuir*, *voir*, *croire*, dont les participes présents sont : *fuyant*, *voyant*, *croyant*, font au subjonctif présent : que je *fuie*, que je *voie*, que je *croie*.

Ex. : Essuyer ; j'*essuie*, j'*essuierai*.

Dans les verbes en *ayer*, on est libre de conserver l'*y* grec devant l'*e muet* (1).

Ex. : Il paie, ou il paye.

8° Les verbes en *éer* ont un *é* fermé à toutes les personnes dont la terminaison renferme un *e muet*.

Ex. : Je *crée*, je *créerai*.

Le participe passé du féminin a trois *e* : deux *é* *fermés* suivis d'un *e muet*.

Ex. : Agréée, créée.

Remarque. Les verbes de la première conjugaison sont presque tous réguliers (2).

1. Il y a des grammairiens qui n'adoptent pas cette exception indiquée par l'Académie.
2. Le tableau des verbes irréguliers pour les quatre conjugaisons se trouve à la fin de la grammaire.

DEUXIÈME CONJUGAISON.

(La deuxième conjugaison a l'infinitif terminé en IR.)

Verbe FINIR.

TEMPS PRIMITIFS.

Finir, finissant, fini, je finis (1), je finis (2).

INDICATIF (*Premier mode*).	IMPARFAIT.
PRÉSENT ABSOLU.	*Temps dérivé, formé du participe présent* FINISSANT *par le changement de* ANT *en* AIS.
Temps primitif.	
Je finis.	Je finiss *ais*.
Tu finis.	Tu finiss *ais*.
Il finit.	Il finiss *ait*.
Nous finissons.	Nous finiss *ions*.
Vous finissez.	Vous finiss *iez*.
Ils finissent.	Ils finiss *aient*.

(1) Présent de l'indicatif. — (2) Passé défini.

PARFAIT DEFINI.

Temps primitif.

Je finis.
Tu finis.
Il finit.
Nous finîmes.
Vous finîtes.
Ils finirent.

PARFAIT INDÉFINI.

J'ai fini.
Tu as fini.
Il a fini.
Nous avons fini.
Vous avez fini.
Ils ont fini.

1er PARFAIT ANTÉRIEUR.

J'eus fini.
Tu eus fini.
Il eut fini.
Nous cûmes fini.
Vous eûtes fini.
Ils eurent fini.

2e PARFAIT ANTÉRIEUR.

J'ai eu fini.
Tu as eu fini.
Il a eu fini.
Nous avons eu fini.
Vous avez eu fini.
Ils ont eu fini.

PLUS-QUE-PARFAIT.

J'avais fini.
Tu avais fini.
Il avait fini.
Nous avions fini.
Vous aviez fini.
Ils avaient fini.

FUTUR SIMPLE.

Temps dérivé, formé du présent de l'infinitif FINIR *par l'addition de* AI.

Je finir *ai.*
Tu finir *as.*
Il finir *a.*
Nous finir *ons.*
Vous finir *ez.*
Ils finir *ont.*

FUTUR ANTÉRIEUR.

J'aurai fini.
Tu auras fini.
Il aura fini.
Nous aurons fini.
Vous aurez fini.
Ils auront fini.

CONDITIONNEL (*Deuxième mode*).

PRÉSENT CONDITIONNEL.

Temps dérivé, formé du présent de l'infinitif FINIR *par l'addition de* AIS.

Je finir *ais.*
Tu finir *ais.*
Il finir *ait.*
Nous finir *ions.*
Vous finir *iez.*
Ils finir *aient.*

1er PARFAIT CONDITIONNEL.

J'aurais fini.
Tu aurais fini.
Il aurait fini.
Nous aurions fini.
Vous auriez fini.
Ils auraient fini.

2e PARFAIT CONDITIONNEL.

J'eusse fini.
Tu eusses fini.
Il eût fini.
Nous eussions fini.
Vous eussiez fini.
Ils eussent fini.

IMPÉRATIF (*Troisième mode*).

PRÉSENT OU FUTUR.

Temps dérivé, formé du présent de l'indicatif JE FINIS *par la suppression de* JE , NOUS, VOUS.

Point de première personne.
Finis.
Finissons.
Finissez.

SUBJONCTIF (*Quatrième mode*).

PRESENT OU FUTUR.

Temps dérivé, formé du participe présent FINISSANT *par le changement de* ANT *en* E *muet.*
Que je finiss *e.*
Que tu finiss *es.*
Qu'il finiss *e.*
Que nous finiss *ions.*
Que vous finiss *iez.*
Qu'ils finiss *ent.*

IMPARFAIT.

Temps dérivé, formé du parfait défini FINIS *par l'addition de* SE.
Que je finis *se.*
Que tu finis *ses.*
Qu'il fin *ît.*

Que nous finis *sions.*
Que vous finis *siez.*
Qu'ils finis *sent.*

PARFAIT.

Que j'aie fini.
Que tu aies fini.
Qu'il ait fini.
Que nous ayons fini.
Que vous ayez fini.
Qu'ils aient fini.

PLUS-QUE-PARFAIT.

Que j'eusse fini.
Que tu eusses fini.
Qu'il eût fini.
Que nous eussions fini.
Que vous eussi z fini.
Qu'ils eussent fini.

INFINITIF (*Cinquième mode*).

PRÉSENT.

Temps primitif.

Finir.

PARFAIT COMPOSÉ.

Temps composé.

Avoir fini, ayant fini.

PARTICIPE PRÉSENT.

Temps primitif.

Finissant.

PARTICIPE PASSÉ.

Temps primitif.

Fini, finie.

Ainsi se conjuguent :

Adoucir.	Fournir.	Obéir.	Sévir.
Amoindrir.	Guérir.	Obtenir.	Sentir.
Amortir.	Grandir.	Punir.	Trahir.
Compatir.	Jouir.	Remplir.	Travestir.
Embellir.	Nourrir.	Réussir.	Unir.

Remarques sur quelques verbes de la deuxième conjugaison.

Le verbe *bénir* est régulier dans tous les temps ; mais, au participe passé, il a deux formes : *béni, bénie ; bénit, bénite.*

1° *Bénit, bénite,* pour les personnes ou pour les choses consacrées par une cérémonie religieuse : Abbesse *bénite,* pain *bénit,* eau *bénite ;*

2° *Béni, bénie,* dans toutes les autres acceptions : peuple *béni,* famille *bénie,* Dieu soit *béni.*

Haïr conserve le tréma sur *l'i* dans toute la conjugaison, excepté :

1° Aux trois personnes singulières du présent de l'indicatif : *Je hais, tu hais, il hait.*

2° A la deuxième personne de l'impératif : *hais.*

Fleurir est régulier dans le sens propre, *être en fleur* ; mais dans le sens figuré, *prospérer, être en honneur,* il fait au participe présent, *florissant,* et à l'imparfait de l'indicatif, je *florissais.*

Toutefois l'Académie dit : Les sciences et les arts *florissaient* ou *fleurissaient.*

Les verbes irréguliers et défectifs de la deuxième conjugaison sont nombreux.

TROISIÈME CONJUGAISON.

(La troisième conjugaison a l'infinitif terminé en OIR.*)*

Verbe RECEVOIR.

TEMPS PRIMITIFS.

Recevoir, recevant, reçu, je reçois, je reçus.

INDICATIF (*Premier mode*).

PRÉSENT ABSOLU.
Temps primitif.

Je reçois.
Tu reçois.
Il reçoit.
Nous recevons.
Vous recevez.
Ils reçoivent.

IMPARFAIT.

Temps dérivé, formé du participe présent RECEVANT *par le changement de* ANT *en* AIS.
Je recev *ais.*
Tu recev *ais.*
Il recev *ait.*
Nous recev *ions.*
Vous recev *iez.*
Ils recev *aient.*

PARFAIT DÉFINI.
Temps primitif.

Je reçus.
Tu reçus.
Il reçut.
Nous reçûmes.
Vous reçûtes.
Ils reçurent.

PARFAIT INDÉFINI.
J'ai reçu.
Tu as reçu.
Il a reçu.

Nous avons reçu.
Vous avez reçu.
Ils ont reçu.

1er PARFAIT ANTÉRIEUR.

J'eus reçu.
Tu eus reçu.
Il eut reçu.
Nous eûmes reçu.
Vous eûtes reçu.
Ils eurent reçu.

2e PARFAIT ANTÉRIEUR.

J'ai eu reçu.
Tu as eu reçu.
Il a eu reçu.
Nous avons eu reçu.
Vous avez eu reçu.
Ils ont eu reçu.

PLUS-QUE-PARFAIT.

J'avais reçu.
Tu avais reçu.
Il avait reçu.
Nous avions reçu.
Vous aviez reçu.
Ils avaient reçu.

FUTUR SIMPLE.

Temps dérivé, formé du présent de l'infinitif RECEVOIR *par le changement de* OIR *en* RAI.
Je recev *rai.*
Tu recev *ras.*

Il rece *vra*.
Nous recev *rons*.
Vous recev *rez*.
Ils recev *ront*.

FUTUR ANTÉRIEUR.

J'aurai reçu.
Tu auras reçu.
Il aura reçu.
Nous aurons reçu.
Vous aurez reçu.
Ils auront reçu.

CONDITIONNEL

(Deuxième mode).

PRÉSENT CONDITIONNEL.

Temps dérivé, formé du présent de l'infinitif RECEVOIR *par le changement de* OIR *en* RAIS.
Je recev *rais*.
Tu recev *rais*.
Il recev *rait*.
Nous recev *rions*.
Vous recev *riez*.
Ils recev *raient*.

1er PARFAIT CONDITIONNEL.

J'aurais reçu.
Tu aurais reçu.
Il aurait reçu.
Nous aurions reçu.
Vous auriez reçu.
Ils auraient reçu.

2e PARFAIT CONDITIONNEL.

J'eusse reçu.
Tu eusses reçu.
Il eût reçu.
Nous eussions reçu.
Vous eussiez reçu.
Ils eussent reçu.

IMPÉRATIF (*Troisième mode*).

PRÉSENT OU FUTUR.

Temps dérivé, formé du présent de l'indicatif JE REÇOIS *par la suppression de* JE, NOUS, VOUS.

Point de première personne.
Reçois.
Recevons.
Recevez.

SUBJONCTIF (*Quatrième mode*).

PRÉSENT OU FUTUR.

Temps dérivé, formé du participe présent par le changement de EVANT *en* OIVE.
Que je reçoi *ve*.
Que tu reçoi *ves*.
Qu'il reçoi *ve*.
Que nous rece *vions*.
Que vous rece *viez*.
Qu'ils reçoi *vent*.

IMPARFAIT.

Temps dérivé, formé du parfait défini JE REÇUS *par l'addition de* SE.
Que je reçus *se*.
Que tu reçus *ses*.
Qu'il reç *ût*.
Que nous reçus *sions*.
Que vous reçus *siez*.
Qu'ils reçus *sent*.

PARFAIT.

Que j'aie reçu.
Que tu aies reçu.
Qu'il ait reçu.
Que nous ayons reçu.
Que vous ayez reçu.
Qu'ils aient reçu.

PLUS-QUE-PARFAIT.	PARFAIT COMPOSÉ.
Que j'eusse reçu.	Avoir reçu, ayant reçu.
Que tu eusses reçu.	
Qu'il eût reçu.	PARTICIPE PRÉSENT.
Que nous eussions reçu.	
Que vous eussiez reçu.	*Temps primitif.*
Qu'ils eussent reçu.	Recevant

INFINITIF (*Cinquième mode*).

PRÉSENT.

Temps primitif.

Recevoir.

PARTICIPE PRÉSENT.

Temps primitif.

Recevant

PARTICIPE PASSÉ.

Temps primitif.

Reçu, reçue.

Ainsi se conjuguent :

Apercevoir.	Devoir.	Redevoir.
Concevoir.	Percevoir.	
Décevoir.	Recevoir.	

Les verbes en *evoir* sont seuls réguliers.

QUATRIÈME CONJUGAISON.

(La quatrième conjugaison a l'infinitif terminé en RE.*)*

Verbe RENDRE.

TEMPS PRIMITIFS.

Rendre, rendant, rendu, je rends, je rendis.

INDICATIF (*Premier mode*).	IMPARFAIT.
PRÉSENT ABSOLU.	*Temps dérivé, formé du participe présent* RENDANT *par le changement de* ANT *en* AIS.
Temps primitif.	
Je rends.	Je rend *ais.*
Tu rends.	Tu rend *ais.*
Il rend.	Il rend *ait.*
Nous rendons.	Nous rend *ions.*
Vous rendez.	Vous rend *iez.*
Ils rendent.	Ils rend *aient.*

PARFAIT DÉFINI.

Temps primitif.

Je rendis.
Tu rendis.
Il rendit.
Nous rendîmes.
Vous rendîtes.
Ils rendirent.

PARFAIT INDÉFINI.

J'ai rendu.
Tu as rendu.
Il a rendu.
Nous avons rendu.
Vous avez rendu.
Ils ont rendu.

1er PARFAIT ANTÉRIEUR.

J'eusse rendu.
Tu eusses rendu.
Il eut rendu.
Nous eûmes rendu.
Vous eûtes rendu.
Ils eurent rendu.

2e PARFAIT ANTÉRIEUR.

J'ai eu rendu.
Tu as eu rendu.
Il a eu rendu.
Nous avons eu rendu.
Vous avez eu rendu.
Ils ont eu rendu.

PLUS-QUE-PARFAIT.

J'avais rendu.
Tu avais rendu.
Il avait rendu.
Nous avions rendu.
Vous aviez rendu.
Ils avaient rendu,

FUTUR SIMPLE.

Temps dérivé, formé du présent de l'infinitif RENDRE *par le changement de l'E muet en* AI.

Je rendr *ai.*
Tu rendr *as.*
Il rendr *a.*
Nous rendr *ons.*
Vous rendr *ez.*
Ils rendr *ont.*

FUTUR ANTÉRIEUR.

Temps composé.

J'aurai rendu.
Tu auras rendu.
Il aura rendu.
Nous aurons rendu.
Vous aurez rendu.
Ils auront rendu.

CONDITIONNEL (*Deuxième mode*).

PRÉSENT CONDITIONNEL.

Temps dérivé, formé du present de l'infinitif RENDRE *par le changement de l'E muet en* AIS.

Je rendr *ais.*
Tu rendr *ais.*
Il rendr *ait.*
Nous rendr *ions.*
Vous rendr *iez.*
Ils rendr *aient.*

1er PARFAIT CONDITIONNEL.

J'aurais rendu.
Tu aurais rendu
Il aurait rendu.
Nous aurions rendu.
Vous auriez rendu.
Ils auraient rendu,

2ᵉ PARFAIT CONDITIONNEL.
J'eusse rendu.
Tu eusses rendu.
Il eût rendu.
Nous eussions rendu.
Vous eussiez rendu.
Ils eussent rendu.

IMPÉRATIF (*Troisième mode*).

PRÉSENT OU FUTUR.

Temps dérivé, formé du présent de l'indicatif JE RENDS *par la suppression de* JE, NOUS, VOUS.
Point de première personne.
Rends.
Rendons.
Rendez.

SUBJONCTIF (*Quatrième mode*).

PRÉSENT OU FUTUR.

Temps dérivé, formé du participe présent RENDANT *par le changement de* ANT *en* E *muet.*
Que je rend e.
Que tu rend es.
Qu'il rend e.
Que nous rend ions.
Que vous rend iez.
Qu'ils rend ent.

IMPARFAIT.

Temps dérivé, formé du parfait défini, JE RENDIS *par l'addition de* SE.
Que je rendis se.
Que tu rendis ses.
Qu'il rend ît.

Que nous rendis sions.
Que vous rendis siez.
Qu'ils rendis sent.

PARFAIT.

Que j'aie rendu.
Que tu aies rendu.
Qu'il ait rendu.
Que nous ayons rendu.
Que vous ayez rendu.
Qu'ils aient rendu.

PLUS-QUE-PARFAIT.

Que j'eusse rendu.
Que tu eusses rendu.
Qu'il eût rendu.
Que nous eussions rendu.
Que vous eussiez rendu.
Qu'ils eussent rendu.

INFINITIF (*Cinquième mode*).

PRÉSENT.

Temps primitif.
Rendre.

PARFAIT.

Temps composé.
Avoir rendu, ayant rendu.

PARTICIPE PRÉSENT.

Temps primitif.
Rendant.

PARTICIPE PASSÉ.

Temps primitif.
Rendu, rendue.

Ainsi se conjuguent :

Attendre.	Fondre.	Suspendre.
Craindre.	Perdre.	Tondre.
Défendre.	Répandre.	Tordre.
Entendre.	Répondre.	Vendre.

Remarques sur les verbes de la 4° conjugaison.

Les verbes terminés en *indre* et en *soudre* ont la finale du singulier du présent de l'indicatif en *s, s, t*, et non en *ds, ds, d*, comme *rendre*.

Ex. : *Craindre :* je crains, tu crains, il crain*t*; *absoudre :* j'absou*s*, tu absou*s*, il absou*t*.

Les verbes *rompre, corrompre, interrompre*, ont un *t* à la troisième personne du singulier du présent de l'indicatif.

Ex. : Il *rompt*, il *corrompt*, il *interrompt*.

En général, les verbes dont le radical n'est pas terminé en *d* prennent un *t* à la troisième personne du singulier du présent de l'indicatif.

Ex. : *Reluire*, il *reluit*.

Plusieurs verbes de la 4° conjugaison sont irréguliers.

Remarques générales pour les quatre conjugaisons.

SINGULIER.

Indicatif présent. Ce temps, au singulier, se termine par *e, es, e* :

1° Dans les verbes réguliers de la première conjugaison.

Ex. : J'aim*e*, tu aim*es*, il aim*e*.

2° Dans les verbes de la deuxième conjugaison qui sont terminés par *frir, vrir, illir*.

Ex. : *Offrir, ouvrir, accueillir*.

J'offr*e*, tu ouvr*es*, il accueill*e*.

3° Les verbes de la quatrième conjugaison qui ont un *d* au radical, et qui ne se terminent pas en *indre* ni en *soudre* au présent de l'infinitif, gardent le *d* pour finale à la troisième personne du singulier du présent de l'indicatif : *répondre*, il répon*d*.

Le *c* se conserve dans les verbes *vaincre*, *convaincre* : il vainc, il convainc.

Imparfait de l'indicatif. Les verbes des quatre conjugaisons ont tous pour finales aux trois personnes de ce temps, *ais, ais, ait* : j'aim*ais*, tu aim*ais*, il aim*ait* ; je finiss*ais*, tu finiss*ais*, il finiss*ait*, etc.

Parfait défini. Tous les verbes de la première conjugaison se terminent à ce temps par *ai, as, a* : j'aim*ai*, tu aim*as*, il aim*a*.

Les verbes des trois autres conjugaisons ont pour finales, au *parfait défini, s, s, t* : Je fini*s*, tu fini*s*, il fini*t* ; je reçu*s*, tu reçu*s*, il reçu*t* ; je rendi*s*, tu rendi*s*, il rendi*t*.

Futur. Tous les verbes, à ce temps, se terminent par *rai, ras, ra* : j'aime*rai*, tu aime*ras*, il aime*ra*, etc.

Conditionnel présent. Ce temps a pour terminaison à tous les verbes, *rais, rais, rait* : j'aime*rais*, tu aime*rais*, il aime*rait*.

Impératif. Dans la première conjugaison, la seconde personne ne diffère du présent de l'indicatif que par la suppression de l'*s*, excepté dans les verbes *avoir, être, aller* et *savoir* : aim*er*, aim*e* (1).

Imparfait du subjonctif. Tous les verbes, à ce temps, se terminent par *sse, sses, t* : que j'aima*sse*, que tu aima*sses*, qu'il aimâ*t*, etc

PLURIEL.

Tous les temps des verbes se terminent au pluriel par *ons, ez, nt* : nous chant*ons*, vous chant*ez*, ils chant*ent*.

Il faut excepter le *parfait défini*, qui se termine par *mes, tes, rent* : nous chantâ*mes*, vous chantâ*tes*, ils chantè*rent*.

1. On a vu que *avoir* fait *aie* à l'impératif; *être, sois* ; *aller* fait *va*, *savoir, sache.*

Tes est aussi la terminaison des verbes *être, dire, faire* et ses composés, au présent de l'indicatif : vous *êtes*, vous *dites*, vous *faites*, vous contrefai*tes*, etc.

EMPLOI DE L'ACCENT CIRCONFLEXE DANS LES VERBES.

Il y a cinq temps qui prennent l'accent circonflexe à quelques-unes de leurs personnes.

1º Le *parfait défini* et le *parfait antérieur*, à la première et à la deuxième personne du pluriel.

Ex. : Nous *aimâmes*, vous *aimâtes*, etc., nous *eûmes* aimé, vous *eûtes* aimé (1).

2º Le *parfait conditionnel*, l'*imparfait du subjonctif* et le *plus-que-parfait du subjonctif*, à la troisième personne du singulier.

Ex. : Il *eût* aimé, il *eût* fini ; qu'il *aimât*, qu'il *finît* ; qu'il *eût* aimé, qu'il *eût* fini.

L'accent circonflexe se met sur l'*i* des verbes en *aître* et en *oître*, dans tous les temps où cette voyelle est suivie d'un *t* : *paraître*, il *paraît* ; *croître*, il *croît*.

L'accent circonflexe se place sur les quatre *participes passés dû, redû, mû* et *crû* (de *croître*).

---

1. Il est facile de distinguer la troisième personne du singulier de l'imparfait du subjonctif d'avec la troisième personne du singulier du parfait défini : par exemple, dans *aimer*, on met *aimât* avec l'accent circonflexe, quand la phrase mise au pluriel demande le *subjonctif* : qu'ils *aimassent.* On écrit *aima* au *passé défini*, quand la phrase mise au pluriel exige l'*indicatif* : ils *aimèrent*.

Ex. : Il faudrait que cette enfant *aimât* davantage l'étude.

Ici, il faut *aimât*, parce que la phrase mise au pluriel demande le *subjonctif* : que ces enfants *aimassent*.

Il *aima* ses parents ; ici mettez le passé défini, parce que la phrase mise au pluriel demande l'indicatif : ils *aimèrent* leurs parents.

MANIÈRE DONT SE FORMENT LES TEMPS.

I.

Du présent de l'infinitif (premier temps primitif), on forme :

1° Le *futur simple*, par l'addition de *ai* pour la première et pour la deuxième conjugaison : *aimer*, j'*aimerai*; *finir*, je *finirai*; par le changement de *oir* en *rai* pour la troisième conjugaison : *recevoir*, je *recevrai* (1); par le changement de l'*e* muet en *ai* pour la quatrième conjugaison : *rendre*, je *rendrai*.

2° Le *conditionnel présent*, par l'addition de *ais* pour les deux premières conjugaisons : *aimer*, j'*aimerais*; *finir*, je *finirais*; par le changement de *oir* en *rais* pour la troisième : *recevoir*, je *recevrais*; et de la voyelle *e* en la syllabe *ais* pour la quatrième : *rendre*, je *rendrais*.

II.

Du participe présent (deuxième temps primitif), on forme :

1° L'*imparfait de l'indicatif*, en changeant *ant* en *ais* : aimant, j'*aimais*; finissant, je *finissais*; recevant, je *recevais*; rendant, je *rendais*.

Il n'y a que deux exceptions : *ayant*, j'*avais*; *sachant*, je *savais*.

2° Le *pluriel du présent de l'indicatif*, en changeant *ant* en *ons*, *ez*, *ent* : aimant, nous *aimons*, vous *aimez*, ils *aiment*; finissant, nous *finissons*, vous *finissez*, ils *finissent*; rendant, nous *rendons*, vous *rendez*, ils *rendent*.

---

1. On parle ainsi par abréviation ; pour être logique, il faudrait mettre : on ajoute pour la 3e conjugaison la syllabe *ai*, et on retranche la syllabe *oi*.

Dans les verbes en *oir*, la troisième personne plurielle reprend la voyelle composée du singulier : je *reçois*, ils *reçoivent*.

3° Le *présent du subjonctif* (pour la première, la seconde et la quatrième conjugaison), en changeant *ant* en *e* muet : aimant, que j'*aime*; finissant, que je *finisse*; rendant, que je *rende*.

Dans les verbes de la troisième conjugaison, la voyelle composée du singulier de l'indicatif reparaît avant la syllabe finale aux trois personnes du singulier et à la troisième personne du pluriel : je *reçois*, que je *reçoive*, que tu *reçoives*, qu'il *reçoive*, qu'ils *reçoivent*.

Remarque. Que se met à tous les temps du subjonctif.

III.

Du participe passé (troisième temps primitif), uni avec les temps simples du verbe auxiliaire *avoir* ou *être*, on forme tous les temps composés, comme : j'*ai aimé*, j'*ai fini*, j'ai *reçu*, j'ai *rendu*, je suis *venu*, il est *parti*, etc.

IV.

Du présent de l'indicatif (quatrième temps primitif), on forme :

L'*impératif*; en ôtant *je nous, vous*; j'aime, *aime*; nous aimons, *aimons*; vous aimez, *aimez*, etc.

V.

Du parfait défini (cinquième temps primitif), on forme :

L'*imparfait du subjonctif*, en changeant *ai* en *asse* pour la première conjugaison : j'aimai, que *j'aimasse*; et en ajoutant *se* pour les trois autres conjugaisons : je *finis*, que je *finisse*; je *reçus*, que je *reçusse*; je *rendis*, que *je rendisse*.

CONJUGAISON DES VERBES PASSIFS.

VERBE ÊTRE *AIMÉ*.

INDICATIF.

PRÉSENT.

Je suis aimé (*ou* aimée).
Tu es aimé.
Il est aimé.
Nous sommes aimés.
Vous êtes aimés.
Ils sont aimés.

IMPARFAIT.

J'étais aimé (*ou* aimée).
Tu étais aimé.
Il était aimé.
Nous étions aimés.
Vous étiez aimés.
Ils étaient aimés.

PARFAIT DÉFINI.

Je fus aimé (*ou* aimée).
Tu fus aimé.
Il fut aimé.
Nous fûmes aimés.
Vous fûtes aimés.
Ils furent aimés.

PARFAIT INDÉFINI.

J'ai été aimé (*ou* aimée).
Tu as été aimé.
Il a été aimé.
Nous avons été aimés.
Vous avez été aimés.
Ils ont été aimés.

PARFAIT ANTÉRIEUR.

J'eus été aimé (*ou* aimée).
Tu eus été aimé.
Il eut été aimé.

Nous eûmes été aimés.
Vous eûtes été aimés.
Ils eurent été aimés.

PLUS-QUE-PARFAIT.

J'avais été aimé (*ou* aimée).
Tu avais été aimé.
Il avait été aimé.
Nous avions été aimés.
Vous aviez été aimés.
Ils avaient été aimés.

FUTUR SIMPLE.

Je serai aimé (*ou* aimée).
Tu seras aimé.
Il sera aimé.
Nous serons aimés.
Vous serez aimés.
Ils seront aimés

FUTUR ANTÉRIEUR.

J'aurai été aimé (*ou* aimée).
Tu auras été aimé.
Il aura été aimé.
Nous aurons été aimés.
Vous aurez été aimés.
Ils auront été aimés.

CONDITIONNEL.

PRÉSENT.

Je serais aimé (*ou* aimée).
Tu serais aimé.
Il serait aimé.
Nous serions aimés.
Vous seriez aimés.
Ils seraient aimés.

1er PARFAIT.

J'aurais été aimé (*ou* aimée).
Tu aurais été aimé.
Il aurait été aimé,
Nous aurions été aimés.
Vous auriez été aimés.
Ils auraient été aimés.

2e PARFAIT.

J'eusse été aimé (*ou* aimée).
Tu eusses été aimé.
Il eût été aimé.
Nous eussions été aimés.
Vous eussiez été aimés.
Ils eussent été aimés.

IMPÉRATIF.

PRÉSENT OU FUTUR.

*Point de première personne au
singulier.*

Sois aimé (*ou* aimée).
Soyons aimés.
Soyez aimés.

SUBJONCTIF.

PRÉSENT OU FUTUR.

Que je sois aimé (*ou* aimée).
Que tu sois aimé.
Qu'il soit aimé.
Que nous soyons aimés.
Que vous soyez aimés.
Qu'ils soient aimés.

IMPARFAIT.

Que je fusse aimé (*ou* aimée).
Que tu fusses aimé.
Qu'il fût aimé.
Que nous fussions aimés.
Que vous fussiez aimés.
Qu'ils fussent aimés.

PARFAIT.

Que j'aie été aimé (*ou* aimée).
Que tu aies été aimé,
Qu'il ait été aimé.
Que nous ayons été aimés.
Que vous ayez été aimés.
Qu'ils aient été aimés.

PLUS-QUE-PARFAIT.

Que j'eusse été aimé (*ou* aimée).
Que tu eusses été aimé.
Qu'il eût été aimé.
Que nous eussions été aimés.
Que vous eussiez été aimés.
Qu'ils eussent été aimés.

INFINITIF.

PRÉSENT.

Etre aimé (*ou* aimée).

PARFAIT.

Avoir été aimé (*ou* aimée).

PARTICIPE PRÉSENT.

Etant aimé (*ou* aimée).

PARTICIPE PASSÉ.

Aimé (*ou* aimée), ayant été aimé
(*ou* aimée).

Ainsi se conjuguent :

Etre approuvé.	Etre humilié.	Etre nourri.
Etre béni.	Etre loué.	Etre puni.
Etre conduit.	Etre maltraité.	Etre suivi.

CONJUGAISON DES VERBES NEUTRES

QUI PRENNENT L'AUXILIAIRE *Avoir*.

DORMIR.

INDICATIF.

PRÉSENT ABSOLU.

Je dors.
Tu dors.
Il dort.
Nous dormons.
Vous dormez.
Ils dorment.

IMPARFAIT.

Je dormais.
Tu dormais.
Il dormait.
Nous dormions.
Vous dormiez.
Ils dormaient.

PARFAIT DÉFINI.

Je dormis.
Tu dormis.
Il dormit.
Nous dormîmes.
Vous dormîtes.
Ils dormirent.

PARFAIT INDÉFINI.

J'ai dormi, etc.

PARFAIT ANTÉRIEUR.

J'eus dormi, etc.

PLUS-QUE-PARFAIT.

J'avais dormi, etc.

FUTUR SIMPLE.

Je dormirai.
Tu dormiras.
Il dormira.
Nous dormirons.
Vous dormirez.
Ils dormiront.

FUTUR ANTÉRIEUR.

J'aurai dormi, etc.

CONDITIONNEL.

PRÉSENT CONDITIONNEL.

Je dormirais.
Tu dormirais.
Il dormirait.
Nous dormirions.
Vous dormiriez.
Ils dormiraient.

1er PARFAIT CONDITIONNEL.

J'aurais dormi, etc.

2e PARFAIT CONDITIONNEL.

J'eusse dormi, etc.

IMPÉRATIF.

PRÉSENT OU FUTUR.

Point de première personne.
Dors.
Dormons.
Dormez.

SUBJONCTIF.

PRÉSENT OU FUTUR.

Que je dorme.
Que tu dormes.
Qu'il dorme.
Que nous dormions.
Que vous dormiez.
Qu'ils dorment.

IMPARFAIT.

Que je dormisse.
Que tu dormisses.
Qu'il dormît.
Que nous dormissions.
Que vous dormissiez.
Qu'ils dormissent.

PARFAIT.

Que j'aie dormi, etc.

PLUS-QUE-PARFAIT.

Que j'eusse dormi, etc.

INFINITIF.

PRÉSENT.

Dormir.

PARFAIT.

Avoir dormi.

PARTICIPE PRÉSENT.

Dormant.

PARTICIPE PASSÉ.

Dormi, ayant dormi.

CONJUGAISON DES VERBES NEUTRES

QUI PRENNENT L'AUXILIAIRE *Être.*

ALLER.

INDICATIF.

PRÉSENT ABSOLU.

Je vais.
Tu vas.
Il va.
Nous allons.
Vous allez.
Ils vont.

IMPARFAIT.

J'allais.
Tu allais.
Il allait.
Nous allions.
Vous alliez.
Ils allaient.

PARFAIT DÉFINI.

J'allai.
Tu allas.
Il alla.
Nous allâmes.
Vous allâtes.
Ils allèrent.

PARFAIT INDÉFINI.
Je suis allé *ou* allée, etc.

PARFAIT ANTÉRIEUR.
Je fus allé *ou* allée, etc.

PLUS-QUE-PARFAIT.
J'étais allé *ou* allée, etc.

FUTUR SIMPLE.
J'irai.
Tu iras.
Il ira.
Nous irons.
Vous irez.
Ils iront.

FUTUR ANTÉRIEUR.
Je serai allé *ou* allée, etc.

CONDITIONNEL.

PRÉSENT CONDITIONNEL.
J'irais.
Tu irais.
Il irait.
Nous irions.
Vous iriez.
Ils iraient.

1er PARFAIT CONDITIONNEL.
Je serais allé *ou* allée, etc.

2e PARFAIT CONDITIONNEL.
Je fusse allé *ou* allée, etc.

IMPÉRATIF.

PRÉSENT OU FUTUR.

Point de première personne au singulier.
Va.
Allons.
Allez.

SUBJONCTIF.

PRÉSENT OU FUTUR.
Que j'aille.
Que tu ailles.
Qu'il aille.
Que nous allions.
Que vous alliez.
Qu'ils aillent.

IMPARFAIT.
Que j'allasse.
Que tu allasses.
Qu'il allât.
Que nous allassions.
Que vous allassiez.
Qu'ils allassent.

PARFAIT.
Que je sois allé *ou* allée, etc.

PLUS-QUE-PARFAIT.
Que je fusse allé *ou* allée, etc.

INFINITIF.

PRÉSENT.
Aller.

PARFAIT.
Être allé *ou* allée.

PARTICIPE PRÉSENT.
Allant.

PARTICIPE PASSÉ.
Allé, allée, étant allé, allée.

CONJUGAISON DES VERBES PRONOMINAUX.

REPENTIR.

INDICATIF.

PRÉSENT ABSOLU.

Je me repens.
Tu te repens.
Il *ou* elle se repent.
Nous nous repentons.
Vous vous repentez.
Ils *ou* elles se repentent.

IMPARFAIT.

Je me repentais, etc.

PARFAIT DÉFINI.

Je me repentis, etc.

PARFAIT INDÉFINI.

Je me suis repenti (*ou* repentie),
etc.

PARFAIT ANTÉRIEUR.

Je me fus repenti (*ou* repentie), etc.

PLUS-QUE-PARFAIT.

Je m'étais repenti (*ou* repentie),
etc.

FUTUR SIMPLE.

Je me repentirai, etc.

FUTUR ANTÉRIEUR.

Je me serai repenti (*ou* repentie),
etc.

CONDITIONNEL.

PRÉSENT.

Je me repentirais, etc.

1er PARFAIT CONDITIONNEL.

Je me serais repenti (*ou* repentie),
etc.

2e PARFAIT CONDITIONNEL.

Je me fusse repenti (*ou* repentie), etc.

IMPÉRATIF.

PRÉSENT OU FUTUR.

Repens-toi.
Repentons-nous.
Repentez-vous.

SUBJONCTIF.

PRÉSENT OU FUTUR.

Que je me repente, etc.

IMPARFAIT.

Que je me repentisse, etc.

PARFAIT.

Que je me sois repenti (*ou* repentie), etc.

PLUS-QUE-PARFAIT.

Que je me fusse repenti (*ou* repentie), etc.

INFINITIF.

PRÉSENT.

Se repentir.

PARFAIT.

S'être repenti (*ou* repentie).

PARTICIPE PRÉSENT.

Se repentant.

PARTICIPE PASSÉ.

Repenti (repentie), s'étant repenti (*ou* repentie).

CONJUGAISON DES VERBES IMPERSONNELS.

FALLOIR.

INDICATIF.

PRÉSENT ABSOLU.
Il faut.

IMPARFAIT.
Il fallait.

PARFAIT DÉFINI.
Il fallut.

PARFAIT INDÉFINI.
Il a fallu.

PARFAIT ANTÉRIEUR.
Il eut fallu.

PLUS-QUE-PARFAIT.
Il avait fallu.

FUTUR SIMPLE.
Il faudra.

FUTUR ANTÉRIEUR.
Il aura fallu.

CONDITIONNEL.

PRÉSENT.
Il faudrait.

1er PARFAIT CONDITIONNEL.
Il aurait fallu.

2e PARFAIT CONDITIONNEL.
Il eût fallu.

SUBJONCTIF.

PRÉSENT OU FUTUR.
Qu'il faille.

IMPARFAIT.
Qu'il fallût.

PARFAIT.
Qu'il ait fallu.

PLUS-QUE-PARFAIT.
Qu'il eût fallu.

INFINITIF.

PRÉSENT.
Falloir.

PARTICIPE PASSÉ.
Ayant fallu.

VERBES IRRÉGULIERS ET DÉFECTIFS.

Les verbes *irréguliers* sont ceux qui s'écartent de la conjugaison à laquelle ils appartiennent : comme *aller, mourir.*

Ces verbes sont nombreux, et les irrégularités ne se rencontrent que dans les temps simples : *j'allai,* je *mourus,* etc.

Les verbes *défectifs* sont ceux auxquels il manque certains temps ou certaines personnes, ainsi qu'on le voit dans le verbe *il faut*.

Un verbe peut être tout à la fois irrégulier et défectif. Tel est *vouloir*, qui n'a pas d'impératif.

RÈGLES GÉNÉRALES POUR LES VERBES IRRÉGULIERS.

1° Tout verbe qui n'a pas de parfait défini, n'a pas d'*imparfait du subjonctif*.

2° Tout verbe qui n'a point de participe présent, n'a point d'*imparfait de l'indicatif*, ni de *présent du subjonctif*.

3° Tout verbe qui n'a pas de présent de l'indicatif, n'a pas d'*impératif*, de *futur*, ni de *conditionnel*.

En un mot, quand un temps primitif manque, les dérivés de ce temps manquent aussi ; il y a très-peu d'exceptions.

Verbes conjugués sous la forme interrogative.

Les verbes conjugués sous la forme interrogative diffèrent des autres en ce que les pronoms se mettent, dans les temps simples, après le verbe ; dans les temps composés, entre l'auxiliaire et le participe.

Les verbes ne s'emploient interrogativement qu'aux temps du mode indicatif et du mode conditionnel.

Verbes actifs et verbes neutres.

INDICATIF.

PRÉSENT.

Aimé-je ?
Aimes-tu ?
Aime-t-il ?

Aimons-nous ?
Aimez-vous ?
Aiment-ils ?

IMPARFAIT.

Aimais-je ? etc.

PARFAIT DÉFINI.
Aimai-je ? etc.

PARFAIT INDÉFINI.
Ai-je aimé ? etc.

PARFAIT ANTÉRIEUR.
Eus-je aimé ? etc.

PLUS-QUE-PARFAIT.
Avais-je aimé ? etc.

FUTUR.
Aimerai-je ? etc.

FUTUR ANTÉRIEUR.
Aurai-je aimé ? etc.

CONDITIONNEL.

PRÉSENT.
Aimerais-je ? etc.

PASSÉ.
Aurais-je aimé ? etc.
Ou eussé-je aimé ? etc.

Remarques : 1° quand la première personne se termine par un *e* muet on change cet *e* muet en *é* fermé.

Ex. : J'aime, aimé-je ? Que je dusse, dussé-je ?

2° Quand la troisième personne du singulier se termine par *e* et par *a*, on met un *t* euphonique entre le verbe et le pronom.

Ex. : Arrive-*t*-il, arrivera-*t*-il aujourd'hui ? (1).

3° Si le verbe se termine par deux consonnes à la première personne, on prend une autre tournure, par euphonie.

Ex. : Est-ce que je cours ? Est-ce que je réponds ?

Et non pas : *cours-je ? réponds-je ?*

Verbes passifs sous la forme interrogative.

INDICATIF.

PRÉSENT.
Suis-je aimé *ou* aimée ?
Es-tu aimé ?
Est-il aimé ?

Sommes-nous aimés ?
Êtes-vous aimés ?
Sont-ils aimés ?

IMPARFAIT.
Étais-je aimé ? etc.

----

1. L's euphonique s'ajoute à la première personne du singulier de l'impératif des verbes de la première conjugaison, devant les pronoms *en*, *y* : *donne-s-en, porte-s-y.*

Verbes conjugués sous la forme négative.

Tous les verbes peuvent se conjuguer négativement, à tous les temps et à tous les modes, à l'aide des mots *ne pas*, *ne point*.

Pour les temps simples, on place le mot *ne* entre le pronom et le verbe.

Pour les temps composés, on place le mot *ne* entre le pronom et l'auxiliaire.

Verbe actif.	**Verbe neutre.**
INDICATIF.	INDICATIF.
PRÉSENT.	PRÉSENT.
Je n'aime pas (*ou* point), etc.	Je ne cours pas (*ou* point).
PLUS-QUE-PARFAIT.	PLUS-QUE-PARFAIT.
Je n'avais pas aimé, etc.	Je n'avais pas couru, etc.

Verbe passif.

INDICATIF.

PRÉSENT.

Je ne suis pas appelé, etc.

Verbes conjugués sous la forme interrogative et négative.

Le mot *ne* se place toujours en premier lieu.

INDICATIF.	CONDITIONNEL.
PRÉSENT.	PRÉSENT.
Ne parlé-je pas ?	Ne parlerais-je pas ?
IMPARFAIT.	PASSÉ.
Ne parlais-je pas ?	N'aurais-je pas parlé ?

QUESTIONNAIRE DU CHAPITRE V.

Combien y a-t-il de sortes de verbes attributifs ? — Qu'est-ce qu'un verbe actif, et comment le reconnaître ? — un verbe passif, et comment se forme-t-il ? — un verbe neutre, et comment le reconnaître ? — un verbe réfléchi pronominal ? — Combien distingue-t-on de verbes pronominaux ? — Qu'est-ce qu'un verbe impersonnel, et comment le distinguer ?

Conjugaisons : Conjuguez le verbe auxiliaire *Avoir* ; — le verbe substantif et auxiliaire *Être*. — Comment se termine l'infinitif de la première conjugaison ? — Conjuguez le verbe *Aimer*. — Qu'est-ce qu'il y a à remarquer sur les verbes de la première conjugaison ? — Comment se termine l'infinitif de la deuxième conjugaison ? — Conjuguez le verbe *Finir*. — Quelles sont les remarques sur les verbes de la deuxième conjugaison ? — Mêmes questions pour les deux autres conjugaisons.

Manière dont se forment les temps.

Quels temps se forment du présent de l'infinitif ? — du participe présent ? — du participe passé ? — du présent de l'indicatif ? — du parfait défini ?

Conjuguez un verbe passif ; — un verbe neutre avec l'auxiliaire *Avoir* ; — un verbe neutre avec l'auxiliaire *Être* ; — un verbe pronominal ; — un verbe impersonnel.

Verbes irréguliers et défectifs.

Qu'est-ce qu'un verbe irrégulier ? — un verbe défectif ? — Quelles sont les règles générales pour les verbes irréguliers ?

En quoi les verbes composés dans la forme interrogative diffèrent-ils des autres ? — Qu'est-ce qu'il y a à remarquer sur ces verbes ? — Les verbes peuvent-ils se conjuguer sous la forme négative ? — interrogative et négative ?

CHAPITRE VI.

PARTICIPE.

Le *participe* est un mot qui tient de la nature de l'adjectif et de celle du verbe.

Il tient de l'adjectif en ce qu'il qualifie, comme l'adjectif, le mot auquel il se rapporte.

Ex. : Des *choses embarrassantes*, des *lettres cachetées.*

Il tient du verbe, puisqu'il en est un temps primitif et qu'il peut avoir un complément.

Ex. : Cette réflexion *embarrassant* notre homme :

On ne dort point, dit-il, quand on a tant d'esprit.

LA FONTAINE.

Il y a deux sortes de participes, le participe présent et le participe passé.

Le *participe présent* est toujours terminé en *ant* : *aimant, finissant, recevant, rendant.*

Le *participe passé* a diverses terminaisons, suivant les verbes dont il dérive : *aimé, fini, rendu, reçu.*

Il sert pour l'actif et pour le passif : *ayant aimé, ayant été aimé.*

QUESTIONNAIRE DU CHAPITRE VI.

Qu'est-ce que le participe ? — Combien y a-t-il de sortes de participes? —Quelle est la terminaison du participe présent ? — Quelles sont les terminaisons du participe passé ?

CHAPITRE VII.

DE L'ADVERBE.

L'adverbe est un mot invariable qui se joint au verbe, ou à l'adjectif, ou à un autre adverbe, pour en modifier la signification.

Ex. : Cet enfant parle *toujours.*

Il est *rarement* tranquille.

Il travaille *ordinairement peu.*

L'adjectif s'emploie comme adverbe, quand il sert à modifier un verbe, et il est alors invariable.

Ex. : Ces enfants chantent *fort*.

Nous parlons *bas*.

DIVISION DES ADVERBES.

Les adverbes peuvent être considérés par rapport à leur forme et par rapport à leur signification.

N. B. Cette division a lieu pour les autres mots invariables.

1. Par rapport à leur forme, les adverbes se divisent en deux classes : les *adverbes simples* et les *adverbes composés*, appelés aussi *locutions adverbiales*.

Les adverbes simples sont ceux qui s'expriment en un seul mot : *toujours, jamais, plus, loin, où, quand,* etc.

Les adverbes composés sont ceux qui s'expriment en plusieurs mots : *en haut, sur-le-champ, tout à fait,* etc.

II. Par rapport à leur signification, on range les adverbes, selon ce qu'ils expriment, en différentes classes.

Voici les principales :

I. — *Adverbes de temps.*

Les *adverbes de temps* qui marquent quelques circonstances ou rapports de temps, et par lesquels on peut répondre à la question *quand?* Ils sont de deux sortes : les uns désignent le temps d'une manière déterminée : *aujourd'hui, présentement, maintenant, à cette heure,* etc.

Les autres désignent le temps d'une manière indéterminée : *à l'improviste, d'abord, souvent, sans cesse,* etc.

II. — *Adverbes de lieu et de distance.*

Les *adverbes de lieu* marquent le lieu par rapport à la

personne qui parle ou aux choses dont on parle : *devant·
derrière, dessus, dessous, y* (1), etc.

Les *adverbes de distance* marquent la distance : *loin,
près, proche.*

III. — *Adverbes d'ordre et de rang.*

Les *adverbes d'ordre et de rang* expriment la manière
dont les choses sont arrangées, les unes à l'égard des
autres, sans attention au lieu.

Les uns regardent l'ordre numéral : *premièrement,
secondement;* les autres, l'ordre respectif : *après, auparavant, d'abord, ensuite,* etc.

IV. — *Adverbes de quantité.*

Les *adverbes de quantité* modifient par une idée de
quantité, soit physique, soit morale, de trois manières :

1. Par estimation précise : *assez, au plus, au moins,
beaucoup, bien, fort, très, tout, du tout, tout à fait.*

2. Par comparaison : *aussi, autant, davantage, moins, peu.*

3. Par extension : *encore, quelque, presque, si, tant.*

V. — *Adverbes de manière et de qualité.*

Les *adverbes de manière et de qualité* expriment comment et de quelle manière les choses se font : *constamment, justement, précédemment.*

Les adverbes de manière ou de qualité dérivent,
pour la plupart, des adjectifs qualificatifs, et sont presque
tous terminés en *ment* : juste, just*ement*; poli, poli*ment.*

---

1. On a vu, page 25, que *y* est aussi employé comme pronom personnel.

VI. — *Adverbes divers.*

Il y a des adverbes d'interrogation, d'affirmation, de négation, de doute, d'union, de différence, etc. — *Comment, certes, nullement, peut-être, aussi,* etc.

Remarque. — *Que,* précédé de *ne,* est *adverbe ;* il a le sens de *seulement.*

Ex. : Je *ne* veux *qu'*une chose, c'est-à-dire je veux seulement une chose.

Degrés de la signification dans les adverbes.

Beaucoup d'adverbes admettent les trois degrés de signification.

Ex. : Lentement, *plus lentement, très-lentement.*

Les adverbes *bien, mal, beaucoup, peu,* forment d'une manière irrégulière leur comparatif et leur superlatif.

POSITIF.	COMPARATIF.	SUPERLATIF.
Bien,	*Mieux,*	*Le mieux.*
Mal,	*Pis* ou *plus mal.*	*Le pis* ou le *plus mal.*
Beaucoup,	*Plus* ou *davantage.*	*Le plus.*
Peu,	*Moins.*	*Le moins.*

Le superlatif absolu des deux adverbes *bien* et *mal* est toujours régulier.

Ex. : Très-bien, très-mal.

QUESTIONNAIRE DU CHAPITRE VII.

Qu'est-ce que l'adverbe ? — L'adjectif est-il employé comme adverbe ? — Combien y a-t-il de sortes d'adverbes ? — Qu'est-ce qu'un adverbe de temps ? — de lieu et de distance ? — d'ordre et de rang ? — de quantité ? — de manière et de qualité ? — Y a-t-il d'autres adverbes ? — Y a-t-il des degrés de signification dans les adverbes ? .

CHAPITRE VII.

LA PRÉPOSITION.

La préposition est un mot invariable qui sert à marquer le rapport de deux mots qu'elle unit.

Ex. : Les enfants *de* Marie.

La préposition *de* marque le rapport qui existe entre *enfants* et *Marie*.

DIVISION DES PRÉPOSITIONS.

I. Les prépositions par rapport à leur forme sont *simples* ou *composées*.

Les prépositions *simples* sont celles qui s'expriment en un seul mot : *à, avec, de, en, par, pour, sans, vers,* etc.

Les prépositions *composées* ou locutions prépositives sont celles qui s'expriment en plusieurs mots.

Les principales locutions prépositives sont :

A cause de.	Au-devant de.	Jusqu'à.
A côté de.	Autour de.	Loin de.
A l'égard de.	A travers.	Par delà.
A l'exception de.	Avant de.	Par-dessus.
Au travers de.	En deçà de.	Près de.
Au delà de.	En dépit de.	Proche de.
Au-dessus de.	En faveur de.	Quant à.

II. Les prépositions par rapport à leur signification marquent principalement :

1º La *cause*, la *propriété*, le *but* : à, par, de, pour, etc.

Ex. : Je viens *pour* m'éclairer *de* vos lumières.

2° Le *lieu* : à, dans, chez, devant, parmi, sur, vers, par.

Ex. : Entrez *chez* moi, passez *par* ce chemin.

3° La *manière*, le *moyen*, l'*opposition* ou la *séparation* : avec, de, par, selon, sans, hors, hormis, malgré, outre.

Ex. : Agissez *avec* prudence, *sans* précipitation.

4° L'*ordre* et le *temps* : à, avant, après, dès, depuis, en (1).

Ex. : Il faut bénir Dieu *dès* le matin.

1. *En* préposition se joint au substantif : *en la présence de Dieu*, tandis que *en* pronom se joint au verbe : j'*en* ai assez.

QUESTIONNAIRE DU CHAPITRE VIII.

Qu'est-ce que la préposition? — Combien distingue-t-on de sortes de prépositions? — Que marquent les prépositions ?

CHAPITRE IX.

LA CONJONCTION.

La conjonction est un mot invariable qui sert à lier ensemble des mots ou des propositions.

Ex. : Le roi *et* le berger.

Et unit le mot *roi* avec le mot *berger*.

Ex. : Il écrit *et* lit en même temps.

La conjonction *et* sert à joindre la première proposition *il écrit*, avec la seconde *lit en même temps*.

Quand on dit : Je désire *que* vous partiez, la conjonction *que* joint la première proposition *je désire*, à la seconde *vous partiez*.

Pour distinguer la conjonction de la préposition et de l'adverbe, avec lesquels on pourrait la confondre, il faut considérer que la conjonction est employée pour faire une liaison, qu'elle ne sert à modifier ni un verbe, ni un adjectif, ni un adverbe, comme le fait l'adverbe; et qu'elle n'exprime pas, comme la préposition, le rapport d'une chose avec une autre.

Division des conjonctions.

Les conjonctions par rapport à leur forme sont simples ou composées.

Les conjonctions *simples* s'expriment par un seul mot : *et, car, si*, etc.

Les conjonctions *composées* ou locutions conjonctives s'expriment par plusieurs mots, comme :

Afin que.	Du moins.	En effet.
A moins que.	Au surplus.	Jusqu'à ce que.
Avant que.	Au reste.	Par conséquent.
Après que.	Bien que.	Parce que.
Au contraire.	C'est pourquoi.	Tandis que.
Au moins.	Depuis que.	

Les conjonctions par rapport à leur signification marquent :

1° La liaison : *et, aussi, ni, que.*

2° L'opposition : *mais, cependant, néanmoins, pourtant.*

3° La division : *ou, ou bien, soit.*

4° L'exception : *sinon, quoique.*

5° La comparaison : *comme, ainsi que.*

6° L'augmentation : *d'ailleurs, de plus que, encore.*

7° Le raisonnement : *car, puisque, or, donc.*

8° L'intention : *afin que, de peur que.*

9° La conclusion : *or, donc, ainsi, de sorte que.*

10° Le temps : *lorsque, comme, dès que, tandis que.*

11° Le doute : *si, supposé que, en cas que, pourvu que.*

Tous les adverbes qui servent à interroger : *pourquoi? comment? quand? où?* etc., deviennent conjonctions lorsqu'ils sont placés entre deux verbes, comme dans ces phrases :

Dites-moi *pourquoi* vous m'avez désobéi ?

Dites-moi *où* va votre sœur ?

Remarques sur quelques conjonctions.

1. *Que.*

Il ne faut pas confondre la conjonction *que*, avec *que* pronom relatif ou interrogatif, ni avec *que* adverbe de quantité. Elle ne peut pas, comme le pronom *que*, être remplacée par *lequel, laquelle*, ni, comme l'adverbe, par *combien.*

2. *Quand* et *quant.*

Il faut distinguer *quand* conjonction de *quant* préposition.

Quand conjonction signifie *lorsque.*

Ex. : Venez *quand* vous voudrez.

Quant préposition signifie *à l'égard de*, et on y joint *à.*

Ex. : *Quant à* cette affaire, je m'en occuperai.

3. *Parce que, par ce que.*

Parce que en deux mots est une conjonction signifiant *attendu que.*

Ex. : *Parce qu'*il est bon, faut-il qu'il soit faible?

Par ce que en trois mots se compose de *par*

préposition, *ce* pronom démonstratif, *que* pronom conjonctif, et signifie *par la chose que*.

Ex. : *Par ce que* vous me dites, je vois qu'on vous a trompé.

4. *Quoique, quoi que.*

Quoique conjonction en un seul mot signifie *bien que*.

Ex. : *Quoique* vous fassiez des efforts, vous ne réussirez pas.

Quoi que, en deux mots, signifie *quelque chose que*.

Ex. : *Quoi que* vous lui disiez, il ne vous répondra pas.

QUESTIONNAIRE DU CHAPITRE IX.

Qu'est-ce que la conjonction ? — Combien y a-t-il de sortes de conjonctions ? — Quelles sont les principales conjonctions ? — celles qui marquent la liaison ? — l'opposition ? — la division ? — l'exception ? — la comparaison ? — l'augmentation ? — le raisonnement ? — l'intention ? — la conclusion ? — le temps ? — le doute ? — Quand les adverbes deviennent-ils conjonctions ? — Quelles sont les remarques sur *que*? — *quand* ? — *parce que* ?— *quoique* ?

CHAPITRE X.

L'INTERJECTION.

L'interjection est un mot invariable qui sert à marquer les mouvements subits de l'âme.

Les interjections expriment divers sentiments :

1° La joie : *Ah! bon!*

2° La douleur : *Aye! ah! hélas! ouf!*

3° La crainte : *Ha! hé!*

4° L'aversion : *Fi! fi donc!*

5° L'admiration : *Oh!*

6° L'encouragement : *Ça! allons! courage!*

7° L'appel : *Holà! hé!*

8° Le silence : *Chut! paix!*

Quand l'interjection est composée de plusieurs mots, on l'appelle locution interjective.

Ex. : Grand Dieu ! etc.

Diverses locutions s'emploient comme interjections : *ciel! miséricorde! soit ! suffit !* etc.

QUESTIONNAIRE DU CHAPITRE X.

Qu'est-ce que l'interjection ?

Quelles sont les principales interjections qui expriment la joie ? la douleur? la crainte? l'aversion ? l'admiration ? l'encouragement? l'appel ? le silence ? — Qu'est-ce qu'une locution interjective? — Y a-t-il diverses locutions qui s'emploient comme interjections?

SECONDE PARTIE.

LA SYNTAXE.

La syntaxe fait connaître la manière de joindre ensemble les mots d'une phrase et les phrases entre elles.

La phrase est un assemblage de mots qui forment un sens complet.

Une phrase renferme une ou plusieurs propositions, selon les mots qui la composent.

Il y a dans une phrase autant de propositions qu'il y a de verbes à un mode personnel.

Selon quelques grammairiens, il y a autant de propositions qu'il y a d'actions exprimées, et par conséquent de verbes à un mode quelconque, même à l'infinitif ou au participe.

Ex. : Je vais jouer, c'est-à-dire pour que je joue.

Dans cette phrase, ils trouvent deux propositions : 1° *je vais*, c'est-à-dire je suis *allant jouer*; 2° pour que je joue, que *je sois jouant*.

Une proposition peut être considérée : 1° *grammaticalement*, et alors elle a autant de parties qu'elle a de mots; 2° *logiquement*, et, dans ce sens, elle n'a que les trois termes : *sujet, verbe* et *attribut*.

Ex. : La gloire est passagère.

Les trois termes de cette proposition sont :

1° La *gloire*, sujet; 2° *est*, verbe; 3° *passagère*, attribut.

Le sujet est *simple* quand il renferme un seul objet.

Ex. : *Jacob* était doux.

Le sujet est *composé* quand il contient plusieurs objets auxquels convient séparément le même attribut.

Ex. : *Marius* et *Sylla* étaient ennemis.

On peut dire : *Marius* était ennemi ; *Sylla* était ennemi.

L'attribut est *simple* quand il n'exprime qu'une manière d'être du sujet.

Ex. : La reine Clotilde était *bonne*.

L'attribut est *composé* quand il exprime plusieurs manières d'être du sujet.

Ex. : La reine Clotilde était *bonne, pieuse* et *sainte*.

Le sujet et l'attribut sont appelés *incomplexes*, quand il n'y a pas de mots qui leur servent de compléments.

Ex. : *Paris* est *beau*.

Le sujet *Paris* et l'attribut *beau*, étant sans compléments, sont l'un et l'autre incomplexes.

Le sujet et l'attribut sont *complexes*, quand ils ont des compléments.

Ex. : Alexandre, *roi de Macédoine*, vainquit Darius, *roi de Perse*.

Le sujet et l'attribut sont *complexes*, le premier, à cause du complément *roi de Macédoine*; et le second, à cause du complément *roi de Perse*.

Nous distinguons trois sortes de propositions : la proposition *absolue*, la proposition *principale*, la proposition *subordonnée*.

La proposition *absolue* est celle qui ne dépend d'aucune autre, et qui a par elle-même un sens complet.

Ex. : L'égoïsme est commun.

La proposition est *principale*, quand elle est accompagnée d'une autre proposition qui en dépend.

Ex. : Je crois que l'âme est immortelle.

Ces mots *je crois* forment la proposition principale.

La proposition *subordonnée* est celle qui n'a un sens complet qu'à l'aide d'une autre proposition dont elle dépend.

La proposition *subordonnée* peut être *complétive* ou *explicative*.

Elle est *complétive* quand elle ne peut se détacher de la proposition dont elle dépend sans en altérer le sens.

Ex. : On estime l'élève qui observe exactement le règlement.

Cette proposition subordonnée : *qui observe exactement le règlement*, forme une proposition *complétive*, parce qu'elle ne saurait être retranchée sans altérer le sens de la phrase. Il ne s'agit pas d'une élève quelconque, mais d'une élève qui observe exactement le règlement.

La proposition *subordonnée explicative* est celle qui peut se détacher de la proposition dont elle dépend, sans en altérer le sens.

Ex. : Les animaux, *qui ne pensent point*, ont un instinct admirable.

Ces mots : *qui ne pensent point*, forment une proposition *explicative*, parce qu'on peut les supprimer sans changer le sens de la proposition principale : *les animaux ont un instinct admirable*.

La proposition est *absolue* et *principale*, quand elle a un sens complet et est accompagnée d'une proposition *subordonnée explicative*, comme dans l'exemple précédent : Les *animaux, qui ne pensent point*, etc. (1).

1. Les grammairiens sont loin de s'accorder sur la manière de distinguer et d'analyser les propositions.

Par exemple, dans ces deux propositions : *On console les indifférents, et l'on s'afflige avec son ami*, Chapsal trouve une principale

Les mots variables varient, dans les propositions, selon les mots dont ils sont accompagnés et le rôle qu'ils jouent.

Ex. : Bayard était *vaillant*; Débora était *vaillante*.

La terminaison de l'attribut n'est pas la même dans ces deux exemples, parce que, dans le premier, il se rapporte à un mot au masculin, et, dans le second, à un mot au féminin.

La syntaxe indique les changements que les mots peuvent subir selon leur nature et selon leur position. Elle traite : 1º des *règles d'accord*; 2º des *règles de compléments*; 3º des *règles* particulières *pour l'emploi des mots* en dehors de l'accord et du complément; 4º de la *place des mots*; 5º de l'*orthographe*.

absolue, la première, et une principale relative, la seconde; d'autres pensent que la principale relative ne doit pas cesser de l'être en changeant de place ; et cependant, si l'on intervertit l'ordre des deux propositions, on ne peut pas dire logiquement que la deuxième, *on s'afflige avec son ami*, continue d'être relative ; nous verrions ici deux propositions absolues coordonnées.

Nous ne parlerons point du changement de quelques expressions, déjà adoptées par d'estimables grammairiens.

Ex. : *Subordonnée* au lieu d'*incidente*, *complétive* au lieu de *déterminative*.

Nous traiterons avec plus d'étendue, à la fin de la grammaire, les règles de l'analyse logique avec celles de l'analyse grammaticale.

Qu'est-ce que la syntaxe ? — la phrase ? — Combien y a-t-il de propositions dans une phrase? — Quand est-ce que le sujet et l'attribut sont simples et composés? — incomplexes? — complexes ? — Combien distingue-t-on de sortes de propositions? — Quand la proposition est-elle absolue? principale ? subordonnée? subordonnée complétive ? explicative? absolue et principale ? — Les mots peuvent-ils varier dans la proposition ? — Qu'est-ce que la syntaxe indique?

SECTION PREMIÈRE.

—

RÈGLES D'ACCORD.

L'accord est une convenance de formes entre deux mots qui se rapportent à un même objet, ou une convenance entre deux temps qui correspondent.

Ex. : *Judith* était *courageuse.*

Les mots *Judith* et *courageuse* se rapportent à la même personne et indiquent une convenance mutuelle.

Ex. : Il faut que vous *fassiez* attention.

Le second verbe *fassiez* correspond, pour le temps, au premier verbe, il *faut.*

=====

CHAPITRE PREMIER.

ACCORD DU SUBSTANTIF.

Quand deux substantifs qui se suivent immédiatement désignent la même personne ou la même chose, le second s'accorde avec le premier en genre et en nombre.

Ex. : La *reine mère,* les *soldats laboureurs.*

L'accord n'a pas lieu quand le second substantif n'a qu'un seul genre, différent de celui du premier substantif.

Ex. : Une *femme orateur.*

Le substantif qui sert d'attribut conserve le genre et le nombre qui lui sont propres.

Ex. : La vertu est un *trésor.*

La règle d'accord n'est pas toujours obligatoire, quand

un substantif est mis auprès d'un autre par apposition ou adjonction, et sert à le modifier. Il s'accorde dans ces vers de La Fontaine :

> Non content de ce songe, il y joint les *fantômes*,
> *Enfants* d'un cerveau creux, invisibles *atômes*.

Il ne s'accorde pas dans les phrases suivantes :
Cultivez *les fleurs*, *ornement* des jardins.....
Aimez le *recueillement*, *délices* des âmes pieuses.

SECTION PREMIÈRE.

Qu'est-ce que l'accord ?

QUESTIONNAIRE DU CHAPITRE PREMIER.

Quand deux substantifs doivent-ils s'accorder ? — Quand ne s'accordent-ils pas ? — Les substantifs d'apposition s'accordent-ils toujours ?

CHAPITRE II.

ACCORD DE L'ARTICLE.

1° ACCORD DE L'ARTICLE AVEC LE SUBSTANTIF.

L'article s'accorde toujours avec le substantif auquel il se rapporte.

Ex. : *Le* père et *la* mère.

L'article peut au pluriel se rapporter à deux substantifs aussi au pluriel, mais non à deux substantifs au singulier.

Ex. : *Les* pères et mères.

On ne doit pas dire : *Les* père et mère.

2° ACCORD DE L'ARTICLE AVEC LES SUPERLATIFS.

Avec les superlatifs *relatifs*, c'est-à-dire avec ceux qui sont formés de *le plus, le moins*, l'article varie ou ne varie point, selon le sens.

L'article est variable, c'est-à-dire qu'il s'accorde avec un substantif sous-entendu, toutes les fois qu'il y a comparaison d'une *personne* ou d'une *chose* avec plusieurs personnes ou plusieurs choses.

Ex. : *La plus* belle des vertus, c'est la charité.

Le plus sublime des évangélistes, c'est saint Jean.

L'article est invariable : 1° quand le superlatif exprime le plus haut ou le plus bas degré d'une chose, par rapport à elle-même.

Ex. : C'est pendant l'hiver que les mois de l'année sont *le plus* courts.

2° Quand l'adverbe *plus, moins*, n'est suivi ni d'un adjectif ni d'un participe.

Ex. : Les élèves qui s'appliquent *le plus* méritent le prix d'assiduité.

3° Quand les adverbes *le plus, le moins*, sont suivis seulement d'un autre adverbe.

Ex. : Démosthènes (1) et Cicéron sont les orateurs qui parlent *le plus* éloquemment.

1. Il y a des auteurs qui écrivent Démosthène.

Quelle est la règle d'accord de l'article avec le substantif? — avec les superlatifs relatifs?

CHAPITRE III.

ACCORD DE L'ADJECTIF.

1° ACCORD DE L'ADJECTIF QUALIFICATIF.

I. L'adjectif qualificatif s'accorde en genre et en nombre avec le substantif auquel il se rapporte.

Ex. : Dieu est le *souverain* maître.

II. L'adjectif qualifiant plusieurs substantifs de même genre s'accorde avec eux.

Ex. : J'ai admiré la rose et la violette *fleuries*.

III. L'adjectif qualifiant plusieurs substantifs de différents genres se met au masculin.

Ex. : Quel bonheur d'avoir une mère et un père *vertueux !*

IV. Quand le sujet et le substantif, mis par apposition, sont de différents genres, l'accord se fait avec le sujet, et non avec le substantif formant apposition.

Ex. : Les Huns, nation belliqueuse, furent *dévastateurs*.

V. L'adjectif qui se rapporte à plusieurs substantifs s'accorde avec le dernier :

1° Quand il ne se rapporte qu'au dernier substantif.

Ex. : Cette robe est faite de pourpre et de soie *noire*

2° Quand les substantifs ont à peu près la même signification (1).

---

1. On les appelle alors *synonymes*.

Les synonymes sont des mots qui, se ressemblant par une idée commune, sont néanmoins distingués les uns des autres par quelque idée accessoire et particulière à chacun d'eux. (*Grammaire des grammaires*.)

Ex. : La mère qui voit son enfant bien malade a une inquiétude, une anxiété *mortelle*.

3° Quand les substantifs sont placés par gradation.

Ex. : Judas Machabée a montré un courage, une intrépidité *étonnante*.

4° Quand les deux substantifs sont unis par la conjonction *ou*, et que l'un exclut l'autre.

Ex. : Il a montré une rigueur *ou* une faiblesse déplorable.

Mais s'il n'y a pas exclusion, l'accord se fait avec les deux noms.

Ex. : On veut une domestique et un serviteur *âgés*.

VI. L'adjectif formé du participe passé pris adjectivement s'accorde avec le sujet comme les autres adjectifs.

On connaît qu'il est adjectif quand il n'est uni ni au verbe *être*, ni au verbe *avoir*.

Ex. : Une terre *cultivée* ne se couvre pas de ronces.

VII. Les substantifs employés adjectivement pour désigner une couleur gardent le singulier.

Ex. : Vous avez des ceintures *orange*.

VIII. *Gens* veut au féminin les adjectifs qui précèdent, s'ils ont une terminaison différente pour les deux genres.

Ex. : De *bonnes* gens.

Gens veut au masculin les adjectifs qui le suivent.

Ex. : Les *vieilles* gens sont *soupçonneux*.

Quelle que soit la place de l'adjectif, il se met toujours au masculin quand il éveille spécialement l'idée d'homme.

Ex. : Ce sont *d'officieux gens* d'affaires.

2° ACCORD DE L'ADJECTIF DANS LA LOCUTION *avoir l'air*.

Dans la locution *avoir l'air*, l'adjectif s'accorde avec *air*, si la qualité peut convenir au mot *air*.

Ex. : Cette femme a l'air *distingué*.

L'adjectif *distingué* convient à air; il s'accorde avec ce mot.

L'adjectif s'accorde avec le sujet du verbe, si la qualité ne peut pas convenir au mot *air*.

Ex. : Ces *fruits* ont l'air *mûrs*.

L'adjectif *mûrs* ne convient point à air; il s'accorde avec le sujet *fruits*.

3° ACCORD DE L'ADJECTIF DANS LES MOTS COMPOSÉS.

1° Quand un substantif composé est formé d'un substantif et d'un adjectif, l'adjectif s'accorde avec le substantif.

Ex. : Un *gentilhomme*, des *gentilshommes*, une *belle-mère*, des *belles-mères*.

La règle est la même quand il s'y rencontre un mot invariable.

Ex. : Un *arrière-petit-fils*, des *arrière-petites-filles*.

2° Quand un adjectif composé est formé de deux adjectifs, ou d'un adjectif et d'un participe, liés par un trait d'union, les deux parties sont soumises à l'accord.

Ex. : Des cerises *aigres-douces*.

Des fils *premiers-nés* (1).

____

1. On ne dit pas *première née*.

On en excepte *mort-né*, où *mort* reste toujours invariable.

Ex. : Des enfants *mort-nés*, des brebis *mort-nées*.

3° Quand un adjectif composé est formé de deux adjectifs, et que le premier est pris adverbialement, le second seul prend l'accord.

Ex. : Des cheveux *clair-semés*, pour *clairement semés*.
Des enfants *court-vêtus*, pour *courtement vêtus*.

Cependant, dans *frais-éclos* et *frais-cueilli*, le premier adjectif s'accorde avec le second : on dira *fraîche-éclose*, *fraîche-cueillie*.

4° Les adjectifs réunis pour exprimer le nom d'une couleur sont toujours invariables.

Ex. : Des chevaux *bai-brun*, un habit *bleu-clair*.

4° ACCORD DE L'ADJECTIF EMPLOYÉ COMME ATTRIBUT.

L'adjectif employé comme *attribut* se distingue de l'adjectif simplement *qualificatif*, en ce qu'il est un des trois termes essentiels de la proposition ; tandis que l'adjectif simplement qualificatif est attaché au sujet, sans être toujours essentiel à la proposition.

L'affirmation marquée par le verbe tombe sur l'attribut, qui est ordinairement séparé du substantif.

Ex. : L'avare est *insatiable*.

Insatiable est employé comme attribut, et c'est sur lui que porte l'affirmation marquée par le verbe.

Ex. : Ce *jeune* prince sera un *bon roi*.

Jeune et *bon* sont ici simplement qualificatifs : *jeune* qualifie *prince* ; *bon* qualifie l'attribut *roi*.

Les adjectifs employés comme attributs suivent généralement les règles d'accord tracées pour les adjectifs qualificatifs.

    Ex. : Les plaisirs sont *dangereux*.

         La vertu et le vice sont *opposés*.

Quand le sujet est un pronom, l'adjectif employé comme attribut s'accorde avec le substantif dont le pronom tient la place.

    Ex. : Un homme dira : Je suis *heureux*.

         Une femme dira : Je suis *heureuse*.

5° ACCORD DES ADJECTIFS EMPLOYÉS COMME ADVERBES.

Les adjectifs employés comme adverbes deviennent invariables.

    Ex. : Cette soie se vend *cher*.

         Ces enfants chantent *juste*.

6° ACCORD DE CERTAINS ADJECTIFS D'APRÈS LEUR PLACE.

Ci-inclus, ci-joint, feu, franc, nu, proche, plein, possible, témoin, demi, compris, excepté, supposé.

1° Les adjectifs *ci-inclus* et *ci-joint* sont invariables avant le substantif, et prennent l'accord lorsqu'ils sont placés après.

    Ex. : Vous trouverez *ci-joint* ou *ci-inclus* ma lettre.

         Vous trouverez ma lettre *ci-jointe* ou *ci-incluse*.

Ils prennent encore l'accord : 1° quand, placés dans le corps de la phrase, ils sont suivis de l'article : Vous trouverez *ci-incluses*, *ci-jointes* les lettres ; 2° quand ils sont suivis du verbe : *ci-incluses* sont les lettres, etc.

2° L'adjectif *demi* est invariable quand il est devant le substantif, et prend seulement l'accord du genre, quand il est après.

    Ex. : Une *demi*-heure.

         Il est une heure et *demie*, deux heures et *demie*.

Demi précédé de l'article devient substantif, et alors il prend le genre et le nombre du mot auquel il se rapporte.

Ex. : Cette pendule sonne les heures et les *demies*.

3° L'adjectif *feu* s'accorde lorsqu'il est après l'article ou un adjectif déterminatif, et est invariable quand il est placé avant.

Ex. : Ma *feue* tante.
    Feu ma tante.

4° L'adjectif *franc* est invariable devant les substantifs dans cette locution : *franc de port*.

Ex. : J'ai reçu *franc de port* vos lettres.

Il est variable après le substantif.

Ex. : J'envoie une lettre *franche* de port.

5° L'adjectif *nu* est invariable quand il est placé avant le substantif, mais il s'accorde s'il est placé après.

Ex. : *Nu*-tête, tête *nue* ; *nu*-pieds, pieds *nus*.

On dit *nu*-propriété ou *nue* propriété.

6° L'adjectif *proche* s'accorde avec les substantifs qu'il accompagne, mais il devient invariable quand il est employé comme préposition.

Ex. : Les arbres *proche* de la rivière sont *proches* les uns des autres.

Il en est de même de l'adjectif *plein*.

Ex. : Il a ses poches *pleines* d'argent.
    Il a de l'argent *plein* ses poches.

7° L'adjectif *possible* s'accorde avec le substantif auquel il est joint.

Ex. : J'ai pris toutes les assurances *possibles*.

Il est invariable quand il tient la place d'un membre de phrase.

Ex. : Galère a fait aux chrétiens le plus de maux *possible*, c'est-à-dire qu'il lui a été possible de faire.

8° *Compris*, *excepté* et *supposé* sont invariables s'ils précèdent le substantif; ils s'accordent avec lui s'ils le suivent.

Ex. : Mes dépenses se montent à cent francs, *non compris* celles de la semaine dernière ; elles atteignent cent vingt francs, celles de la dernière semaine *comprises*.

7° ACCORD DE L'ADJECTIF NUMÉRAL.

Vingt et *cent*.

Vingt et *cent* sont invariables :
1° Lorsqu'ils sont suivis d'un autre nombre.

Ex. : J'ai eu le numéro six *cent* quatre-*vingt*-six.

2° Quand on les emploie comme des adjectifs numéraux ordinaux.

Ex. : En l'an quatre *cent*, c'est-à-dire en l'an quatre centième.

Vingt et *cent* sont variables :

Après un autre adjectif numéral qui les multiplie.

Ex. : J'ai dépensé trois *cents* francs.

Elles étaient quatre-*vingts*.

Mille.

L'adjectif numéral *mille* est invariable quand il désigne le nombre dix fois cent.

Ex. : Cent *mille* hommes, cent *mille* fusils.

Cet empire a duré *mille* huit cent trente ans.

On écrit *mil* par abréviation, dans les dates de l'ère chrétienne jusqu'à l'an deux mille.

Ex. : L'an *mil* huit cent soixante-neuf sera célèbre par le Concile général de Rome, sous le pontificat de Pie IX.

Le mot *mille*, employé comme mesure de chemin, devient un substantif, et il prend la marque du pluriel.

Ex. : Trois *milles* d'Angleterre font un peu plus de quatre kilomètres.

8° ACCORD DE L'ADJECTIF POSSESSIF.

Son, sa, ses ; notre, nos ; votre, vos ; leur, leurs.

On suit pour *son, sa, ses ; notre, nos ; votre, vos*, la règle d'accord des adjectifs qualificatifs.

Leur se met au singulier lorsqu'il marque unité dans l'idée.

Ex. : Les élèves sont dans *leur* salle.

On ne parle que d'une salle.

Leur s'accorde en nombre quand il est joint à un substantif qui marque pluralité dans l'idée.

Ex. : Elles ont pris *leurs chapeaux*.

Chacune d'elles a un chapeau.

Leur est toujours au singulier lorsqu'il se rapporte à un substantif abstrait (1), comme la *piété*.

Ex. : En formant l'esprit des enfants, formez aussi *leur* piété.

Remarque. Il y a des phrases où l'on peut mettre à son choix le singulier ou le pluriel, parce que chacun de ces deux nombres peut se justifier dans la circonstance.

Ex. : Les morts reposent dans *leur* tombeau ou *leurs* tombeaux.

9° ACCORD DE L'ADJECTIF INDÉFINI.

Aucun et *nul* ne s'emploient au pluriel que lorsque le substantif n'a pas de singulier ou bien a une signification particulière au pluriel.

Ex. : *Aucunes* funérailles ne furent plus splendides.

Nulles troupes ne sont plus aguerries que les nôtres.

10° ACCORD DE *même*, *quelque*, *tout*, EMPLOYÉS COMME ADJECTIFS.

Ces trois mots s'accordent avec les substantifs quand ils sont adjectifs, et ne varient pas quand ils sont adverbes.

Même.

Même est adjectif :

1° Quand il détermine un substantif.

Ex. : Le lis et le jasmin ont la *même couleur*.

2° Quand il est précédé des pronoms *moi, toi, soi, lui*, etc.

Ex. Cet enfant n'agit que pour *lui-même*.

---

1. Le substantif abstrait est celui qui exprime la qualité ou la manière d'être considérée absolument par abstraction d'avec le sujet : *rondeur, blancheur.*

Le substantif concret est celui qui exprime la qualité ou la manière d'être considérée dans le sujet : fruit *rond*, neige *blanche.*

3° Quand il est précédé d'un seul substantif qui fait ou qui reçoit l'action du verbe.

Ex. : L'homme jaloux voudrait pouvoir ôter aux autres leurs vertus *mêmes*.

Les Romains n'ont vaincu les Grecs que par les Grecs *mêmes*.

Même est adverbe, et par conséquent invariable :

1° Quand il modifie un verbe exprimé ou sous-entendu.

Ex. : Les septembriseurs massacrèrent les prêtres renfermés dans la chapelle des Carmes, *même* les vieillards.

Les animaux, les plantes *même* étaient adorés par les Égyptiens.

2° Quand il modifie un adjectif au positif ou au superlatif.

Ex. : Nous devons sacrifier à Dieu nos intérêts *même* les plus chers.

Quelque, quel que, quelque que.

1° *Quelque* est tantôt variable, tantôt invariable.

Quelque est variable et prend l'accord quand il est suivi d'un substantif comme, dans ce vers de Racine :

« Quelques crimes toujours précèdent les grands crimes. »

Quelque prend l'accord quand il signifie *plusieurs*.

Ex. : J'ai reçu *quelques* cents d'épingles, c'est-à-dire *plusieurs* cents d'épingles.

Quelque est invariable :

1° Quand il précède immédiatement un adverbe ou un adjectif.

3***

Ex. : *Quelque* habilement qu'Annibal ait pris ses dispositions, à la bataille de Zama, il fut vaincu.

Quelque vertueux qu'ils soient, ils peuvent sucomber.
2° Quand il signifie *à peu près*.

. *Ex.* : Alexandre le Grand perdit *quelque* trois cents hommes, lorsqu'il vainquit Porus.

2° *Quel que* en deux mots prend l'accord pour *quel* et lorsqu'il est suivi du verbe *être* ou des deux verbes *devoir* et *pouvoir*; *que* reste invariable.

Ex. : *Quelle que* soit votre faiblesse, prenez courage.
     Quels que puissent être vos succès, ne vous en glorifiez point.

3° *Quelque que*, joint à un substantif seul, ou accompagné d'un adjectif qu'on ne peut retrancher sans nuire au sens, est variable.

Ex. : *Quelques* erreurs *que* suive le monde, on s'y laisse prendre.

Quelques grandes qualités *qu'*on ait reçues, il faut les perfectionner.

Tout.

Tout est adjectif et prend l'accord quand il détermine un substantif ou un pronom.

Ex. : *Tous* les peuples de la terre devraient vivre unis.

Tout, quoique adjectif, prend le genre masculin devant un nom de ville féminin, quand on sous-entend le nom du peuple.

Ex. : *Tout Rome* s'est réjoui au retour de Pie IX.

On sous-entend : *le peuple de.*

Tout s'accorde en genre avec le nom de ville, quand le sens n'est pas restreint à l'idée d'un peuple.

Ex. *Toute Rome* est couverte de monuments, c'est-à-dire *toute la ville de Rome*.

Tout est invariable :

1° Quand il est employé adverbialement.

Ex. : Pulchérie, *tout* humble qu'elle était, excita la jalousie d'Athénaïs.

2° Quand il modifie un substantif pris adjectivement.

Ex. : L'enfant qui est *tout* ardeur pour le jeu et pour le travail est digne d'éloges.

3° Quand il précède un autre adverbe.

Ex. : Le ruisseau coule *tout doucement*.

4° Quand il est accompagné de l'adjectif *autre*, et qu'il est précédé ou suivi de *un* ou de *une*.

Ex. : Vous méritez *une tout autre* récompense.

Remarque.— *Tout*, quoique employé adverbialement, prend l'accord par euphonie devant un adjectif ou un participe qui est féminin, et qui commence par une consonne ou une *h* aspirée.

Ex. : Zénobie, *toute* courageuse qu'elle était, fut vaincue par Aurélien.

11° ACCORD DE L'ADJECTIF VERBAL.

L'adjectif verbal vient d'un verbe et s'accorde, comme les autres adjectifs, en genre et en nombre, avec les mots auxquels ils se rapportent.

Ex. : J'ai visité Lyon et la *contrée environnante*.

QUESTIONNAIRE DU CHAPITRE III.

Quelle est la règle d'accord pour les substantifs ? — pour les adjectifs qualificatifs ? — pour les adjectifs employés comme attributs ? — Quelle est la règle d'accord pour l'adjectif avec le mot gens? — dans la locution avoir l'air ? — pour les mots composés ? — pour les adjectifs employés comme adverbes ? — pour ci-inclus, ci-joint, feu, franc, nu , proche, plein, possible, témoin, demi, compris, excepté, supposé ? — pour les adjectifs numéraux ? — Quelle est la règle d'accord pour l'article avec le substantif? — pour les superlatifs? — pour les adjectifs numéraux? — pour les adjectifs possessifs ? — pour l'adjectif indéfini? — pour les trois mots : même, quelque, tout, employés comme adjectifs? — pour les adjectifs verbaux ?

CHAPITRE IV.

ACCORD DU PRONOM.

1° ACCORD DU PRONOM PERSONNEL.

Le pronom personnel s'accorde en genre, en nombre et en personne avec le substantif qu'il représente ; il est du *masculin singulier*, si c'est un homme qui parle, et du *féminin*, si c'est une femme.

Ex. : *Il* est petit, *elle* est grande.

Il en est ainsi pour le pronom de forme invariable.

Ex. : *Il* s'estime, *elles* s'estiment.

Se est dans *il s'estime* à la troisième personne du singulier masculin, et dans *elles s'estiment* à la troisième personne du pluriel féminin.

Quand le pronom tient la place de deux ou de plusieurs substantifs, il suit, pour le genre et pour le nombre, la règle des adjectifs. Ainsi, *nous* est du masculin pluriel, si c'est un homme et une femme qui parlent, ou plusieurs hommes et plusieurs femmes.

Accord du pronom LE.

Le pronom *le* est invariable quand il remplace un adjectif.

Ex. : Madame, êtes-vous malade ? Oui, je *le* suis.

Êtes-vous toutes prêtes ? Oui, nous *le* sommes.

C'est-à-dire nous sommes cela.

Il est variable quand c'est la personne elle-même, et non la qualité qu'on désigne.

Ex. : Êtes-vous la maîtresse de la maison ? Oui, je *la* suis.

2° PRONOM RELATIF.

Le pronom relatif s'accorde, comme le pronom personnel, en genre, en nombre et en personne avec son antécédent, c'est-à-dire avec le nom qu'il représente.

Ex. : Le printemps *qui* paraît comble nos vœux.

La rose *qui* vient d'éclore va mourir.

Dans le premier exemple, *qui* est un singulier masculin de la troisième personne, parce qu'il représente le *printemps*; on peut remplacer *qui* par *lequel*.

Dans le second exemple, *qui* est au singulier féminin de la troisième personne, parce qu'il représente la *rose*; on peut remplacer *qui* par *laquelle*.

3° PRONOMS DIVERS.

Les pronoms, autres que les pronoms personnels et les pronoms relatifs, sont toujours de la troisième personne, et s'accordent, en genre et en nombre, avec le substantif dont ils tiennent la place.

Ex. : Ce jasmin est aussi beau que *celui* de votre jardin.

Les pronoms ne se rapportant à aucun nom déterminé restent au masculin.

Ex. : Chacun fut *étonné*.

On et *l'on*, masculin de leur nature, demandent le féminin, si le substantif ou l'adjectif auquel ils se rapportent ne peut pas convenablement se mettre au masculin.

Un père parlant à sa fille lui dit : On n'est pas toujours *studieuse*.

On et *l'on* se mettent au pluriel, quand ils expriment la pluralité.

Une maîtresse dit à ses élèves : *On* peut se disputer les premières places et rester *amies*.

QUESTIONNAIRE DU CHAPITRE IV.

Quelle est la règle d'accord pour le pronom personnel ? — pour le pronom relatif ? — pour les autres pronoms en général ?—pour le pronom qui ne se rapporte à aucun nom déterminé ?

CHAPITRE V.

ACCORD DU VERBE AVEC LE SUJET.

Le verbe s'accorde avec son sujet, en nombre et en personne.

Ex. : Un ange nous *guide*.
Les Français *sont* braves.

Guide est au singulier, parce que le sujet *ange* est au *singulier*.

Le verbe *sont* est au *pluriel*, parce que le sujet les *Français* est au *pluriel*.

1° Le verbe qui a plusieurs sujets, au singulier et à la troisième personne, se met au pluriel.

Ex. : Le jour et la nuit *racontent* la gloire de Dieu.

Le Rhône et la Loire *sont* les fleuves les plus remarquables de France.

2° Quand les sujets sont de différentes personnes, le verbe s'accorde avec la première ; mais s'il n'y a pas de première personne, il s'accorde avec la seconde.

Ex. : Vous et *moi désirons* le bonheur ; *vous* et votre sœur *formez* le même vœu (1).

3° Quand les sujets sont comparés entre eux à l'aide de la préposition *avec* ou des locutions conjonctives : *comme, de-même que, ainsi que, aussi bien que,* le verbe s'accorde avec le premier sujet.

Ex. : L'orgueil, *aussi bien que* la colère, *est* un vice détestable.

4° Mais si l'on se sert des expressions *avec, ainsi que,* etc., pour unir les sujets plutôt que pour les comparer, le verbe se met au pluriel.

> *Ex.* : Le singe *avec* le léopard
> Gagnaient de l'argent à la foire.
> LA FONTAINE.

5° Quand le verbe a deux sujets unis par la conjonc-

---

1. En français, la politesse exige qu'on se nomme après les autres.

tion *ou*, il se met au pluriel, si les deux sujets concourent à l'action exprimée par le verbe.

Ex. : La peur *ou* la misère font commettre bien des fautes.

Ou équivaut ici à *et* : on envisage les deux choses ensemble ; il y a pluralité dans l'idée.

6° Le verbe peut rester au singulier : 1° lorsqu'il a deux ou plusieurs sujets qui signifient à peu près la même chose, et qui ne sont pas unis par la conjonction *et*.

Ex. : Son aménité, sa douceur *est connue* de tout le monde.

2° Quand les sujets forment une gradation, dont le dernier terme efface en quelque sorte les autres.

Ex. : Ce sacrifice, votre intérêt, votre honneur, *Dieu* vous le *commande*.

L'intérêt s'efface devant *l'honneur*, l'honneur devant *Dieu*.

3° Le verbe se met aussi au singulier quand les sujets sont tous compris dans un de ces mots : *chacun*, *personne*, *nul*, *tout*, *rien*.

Ex. : Grands, petits, riches, pauvres, *personne* ne *peut* se soustraire à la mort.

Promesses, menaces, tourments, *rien* n'*effraie* le juste.

4° Il se met au singulier si la conjonction *ou* exclut l'un des sujets, et alors c'est le second sujet qui donne l'accord au verbe.

Ex. : *Mon père* ou *mon oncle* sera nommé amiral ; un seul sera nommé amiral.

Remarque. Cependant, même dans ce cas, si les sujets sont de différentes personnes, on met le verbe au pluriel en le faisant accorder avec celle des personnes qui a la priorité.

Ex. : Ma sœur *ou* moi vous *répondrons, et mieux* : nous vous *répondrons.*

C'est toi *ou* moi qui *avons fait* cela (1).

5° *Ni l'un ni l'autre* veut le verbe au pluriel quand il y a pluralité dans l'idée.

Ex. : Ni l'un ni l'autre *n'ont fait* leur devoir.

On met le singulier quand l'action ne peut être attribuée qu'à l'un des deux sujets seulement.

Ex. : Ni l'un ni l'autre n'*est* mon père.

6° *L'un* et l'*autre* demande le verbe au pluriel.

Ex. : L'*un* et l'*autre seront* récompensés.

Remarque. On trouve beaucoup d'exemples contraires aux deux règles précédentes dans les meilleurs écrivains ; ils ont employé indifféremment le singulier et le pluriel.

7° Quand plusieurs infinitifs sont employés substantivement, le verbe qui les accompagne se met au pluriel s'ils expriment plusieurs idées.

Ex. : Promettre et tenir *sont* deux, c'est-à-dire sont deux choses.

Le verbe se met au singulier si les infinitifs employés substantivement n'expriment qu'une chose.

Ex. : *Bien apprendre* ses leçons et *bien faire* ses devoirs, *doit* être l'occupation d'un élève.

---

1. D'après la *Grammaire des grammaires,* il serait plus correct de dire : C'est toi ou moi qui ai fait cela. On peut prendre une autre tournure de phrase, dire, par exemple : Un de nous deux a fait cela.

Ces deux choses n'en font qu'une par rapport à l'occupation de l'élève.

8° Le verbe qui a pour sujet un *collectif* s'accorde avec ce collectif ou avec le complément du collectif, selon que l'action marquée par le verbe se rapporte au collectif ou à son complément.

1° Il s'accorde avec le sujet *collectif*, quand le sens de la phrase montre qu'il se rapporte plutôt au collectif qu'à son complément.

Ex. : Une *nuée* de traits *obscurcit* l'air et couvrit les combattants.

On met le singulier parce que la *nuée* est l'idée principale.

2° Le verbe s'accorde avec le complément, quand le sens de la phrase montre qu'il se rapporte plutôt au complément qu'au sujet.

Ex. : Une infinité de jeunes gens se *perdent* parce qu'ils lisent de mauvais livres.

L'action de se *perdre* se rapporte plutôt à *des jeunes gens* qu'à une *infinité.*

3° Après les adverbes de quantité *peu, beaucoup, moins, assez, trop,* et le substantif collectif partitif *la plupart,* le verbe s'accorde toujours avec le complément du collectif, que ce complément soit exprimé ou sous-entendu.

Ex. : *Trop* d'enfants *manquent* de réflexion.

La *plupart cherchent* leurs intérêts.

Peu oublient les injures.

Beaucoup ne *pensent* qu'à la vie présente.

4° En général, le verbe se met au singulier quand le collectif est *général.*

Ex. : *La troupe* des voleurs s'est *introduite* dans la maison.

5° Le verbe se met au pluriel quand le collectif est *partitif*.

Ex. : *Une troupe* de voleurs *se sont introduits* dans la maison.

9° *Plus d'un*, terme collectif partitif ou adverbe de quantité, demande le verbe au singulier.

Ex. : *Plus d'un* philosophe *s'est trompé*.

On peut mettre le verbe au pluriel quand *plus d'un* est répété.

Ex. : *Plus d'un* historien, *plus d'un* savant *ont avancé* des erreurs.

Ce avec le verbe être.

Le verbe *être*, précédé de *ce*, se met au pluriel lorsqu'il est suivi d'un sujet au pluriel, et que le verbe est à la troisième personne.

Ex. : *Ce furent* les *Phéniciens* qui les premiers inventèrent l'écriture.

C'est comme s'il y avait : *les Phéniciens furent*.

Le verbe *être* employé avec le pronom *ce* reste invariable :

1° A la première et à la seconde personne.

Ex. : *C'est* vous, *c'est* moi ; *ce fut* vous, ce *fut* nous, *c'était* moi, etc.

2° Quand il est suivi de plusieurs substantifs au singulier.

Ex. : L'élément de l'âme, *c'est* la vérité et la justice.

3° Quand il est suivi d'une préposition.

Ex. : *C'est* à eux qu'il appartient d'agir.

4° Quand il est suivi immédiatement d'un substantif ou d'un pronom de la troisième personne servant de régime indirect au verbe suivant.

C'est des Indiens que viennent les chiffres dits arabes.

C'est d'eux que j'ai voulu parler.

5° Quand il est suivi d'un *infinitif* ou de la conjonction *que*.

Ex. : *C'est* parler avec franchise.

*C'est qu'*ils se sont trompés.

Les règles données pour le verbe *être* s'observent dans la conjugaison interrogative de ce verbe ; mais on peut dire par euphonie :

Est-*ce* eux ? Fut-*ce* vos frères ? au lieu de : *Sont-ce eux ? Fussent-ce vos frères ?*

QUESTIONNAIRE DU CHAPITRE V.

Quelle est la règle d'accord pour le verbe, par rapport au sujet ? — S'il a plusieurs sujets au singulier et à la même personne ? — Si les sujets sont de différentes personnes ? — Lorsqu'ils signifient à peu près la même chose ? — Quand ils forment gradation ? — Quand ils sont réunis par un des mots *chacun, personne, rien, nul* ? — Quand ils sont comparés entre eux ? — quand deux sujets sont réunis par la conjonction *ou* ? — Avec *ni l'un ni l'autre, l'un l'autre* ? — Quand plusieurs infinitfs sont employés substantivement ? — Quand ils ont pour sujet un collectif ? — Avec certains adverbes de quantité , et la plupart avec un collectif général ? partitif ? — Avec *plus d'un* ? — Avec ce ?

CHAPITRE VI.

ACCORD DES TEMPS ENTRE EUX.

La correspondance dans les verbes ne peut avoir lieu que dans la phrase composée, où plusieurs verbes dépendent les uns des autres.

C'est le temps du verbe principal qui prescrit au second verbe le temps qu'il doit prendre.

Nous considérons : 1° la correspondance des temps de l'indicatif entre eux; 2° la correspondance des temps du subjonctif avec ceux de l'indicatif.

I.

CORRESPONDANCE DES TEMPS DE L'INDICATIF ENTRE EUX.

Présent.

Le présent correspond :

1° Au présent.

Ex. : Je *lis* quand vous *écrivez*.

2° Au parfait indéfini.

Ex. : Je *lis* quand vous *avez écrit*.

Imparfait.

L'imparfait correspond :

1° A l'imparfait.

Ex. : Je *lisais* quand vous *écriviez*.

2° Au parfait défini.

Ex : Je *lisais* quand vous *écrivîtes*.

3° Au parfait indéfini.

Ex. : Je *lisais* quand vous *avez écrit*.

Parfait défini.

Le parfait défini correspond :

1° Au parfait défini.

Ex. : Quand vous *le voulûtes*, je *lus*.

2° Au parfait antérieur.

Ex. : Quand *j'eus fini*, j'*allai* vous voir.

Parfait indéfini.

Le parfait indéfini correspond :
1° Au parfait indéfini.
Ex. : J'ai *lu* aussitôt que vous *l'avez voulu.*
2° A l'imparfait.
Ex. : J'ai *lu* pendant que vous *écriviez.*
3° Au parfait antérieur surcomposé.
Ex. : J'ai *lu* après que vous *avez eu dîné.*

Parfait antérieur.

Le parfait antérieur correspond :
Au parfait défini.
Ex. : Quand j'eus *lu*, il *écrivit.*

Plus-que-parfait.

Le plus-que-parfait correspond :
1° A l'imparfait.
Ex. : *J'avais lu* quand vous *entriez.*
2° Au parfait défini.
Ex. : *J'avais lu* quand vous *entrâtes.*
3° Au parfait indéfini.
Ex. : *J'avais lu* quand vous *êtes entré.*
4° Au parfait antérieur.
Ex. : *J'avais lu* quand vous *eûtes fini.*

Futur simple.

Le futur simple correspond :
1° Au présent de l'indicatif.
Ex. : Je *partirai* si vous le *désirez.*

2º Au parfait indéfini.

Ex. : Je *partirai* si vous *avez fini.*

3º Au futur simple.

Ex. : Je *partirai* quand vous *voudrez.*

4º Au futur antérieur.

Ex. : Je *partirai* quand vous *l'aurez dit.*

Futur antérieur.

Le futur antérieur correspond :

Au futur simple.

Ex. : Quand vous *aurez fini,* je *commencerai.*

Conditionnel présent.

Le conditionnel présent correspond :

1º Au conditionnel présent

Ex. : Quand un coupable *échapperait* au châtiment, il n'*échapperait* pas aux remords.

2º A l'imparfait.

Ex. : Je vous *satisferais,* si je le *pouvais.*

3º Au plus-que-parfait.

Ex. : Je vous *croirais,* si vous ne m'*aviez* déjà *trompé.*

Premier parfait conditionnel.

Le premier parfait conditionnel correspond :

Au plus-que-parfait.

Ex. : Nos premiers parents *auraient conservé* leur bonheur, s'ils *avaient conservé* leur innocence.

Deuxième parfait conditionnel.

Le deuxième parfait conditionnel correspond :

Au deuxième parfait conditionnel.

Ex. : Quand même Alexandre *eût conquis* toute la terre, il n'*eût* pas *été satisfait.*

Première remarque. Je *ne saurais* est souvent employé pour je *ne puis.* On met alors le présent du subjonctif.

Ex. : Je *ne saurais* dire la moindre chose qu'*on ne* me *fasse* des observations, et non qu'*on ne me fît.*

Deuxième remarque. On *dirait* demande ordinairement après lui l'indicatif.

Ex. : On *dirait* qu'il *est* mort.

Cependant on peut mettre le subjonctif, quand il s'agit d'une pure supposition à laquelle on ne s'arrête pas sérieusement.

Ex. : On *dirait* que cet enfant *veuille* être partout le maître.

Correspondance des verbes liés par la conjonction *que.*

Lorsque deux verbes sont unis par la conjonction *que,* on met le second à l'indicatif, si le premier exprime quelque chose de certain ; et alors différents rapports de correspondance s'établissent entre les temps de ce mode.

Présent de l'indicatif.

Le *présent de l'indicatif* correspond :

1° Au présent de l'indicatif.

Ex. : On m'*assure* que vous *partez* aujourd'hui.

2° Au futur simple.

Ex. : On m'*assure* que vous *partirez* aujourd'hui.

3° Au futur antérieur.

Ex. : On m'*assure* que vous *serez parti* quand votre frère arrivera.

4° A l'imparfait.

Ex. : On m'*assure* que vous *partiez* hier sans la maladie de votre sœur.

5° Au parfait défini.

Ex. : On m'*assure* que vous *partîtes* hier.

6° Au parfait indéfini.

Ex : On m'*assure* que vous *êtes parti* ce matin.

7° Au plus-que-parfait.

Ex. : On m'*assure* que vous *étiez parti* hier avant moi.

8° Au conditionnel présent.

Ex. : On m'*assure* que vous *partiriez* ce soir, si vous receviez une invitation.

9° Au premier conditionnel parfait.

Ex. : On m'*assure* que vous *seriez parti* hier, si le temps avait été beau.

10° Au second parfait conditionnel.

Ex. : On m'*assure* que vous *fussiez parti* plus tôt, si vous n'aviez pas eu tant d'occupations.

Si le second verbe exprime une action passagère de sa nature, et que l'on veuille l'indiquer comme présente, relativement au premier verbe, on suit la règle suivante :

L'imparfait et le *parfait défini*, le *parfait indéfini* et le *plus-que-parfait* de l'indicatif correspondent à *l'imparfait*.

On *disait*
On *dit*
On *a dit*   } que vous *aimiez* l'étude.
On *avait dit*

Si l'on veut marquer un temps passé antérieur au premier verbe, l'*imparfait*, le *parfait défini*, le *parfait indéfini* correspondent au *plus-que-parfait*.

On *disait*
On *dit*
On *a dit* } que vous *aviez aimé* l'étude.
On *avait dit*

Si l'on veut marquer un futur simple, l'*imparfait*, le *parfait défini*, le *parfait indéfini* et le *plus-que-parfait* correspondent au *présent du conditionnel*.

On *disait*
On *dit*
On *a dit* } que vous *aimeriez* l'étude.
On *avait dit*

Si le second verbe exprime une chose vraie dans tous les temps, l'*imparfait*, le *parfait défini*, le *parfait indéfini*, le *plus-que-parfait* correspondent au *présent de l'indicatif*.

Je vous *disais*
Je vous *dis*
Je vous *ai dit* } que le méchant n'*est* jamais heureux.
Je vous *avais dit*

Il en serait de même si le second verbe marquait une chose qui existe encore au moment où l'on parle.

Ex. : Je vous *ai dit* que je *suis* malade.

Remarque. Quand on ne veut pas énoncer une vérité, une qualité ou un fait permanent, au lieu de mettre le second verbe au *présent de l'indicatif*, on le met à un *temps passé*.

Ex. : Porus *vit* qu'il *était* plus faible qu'Alexandre.

II.

CORRESPONDANCE DES TEMPS DU SUBJONCTIF AVEC CEUX DE L'INDICATIF.

Présent du subjonctif.

Le présent du subjonctif correspond aux temps suivants de l'indicatif : au *présent*, au *futur simple* et au *futur antérieur*.

Ex. : Je veux

    Je voudrai } que vous *veniez*.

    Quand j'aurai voulu

Imparfait du subjonctif.

L'imparfait du subjonctif correspond aux temps suivants de l'indicatif :

A l'*imparfait*, aux *deux parfaits*, au *plus-que-parfait* et aux *deux conditionnels*.

Ex. : Je voulais

    Je voulus

    J'ai voulu

    J'avais voulu } que vous *vinssiez*.

    Je voudrais

    J'aurais voulu

Parfait du subjonctif.

Le parfait du subjonctif correspond aux temps suivants de l'indicatif :

Au *présent*, au *parfait indéfini*, au *futur simple*, au *futur antérieur*.

Ex. : Je veux

    J'ai voulu

    Je voudrai } que vous *ayez écrit*.

    Quand j'aurai voulu

Plus-que-parfait du subjonctif.

Le plus-que-parfait du subjonctif correspond aux temps suivants de l'indicatif :

A l'*imparfait*, aux *parfaits*, au *plus-que-parfait* et aux *deux conditionnels*.

Ex. : Je voulais
    Je voulus
    J'ai voulu
    Quand j'eus voulu   que vous *eussiez écrit*.
    J'avais voulu
    Je voudrais
    J'aurais voulu

Deux règles indiquent le choix qu'on doit faire entre le présent et le parfait, l'imparfait et le plus-que-parfait.

1° Quand le verbe de la proposition principale est au présent ou au futur de l'indicatif, on met au *présent du subjonctif* celui de la proposition subordonnée, si on veut exprimer un présent ou un futur par rapport au premier verbe ; mais on le met au *parfait du subjonctif*, si l'on veut exprimer un passé, toujours par rapport au premier verbe.

Ex. : Il faut que celui qui parle *se mette* (*action présente*) à la portée de celui qui l'écoute.

Je *douterai* toujours que vous *ayez fait* (*action passée*) vos efforts.

Exception. Quoique le premier verbe soit au présent, on peut mettre le second verbe à l'*imparfait* ou au *plus-que-parfait du subjonctif*, quand il se trouve dans la phrase une expression conditionnelle.

Ex. : Je ne *pense* pas que cette affaire *eût réussi* sans votre intervention.

2° Quand le verbe de la proposition principale est à l'imparfait ou à l'un des parfaits, au plus-que-parfait ou à l'un des conditionnels, on met le verbe de la proposition subordonnée à l'*imparfait* du *subjonctif*, si l'on veut exprimer un présent ou un futur par rapport au premier verbe; on le met au *plus-que-parfait* du *subjonctif*, si l'on veut exprimer un passé relativement au premier verbe.

Ex. : Les Romains ne *voulaient* point de batailles hasardées mal à propos, ni de victoires qui *coûtassent* trop de sang.

Jésus-Christ *sortit* du tombeau, quoiqu'on y *eût* placé des gardes.

Remarque. Au lieu de faire usage de l'imparfait du subjonctif, on emploie le *présent du subjonctif*, lorsque le verbe de la proposition subordonnée exprime une action qui peut se faire dans tous les temps.

Ex. : Dieu *a entouré* les yeux de tuniques fort minces et transparentes au-devant, afin qu'on *puisse* voir à travers (1).

1. *Grammaire des grammaires.*

Quand a lieu la correspondance des temps de l'indicatif entre eux? — Pour le présent? l'imparfait? le parfait défini? le parfait indéfini? le parfait antérieur? le plus-que-parfait? le futur simple? le premier parfait conditionnel? le deuxième parfait conditionnel?

Quelle est la règle d'accord pour deux verbes liés par la conjonction *que*? —A quels temps correspond le présent de l'indicatif? — A quels temps de l'indicatif correspond le présent du subjonctif? — l'imparfait et le parfait, le plus-que-parfait du même mode? — Quelle est la remarque?

CHAPITRE VII.

ACCORD DES PARTICIPES.

1° PARTICIPE PRÉSENT.

Il ne faut pas confondre le *participe présent* avec certains adjectifs qui viennent également de verbes, et que, pour cette raison, on nomme *adjectifs verbaux*.

L'adjectif verbal exprime un état, une qualité; il s'accorde avec le sujet, et, s'il prend un complément, ce n'est que le complément indirect.

Ex. : Les personnes *prévoyantes* pensent à l'avenir.

Cette jeune orpheline est *mourante de faim*.

Le *participe présent*, au contraire, marque une action; il ne prend jamais l'accord; mais il peut recevoir un complément direct ou un complément indirect.

Ex. : Ces jeunes personnes, *prévoyant le danger* des mauvaises lectures, s'en abstiennent.

C'est au jugement, avant tout, qu'il appartient de décider quand le mot doit être adjectif verbal ou participe présent. Dans le doute, il faut examiner s'il y a état, qualité, ou action.

Ex. : Cette enfant est *brillante* de santé; on l'a vue hier *brillant* parmi ses compagnes par le charme de sa conversation, et surtout de sa modestie.

C'est une personne *obligeante*; voyez-la *obligeant* ses amies.

Quoique l'intelligence soit le meilleur moyen de distinguer *l'adjectif verbal* du *participe présent*, les règles suivantes aideront à faire cette distinction.

Le mot terminé par *ant* est participe *présent* :

1° Quand il a un complément direct, ce complément étant toujours l'objet d'une action.

Ex. : J'ai vu des enfants *cueillant* des fleurs.

2° Quand il est accompagné d'une négation.

Ex. : Cette élève est ferme, ne se *décourageant* jamais.

3° Quand il est précédé de la préposition *en* ; on l'appelle, en ce cas, *gérondif*.

Ex. : Tout *en marchant*, elle travaille.

4° Quand il est, non pas précédé, mais suivi d'un adverbe qui le modifie.

Ex. : Ces enfants toujours *obéissants* et *obéissant* toujours sont aimés de leurs parents.

2° PARTICIPE PASSÉ.

Règles générales.

Le participe *passé* est assujetti à deux règles : la première regarde l'accord avec le sujet ; la seconde, l'accord avec le complément.

1° Le participe s'accorde avec le sujet lorsqu'il est joint au verbe être.

Ex. : Ils sont *allés* en promenade.

2° Il s'accorde avec le complément direct, s'il suit ce complément.

Ex. : Les fleurs que j'ai *cueillies*.

Cueillies prend l'accord de son complément direct *que* mis pour *fleurs*.

Il reste invariable s'il précède un complément direct ou s'il n'en a pas,

Ex. : J'ai *cueilli* des fleurs.

Il n'y a pas d'accord, parce que *cueilli* précède le complément direct *fleurs*.

Ex. : De tous ces maux j'ai souvent *gémi*.

Gémi demeure sans accord, parce qu'il n'a pas de complément direct.

Règles particulières.

I. — Participes passés dans les verbes actifs.

1. Participe passé suivi d'un infinitif.

Le participe passé suivi d'un infinitif s'accorde avec le complément direct, si ce complément dépend du participe, et ne s'accorde pas, si ce complément dépend de l'infinitif.

Ex. : La personne que j'ai *entendue* chanter a une belle voix.

La romance que j'ai *entendu chanter* est charmante.

Dans le premier exemple, le complément dépend du participe : c'est la personne qui a été *entendue*; dans le second, il dépend de l'infinitif : on a *entendu* chanter la romance.

La règle est la même quand le participe est séparé de l'infinitif par une préposition.

Ex. : Voici les personnes que vous avez *invitées à* venir. (Vous avez *invité* les personnes.)

C'est cette leçon que vous avez *oublié* d'apprendre. (Vous avez *oublié* d'apprendre cette leçon.)

Première remarque. On reconnaît que le complément direct dépend du participe passé, et s'accorde, par conséquent, toutes les fois qu'on peut, sans dénaturer le sens, changer l'infinitif en participe présent.

Le complément dépend du verbe à l'infinitif et ne s'accorde jamais, lorsque cette inversion ne peut se faire.

Ex. : La personne que j'ai *entendue* chanter.

On peut dire *chantant*; donc il y a accord.

Les romances que j'ai *entendu* chanter.

On ne peut pas dire *chantant*; donc il n'y a pas d'accord.

Deuxième remarque. Le pronom qui précède le participe suivi d'un infinitif est complément direct du participe et en règle l'accord, quand on peut mettre ce pronom ou son antécédent entre le participe et l'infinitif; il n'est pas complément du participe lorsqu'il ne peut se placer qu'après l'infinitif.

Ex. : Ma sœur *que* j'ai *envoyée* chercher mes livres n'est pas de retour.

On peut dire : J'ai *envoyé* ma *sœur* chercher mes livres; il y a accord.

L'alliance que Judas Machabée avait *envoyé solliciter.* On ne peut pas dire : Judas avait *envoyé l'alliance solliciter*, mais on peut dire : Judas avait *envoyé* solliciter l'alliance.

2. Participes dû, pu, voulu, etc.

Après *dû, pu, voulu, etc*, on sous-entend ordinairement l'infinitif, et, dans ce cas, il n'y a pas accord, parce que le pronom relatif qui précède le participe est complément de l'infinitif sous-entendu.

Ex. : Je vous ai donné les renseignements que j'ai *dû*, c'est-à-dire que j'ai *dû* vous donner.

Je lui ai rendu tous les services que j'ai *pu* (on sous-entend *lui rendre*).

Il a chanté tous les cantiques qu'il a *voulu* (on sous-entend *chanter*).

Remarque. Quand il n'y a point d'infinitif sous-entendu après *dû*, *cru*, *pu*, *voulu*, le pronom relatif qui les précède est leur complément direct, et ces participes s'accordent, d'après la deuxième règle générale.

Ex. : Je lui ai payé toutes les sommes que je lui ai *dues*.

Je veux fortement les choses que j'ai une fois *voulues*. (J'ai dû les *sommes*. J'ai voulu les *choses*.)

3. Participe *fait* suivi d'un infinitif.

Le participe *fait* suivi d'un infinitif reste toujours invariable. Il forme avec l'infinitif un sens indivisible; le complément direct qui le précède appartient donc aux deux verbes réunis.

Ex. : Les riches habits que je vous ai *fait faire*

4. Participe passé **entre** *que* relatif et *que* conjonction.

Le participe passé placé entre *que* relatif et *que* conjonction ne prend pas l'accord, parce que le *que* relatif n'est pas le complément du participe, mais du verbe de la proposition qui le suit.

Ex. : Les livres *que* j'avais *supposé* que vous lisiez sont très-intéressants.

Je n'avais pas *supposé* les livres, mais j'avais supposé que vous *lisiez* les livres.

5. Participe passé précédé du mot *en*.

Le participe passé précédé du mot *en* ne varie pas quand ce mot est le seul complément, parce qu'il n'y a pas alors de complément direct qui détermine l'accord.

Ex. : Voici des fleurs, j'*en* ai cueilli (1).

Le participe passé précédé du mot *en* est variable, quand il est accompagné d'un complément direct qui détermine l'accord.

Ex. : Mon père m'a écrit, je dois répondre aux lettres *que* j'*en* ai *reçues* ; c'est-à-dire que j'ai *reçues de lui*.

Il y a dans cette phrase un complément direct *que* mis pour *lettres* (2).

6. Participe précédé de L'.

L' précédant le participe le rend invariable quand il représente une partie de phrase sous-entendue, et qu'on peut le remplacer par *cela*.

Ex. : La famine arriva ainsi que Joseph *l'*avait prédit (c'est-à-dire avait prédit *cela* : qu'elle arriverait).

L' avec le participe, le rend variable quand il représente essentiellement un nom qui le précède.

Ex. : La leçon a été répétée, et cette élève ne *l'*a pas *sue* ; c'est-à-dire n'a pas *su* sa leçon.

7. Participe passé précédé de *le peu*.

Le participe passé qui a pour complément *que*, représentant *le peu*, s'accorde, selon le sens, soit avec le collectif *le peu*, soit avec le complément du collectif.

---

1. Girault-Duvivier dit que *en* est, dans ce cas, régime direct, et que le participe reste invariable parce que *en* n'a ni genre ni nombre.

2. Par rapport aux phrases interrogatives et exclamatives et *avec plus, beaucoup, combien*, les grammairiens ne s'entendent point : les uns veulent l'accord, les autres le rejettent.

Le participe s'accorde avec *le peu*, si *le peu* est l'idée dominante, et il s'accorde avec le complément, quand c'est ce dernier qui est l'idée dominante.

Ex. : *Le peu* d'affection *que* vous lui avez *témoigné* lui a ôté le courage.

Ici le participe s'accorde avec *le peu*, parce que *le peu* est le mot qui occupe principalement la pensée.

Le peu d'*affection que* vous lui avez *témoignée* lui a rendu le courage.

Ici le participe s'accorde avec *affection*, parce que *le peu* n'est qu'une circonstance : l'*affection* est l'idée dominante.

Cette règle est suivie pour tout collectif et pour la locution *un de, une de*.

Ex. : C'est *une de* mes violettes *que* vous avez cueillie.

C'est *un* des plus beaux *monuments que* nous ayons *vus*.

II. — PARTICIPE PASSÉ DANS LES VERBES PASSIFS.

1° Dans les verbes passifs, le participe s'accorde toujours, sans exception, en genre et en nombre avec le sujet du verbe.

Ex. : La *vertu* timide est souvent *opprimée*.

MASSILLON.

Si les participes *excepté, passé, supposé, approuvé, vu, non compris, ouï, délibéré*, sont précédés d'un substantif, ils s'accordent avec ce substantif, parce qu'on sous-entend le verbe.

Ex. : Cette chose *supposée*, c'est-à-dire *étant supposée*.

Ces mêmes mots sont *invariables* quand ils précèdent

le substantif sans inversion, parce que c'est le verbe *avoir* qu'on sous-entend.

Ex. : *Vu* les difficultés, pour *ayant vu* les difficultés.

III. — PARTICIPE PASSÉ DANS LES VERBES NEUTRES.

1° Le participe passé dans les verbes neutres reste invariable lorsqu'il est accompagné de l'auxiliaire *avoir*; il est variable, au contraire, lorsqu'il est joint à l'auxiliaire *être*.

Ex. : Ces enfants *ont plu* à leurs compagnes.
La belle saison *est arrivée*.

2° Quand les verbes neutres sont employés activement, le participe passé s'accorde avec le complément direct, s'il en est précédé.

Ex. : L'évêque de Meaux (1) a créé une langue *que* lui seul a *parlée*.

Coûté *et* valu.

Les participes *coûté* et *valu* restent invariables quand ils sont employés dans leur sens propre pour exprimer le *prix*, la *valeur*.

Ex. : Les vingt mille francs que cette maison m'a *coûté*, elle ne les a jamais *valu*.

Coûté et *valu*, employés dans un sens figuré pour exprimer l'idée de *causer*, de *procurer*, sont variables (2).

Ex. : Rappelez-vous les soins que vous m'avez *coûtés* depuis votre enfance, les éloges que vos succès vous ont *valus*.

1. Bossuet.
2. Cette règle est aujourd'hui généralement suivie par les grammairiens; toutefois l'Académie, dans son dictionnaire de 1835, condamne formellement le participe *coûté* employé comme actif et rejette l'accord. Il en est de même pour le verbe *peser*.

Pesé.

Le participe *pesé* est invariable lorsqu'il signifie *avoir un certain poids*, parce que dans ce cas il est *neutre*.

Ex. : Notez les cent kilogrammes que cet objet a *pesé*.

Le participe *pesé* est variable lorsqu'il signifie *chercher le poids d'un objet*, parce que dans ce cas il est *actif*.

Ex. : Remettez à leur place les marchandises qu'on a *pesées*.

IV. — PARTICIPE PASSÉ DANS LES VERBES RÉFLÉCHIS OU PRONOMINAUX.

1° Le participe passé s'accorde avec le sujet dans les verbes *essentiellement* pronominaux.

Ex. : Cette *enfant s'est repentie* de sa légèreté.

2° Les participes passés, dans les verbes *accidentellement* pronominaux et dans le verbe *essentiellement* pronominal *s'arroger*, suivent la règle des participes joints au verbe *avoir*.

Le participe s'accorde s'il est précédé de son complément direct.

Ex. : Je me suis *blessée*.

J'ai blessé qui ? moi.

Ils ne sont pas fondés les droits que vous vous êtes *arrogés*.

C'est-à-dire : Vous vous êtes *arrogé* des droits que vous n'aviez pas.

Le participe reste invariable lorsqu'il précède le complément direct, ou s'il n'en a pas.

Ex. : Je me suis *blessé* la main.

Je me suis blessé quoi ? la main.

3° Le participe passé est toujours invariable dans les verbes neutres suivants, accidentellement pronominaux, se *complaire*, se *plaire*, se *nuire*, se *parler*, se *rire*, se *succéder*.

Ex. : Nous nous sommes *nui*.

Nous avons nui à qui ? à nous.

V. — PARTICIPE PASSÉ DANS LES VERBES IMPERSONNELS.

Le participe passé dans les verbes *impersonnels* ou employés *impersonnellement* est toujours invariable.

Ex. : Les chaleurs qu'il a *fait*.

Il est *arrivé* de grands malheurs.

Il s'est *imprimé* une foule de mauvais livres.

QUESTIONNAIRE.

Comment distingue-t-on le participe présent de l'adjectif verbal ? — S'accordent-ils l'un et l'autre avec le sujet ? — Quelle est la règle générale ?

Quelles sont les règles générales du participe passé ? — Quand il est accompagné de l'auxiliaire *être* ? — de l'auxiliaire *avoir* ? —

Quelles sont les règles particulières pour l'accord du participe : dans les verbes actifs ? — Lorsqu'il est suivi immédiatement d'un infinitif ? — Lorsqu'il est suivi d'une préposition et d'un infinitif ? — Quelles sont les deux remarques à faire sur cette règle ? — Quel est l'accord des participes *pu, dû, voulu* ? — Celui du participe entre *que* relatif et *que* conjonction ? — Quelle est la règle du participe *fait* suivi d'un infinitif ?

Participe passé précédé du mot *en*. — Quelle est la règle du participe passé précédé de *l'* ? — précédé du mot *le peu* ? — La règle du participe passé dans les verbes passifs ? — Dans les verbes neutres, pour *coûté, valu, pesé* ? — Dans les verbes réfléchis ou pronominaux ? — Dans les verbes impersonnels ?

DEUXIÈME SECTION.

RÈGLES DES COMPLÉMENTS.

Quatre mots peuvent recevoir un complément; ce sont : le *substantif*, le *pronom*, l'*adjectif* et le *verbe*.

CHAPITRE PREMIER.

COMPLÉMENTS DES SUBSTANTIFS ET DES PRONOMS. *

I. — Substantifs.

1° Le substantif qui complète l'idée commencée par un autre est généralement lié à ce mot par la préposition *de*.

Ex. : La gloire *de* Marie est incomparable.

2° Au lieu de la préposition *de* et du substantif qui le suit, on met quelquefois un adjectif.

On dira : C'est un homme *spirituel*, pour : c'est un homme *d'esprit*; mais la préposition marque un sens plus étendu que l'adjectif.

3° Les substantifs qui viennent d'un verbe ont souvent un second complément.

Ex. : L'*obéissance* d'un enfant *à sa mère* est digne de louange.

D'un enfant, premier complément du substantif *obéissance*; *à sa mère*, second complément.

4° Un infinitif pris substantivement peut être le complément d'un substantif.

Ex. : La façon de *donner* vaut mieux que ce qu'on donne.

5° Deux substantifs peuvent avoir le même complément, s'ils demandent après eux la même préposition.

Ex. : L'affection et le dévouement d'un soldat pour sa patrie le rendent courageux.

Si les prépositions doivent être différentes, on donne à chaque substantif le complément qui lui convient.

Ex. : L'amitié d'Alexandre *pour* Clitus et sa confiance *en* lui, ne sauvèrent pas cet infortuné de la mort (1).

6° Le complément du substantif exprimé par une préposition se met au singulier ou au pluriel, selon qu'il renferme une idée d'unité ou de pluralité.

> *Ex.* : Un bouquet de *jasmin*, — une gelée de *pomme*.
> On met le singulier parce que jasmin et pomme forment ici un *tout*, un *ensemble*.

Un bouquet de *roses*, une compote de *pommes*.

On met le pluriel parce que les *roses* et les *pommes*, quoique unies, peuvent être considérées séparément et expriment par conséquent une idée de pluralité.

Remarque. Il se rencontre souvent des cas où il est difficile de distinguer si l'idée prédominante est celle de l'unité ou de la pluralité. L'Académie permet alors l'emploi du singulier ou du pluriel. Elle écrit indifféremment : Maison de *brique* ou de *briques* ; pâte *d'amande* ou *d'amandes*.

Il semble toutefois que le *singulier* doive être préféré

____

1. Alexandre le Grand tua Clitus dans un accès de colère.

au *pluriel*, lorsque le complément présente à l'esprit un objet qui a perdu sa forme primitive, parce que la pluralité des objets disparaît, dans ce cas, sous l'idée vague de l'espèce. Ainsi on dirait mieux : de l'huile d'*olive* que de l'huile d'*olives*; des tronçons de *colonne* que des tronçons de *colonnes*.

7° Quand un substantif sert de complément à un autre substantif, il faut le rattacher à son sujet par la préposition *de*, et non par la préposition *en*, s'il exprime un nom de matière.

Ex. : Une médaille d'or, et non une médaille *en* or.

Une statue *de* marbre, et non une statue *en* marbre.

II. — Pronoms.

Les pronoms, comme *celui*, *quelqu'un*, *chacun*, ont un complément et s'unissent à ce complément par la préposition *de*.

Ex. : Quelqu'un *de* vous a fait cette bonne œuvre.

Chacun *de* ces *soldats* a combattu avec honneur.

Combien y a-t-il de mots qui peuvent recevoir un complément ? — Qu'est-ce qui marque le complément du substantif ? — Par quels mots ce complément est-il exprimé ? — Deux substantifs peuvent-ils avoir le même complément ? — Quand le complément du substantif se met-il au singulier? — Quand se met-il au pluriel? — Donnez des exemples. — Comment peut-on distinguer s'il y a idée d'unité ou de pluralité ? — Peut-on mettre *en* devant un substantif complément exprimant un nom de matière ? — Les pronoms *celui*, *quelqu'un*, *chacun*, ont-ils un complément ?

CHAPITRE II.

COMPLÉMENT DES ADJECTIFS.

1° Le complément de l'adjectif est marqué par diverses prépositions : *à, de, dans, pour*, etc.

Ce complément peut être un substantif ou un verbe pris substantivement.

Ex. : L'exercice est favorable *à la santé.*

L'enfant docile est toujours prêt *à obéir.*

Remarque. Une préposition placée après un adjectif n'annonce pas toujours un complément.

Ex. : Pourquoi suis-je coupable *à* vos yeux ?

La préposition *à* ne désigne pas ici un complément ; l'expression *à vos yeux* est absolue et indépendante.

2° Les adjectifs qui, par eux-mêmes, ont une signification déterminée, n'ont pas de complément, tels que *vertueux, intrépide, inviolable.*

Ex. : Un général d'armée doit avoir une âme *intrépide.*

3° Les adjectifs qui, ayant un sens vague, ont besoin d'être restreints pour une signification déterminée, par exemple : *comparable, utile, digne*, reçoivent un complément.

Ex. : La piété, dit saint Paul, est *utile* à tout.

4° Les adjectifs doivent être accompagnés d'une préposition qui soit en rapport avec le sens qu'on leur donne.

Il en est qui ne demandent pas la même préposition devant un nom de *personne* que devant un nom de *chose*.

Veut-on dire d'un enfant qu'il ne sait pas reconnaître des bienfaits, on dira :

Cet enfant est *ingrat* à un bienfait.

Veut-on dire qu'il n'a pas de reconnaissance pour son bienfaiteur, on dira :

Il est *ingrat envers* son bienfaiteur.

5° Pour donner le même complément à deux adjectifs, il faut qu'ils demandent après eux la même préposition. On ne dirait donc pas :

Ce serviteur est *utile* et *chéri de* son maître, parce que *utile* demande la préposition *à*, et chéri la préposition *de*. Il faut mettre :

Ce serviteur est *utile* et *cher à* son maître.

6° Le *comparatif* n'a pas de complément, à proprement parler; mais il est toujours suivi de la conjonction *que*.

Ex. : Pépin le Bref était plus hardi *que* grand de taille.

7° Le complément du *superlatif* est toujours marqué par la préposition *de*.

Ex. : La confesssion est le plus grand frein *de* la nature humaine. Voltaire.

QUESTIONNAIRE.

Qu'est-ce qui marque le complément de l'adjectif ? — Une préposition est-elle toujours la marque du complément ? — Quels sont les adjectifs qui peuvent avoir des compléments ? — Quelle est la règle pour la préposition qui unit le complément à l'adjectif ? — Que faut-il faire pour que l'on puisse donner le même complément à deux adjectifs ? — Les comparatifs ont-ils un complément ? — Quel est le complément du superlatif ?

CHAPITRE III.

COMPLÉMENT DU VERBE.

Le complément du verbe peut être un *substantif*, un *pronom* ou un *verbe*.

On sait que le verbe peut avoir trois sortes de compléments : le complément *direct*, le complément *indirect*, le complément *circonstanciel*.

I. — Complément direct.

Complément direct des verbes actifs.

Les verbes actifs ont un complément direct.

Ex. : J'adore *Dieu*.

Le complément direct précède le verbe qui le régit, ou il le suit immédiatement, ou il en est séparé par une préposition.

Le complément direct précède souvent le verbe, quand il est un pronom.

Ex. : Dieu *nous* aime.

C'est une inversion, pour dire : Dieu aime *nous*.

Le complément direct suit immédiatement le verbe.

Ex. : La vertu fait le *bonheur*.

Le complément direct est souvent marqué par la préposition *de* seule, ou renfermée par contraction dans *du, des*; mais *de, du, des*, ont alors un sens partitif et peuvent se remplacer par *quelque*.

Ex. : J'ai de la joie. — Donnez-moi *du pain*. — J'ai pris *des fruits*.

Le complément direct d'un verbe peut être un *infi-nitif*, et cet infinitif lui-même peut être précédé d'une préposition.

Ex. : Je veux *travailler*. — Je cesse *de jouer*.

Les prépositions placées entre le verbe et son complément à l'infinitif ne sont que pour l'euphonie.

Ex. : Vous aimez *à* lire, c'est-à-dire vous aimez la lecture.

Complément direct du verbe pronominal.

Le verbe pronominal est assimilé au verbe actif pour le complément direct.

Le complément direct du verbe pronominal peut être un *pronom* ou un *substantif*.

Ex. : Pour ne jamais *s'écarter* du chemin de la vertu, il faut toujours *se mettre en garde* contre ses passions, c'est-à-dire : pour ne jamais *écarter soi*, il faut *mettre en garde soi*.

Je me permets cette *réflexion*, c'est-à-dire : je permets à moi cette réflexion.

Remarque. Le complément direct du verbe pronominal actif ne peut jamais être un infinitif, parce que le pronom que le verbe renferme est son véritable complément direct, et un verbe ne peut pas avoir deux compléments de cette sorte.

Les verbes pronominaux ont souvent un double complément.

Ex. : David et Jonathas s'aimaient *l'un l'autre*.

C'est-à-dire l'un aimait l'autre.

Dans cette phrase, l'*un* est sujet du verbe, l'*autre* est complément direct.

II. — Complément indirect.

1° *Complément indirect des verbes actifs.*

Les verbes actifs ont un complément *indirect* marqué ordinairement par *à, au, de*; mais diverses prépositions peuvent indiquer ce complément : *avec, contre*, etc.

Ex. : Les premiers chrétiens distribuaient leurs biens *aux pauvres*.

Il faut savoir profiter *des circonstances* favorables.

La fille de Louis XV échangea les habits du siècle *contre* les *habits* religieux.

2° *Complément indirect des verbes passifs.*

Le complément indirect des verbes passifs se marque par la préposition *de* ou *par*.

S'il s'agit d'un sentiment, on emploie *de*.

Ex. : L'honnête homme est estimé même *de* ceux qui n'ont pas de probité.

S'il s'agit d'une action du corps ou d'une opération de l'esprit, on emploie *par*.

Ex. : Les Gaules furent conquises *par* César.

La poudre à canon a été inventée *par* le cordelier Schwartz.

En poésie, on peut substituer *de* à *par*.

  Ex. : El d'*un* sceptre de fer veut être gouverné.
          RACINE.

3° *Complément indirect des verbes neutres.*

Le complément des verbes neutres est toujours *indirect*, et il est accompagné d'une des prépositions *à, dans, sur*, etc.

  Ex. : Le paresseux tombe *dans* la misère.

Il y a des verbes neutres qui n'ont pas de complément indirect, comme *languir*.

Les verbes tantôt actifs, tantôt neutres, selon le sens qu'ils expriment, ont un complément direct quand ils sont actifs, et un complément indirect quand ils sont neutres.

Aider est *actif* et a un *complément direct*, quand il signifie secourir quelqu'un sans partager sa peine ou son travail.

  Ex. : Aider un pauvre.

Il est *neutre* et a un *complément indirect*, quand il signifie secourir quelqu'un en partageant son travail.

  Ex. : Aider à *quelqu'un*.

Atteindre est *actif* et a un complément direct dans le sens d'atteindre quelque chose sans effort.

  Ex. : Atteindre la *vieillesse*.

Il est *neutre* et a un complément indirect dans le sens d'atteindre quelque chose avec effort.

  Ex. : Atteindre à la *perfection*.

Hériter est *actif* quand il est accompagné de deux compléments.

Ex. : Fils d'un prince, il *en a hérité de grands biens.*

Il est *neutre* lorsqu'il est suivi d'un seul complément.

Ex. : Les enfants *héritent de leur père.*

On pourrait citer d'autres verbes, tantôt *actifs*, tantôt *neutres*, mais on les trouve indiqués dans les dictionnaires.

4° *Complément indirect des verbes pronominaux ou réfléchis.*

Les verbes réfléchis dont le pronom est le complément direct prennent souvent un second complément, qui alors est indirect.

Ex. : Miltiade s'opposa à l'*entrée* des Perses dans Athènes.

Le verbe *se rappeler* exige un complément direct devant un substantif, mais il peut prendre *de*, devant un infinitif.

Ex. : Je *me rappelle la mort* tragique de César ; je me *rappelle l'avoir* ou *de l'avoir* lue dans ma jeunesse.

Nous nous *rappelons d'avoir trouvé* une fois un nid de bouvreuils dans un rosier. CHATEAUBRIAND.

Le verbe *se rappeler* ne doit point être accompagné du complément indirect *en*.

Ex. : Je me *le* rappelle, et non : je m'*en* rappelle.

On emploie se rappeler avec *que*.

Ex. : Je me rappelle *qu'il* a dit.

Le verbe *se souvenir* veut toujours un complément indirect, marqué par la préposition *de*.

Ex. : Je me souviens *du* courage avec lequel Esther se présenta devant Assuérus.

5° *Complément indirect des verbes impersonnels.*

Les verbes impersonnels, en général, n'ont pas de complément; mais certains verbes, employés impersonnellement, ont un complément indirect.

Ex. : Il dépend *de vous* de bien travailler.

Remarques sur le complément direct et le complément indirect.

1° Deux verbes peuvent avoir le même mot pour complément unique, s'ils s'unissent de la même manière avec ce mot.

On dira donc :

La vertu *dédaigne* et *repousse* les plaisirs.

On ne pourrait pas dire : *dédaigne* et *s'éloigne des plaisirs*, parce que *dédaigner* s'unit comme *repousser* au complément *plaisir* sans le secours de la préposition, tandis que *s'éloigner* ne peut se rattacher au même complément qu'à l'aide de la préposition *de* renfermée dans *des*.

2° Quand un verbe a deux compléments, soit directs, soit indirects, ces compléments doivent être de même nature, c'est-à-dire, si l'un est un substantif, l'autre ne doit pas être un infinitif.

Ex. : On dirait : Le soldat *aime la gloire et les combats*, et non pas : aime *la gloire et à combattre*.

III. — Complément circonstanciel.

Le complément circonstanciel est exprimé ordinairement par une *préposition*, souvent aussi par un *adverbe*.

Ex. : Vivons *d'une vie sainte*, ou vivons *saintement*.

Prépositions qui marquent chacun des quatre compléments circonstanciels.

1° *La cause* s'indique surtout par les prépositions *de, par, pour*.

Ex. : Sous David, beaucoup d'Israélites périrent *de la peste*.

Turenne obtint *par son mérite* le titre de général.

Les martyrs donnèrent leur vie *pour la défense* de leur foi.

2° *La manière* est exprimée par diverses prépositions, particulièrement par *à, de, avec, par, sur*.

Ex. : Les soldats ont combattu *à* l'arme blanche.

3° *Le temps* est marqué par les prépositions *à, en, dans, avant, après, pendant, durant*.

Ex. : Je pars, mais je reviendrai *dans deux heures*.

4° *Le lieu* est marqué par *à, en, dans, de, par*.

Ex. : Mes parents voyagent *en* Italie.

Une même proposition peut avoir plusieurs compléments circonstanciels.

Ex. : Le torrent débordé se précipite, *avec* fracas, *sur* la campagne.

Il y a ici deux compléments circonstanciels : 1° *avec fracas*; 2° *sur la campagne*.

J'irai vous voir *dans* trois jours, *avec* deux de mes amis, *en* habits de chasse.

Il y a ici trois compléments circonstanciels marqués par *dans, avec* et *en*.

QUESTIONNAIRE.

De quelle nature est le complément des verbes ? — Quels verbes peuvent avoir un complément direct ? — Le complément direct est-il avant ou après le verbe ? — Quand précède-t-il le verbe ? — Quand le suit-il ? — Qu'est-ce qu'il y a à remarquer quand la préposition *de* sépare le verbe de son complément ? — L'infinitif complément peut-il être précédé du mot *de* ? — Comment s'expliquent les prépositions placées entre le verbe et son complément à l'infinitif ?—Les verbes pronominaux peuvent-ils avoir pour complément direct un infinitif ? — un substantif ?—Comment est marqué le complément indirect des verbes actifs? — dans les verbes passifs ?— dans les verbes neutres ?—dans les verbes réfléchis?—dans les verbes impersonnels ? — A quelle condition un même verbe peut-il avoir deux compléments ? — Comment est exprimé le complément circonstanciel ? — A quelle condition deux verbes peuvent-ils avoir le même complément ? — Indiquez les prépositions qui déterminent chacune des quatre catégories. — Une même proposition peut-elle avoir plusieurs compléments circonstanciels ?

TROISIÈME SECTION.

RÈGLES PARTICULIÈRES D'EMPLOI.

CHAPITRE PREMIER.

I. — EMPLOI DE L'ARTICLE.

L'article s'emploie : 1º lorsqu'il s'agit de la généralité des personnes ou des choses, exprimées par un substantif.

Ex. : Les hommes sont mortels, c'est-à-dire *tous* les *hommes.*

2º Pour désigner une certaine classe de personnes ou de choses.

Ex. : Les hommes généreux sont estimés.

3º Pour désigner une seule personne ou une seule chose.

Ex. : La mer couvre les deux tiers de la terre.

4º Devant un substantif pris dans un sens précis et particulier.

Ex. : Voilà de *la poésie.*

5º Devant les substantifs pris dans un sens partitif.

Ex. : Nous avons obtenu *des succès*, c'est-à-dire quelques succès.

6º Devant un substantif uni à un adjectif de manière à être considéré comme un seul mot.

Ex. : J'ai vu *des petits-séminaires.*

7° Devant un adjectif et un infinitif employés substantivement.

Ex. : *Le* juste est béni de Dieu ; *le* boire, *le* manger ne doivent pas être notre seule occupation.

8° Devant les mots invariables.

Ex. : Les *car*, les *si*, les *non*, les *pourquoi*, les *comment*, etc.

9° Devant les noms propres qu'on veut faire ressortir.

Ex. : Les Homère, les Virgile seront toujours admirés.

II. — RÉPÉTITION DE L'ARTICLE.

L'article se répète quand il se rapporte à un substantif accompagné de deux adjectifs pris dans un sens différent.

Ex. : *Le premier* et *le second* rang.

Toutefois l'usage permet de dire : *les langues grecque* et *latine, les cinquième* et *sixième* rang.

III. — ARTICLE REMPLACÉ PAR LA PRÉPOSITION *de*.

L'article se remplace par la préposition *de* :
1° Devant les substantifs employés dans un sens indéterminé.

Ex. : Je me sers d'une table *de marbre*.

2° Devant un substantif pris dans un sens partitif et précédé d'un adjectif.

Ex. : Voici *de* beaux *fruits*.

3° Devant un substantif employé comme complément direct dans la phrase interrogative où il y a doute, ainsi que dans la phrase négative où le substantif n'est pas suivi d'un complément.

Ex. : N'avez-vous pas *de crayon* ? c'est-à-dire vous n'avez peut-être pas de crayon.

Je *ne* vous ferai pas *de reproches*.

IV. — SUPPRESSION DE L'ARTICLE.

L'article se supprime :

1° Dans les locutions particulières où le substantif est uni à un verbe : *avoir peur, faire attention, rendre justice*.

2° Devant les noms employés à la seconde personne :
Enfants, veillez sur vous.

3° Devant une maxime :
Etats, plaisirs, honneurs, richesses, tout passe !..

QUESTIONNAIRE.

Quand est-ce qu'on emploie l'article ? — Quand l'article se répète-t-il ? — Quand se remplace-t-il par la préposition *de* ? — Quand se supprime-t-il ?

CHAPITRE II.

EMPLOI DE QUELQUES ADJECTIFS.

I. — ADJECTIFS QUALIFICATIFS.

1° Les adjectifs doivent toujours se rapporter à un mot exprimé dans la phrase :

Voyez ce *joli colibri* voltiger de branche en branche

2° Il y a des adjectifs en *able* qui ne s'appliquent qu'aux personnes :

Ex. : Une mère *inconsolable.*

D'autres qui ne se rapportent qu'aux choses :

Ex. : Une faute *pardonnable*, etc.

D'autres enfin qui s'appliquent aux personnes et aux choses.

Ex : *L'homme coupable.* Une *pensée coupable.*
Un *enfant excusable.* Une faute *excusable.*

II. — EMPLOI DE L'ADJECTIF NUMÉRAL.

1. On emploie quelquefois l'adjectif numéral cardinal pour l'adjectif ordinal.

Ex. : Louis *quatorze* a rempli son siècle de gloire, pour Louis *quatorzième.*

2. Le nombre cardinal précédé du mot *en* demande ordinairement *de* avant l'adjectif ou le participe qui suit ce nombre.

Ex. : Sur trois cents Spartiates qui combattirent aux Thermopyles, il y *en* eut deux cent quatre-vingt-dix-neuf *de tués.*

III. — EMPLOI DE L'ADJECTIF POSSESSIF AVEC LES NOMS DE CHOSES.

1. Avec les noms de choses, on se sert de *son, sa, ses, leur, leurs,* quand l'objet possesseur et l'objet possédé se trouvent dans la même proposition.

Ex. : La campagne a *ses* agréments.

2. Les adjectifs possessifs *mon, ton, son,* se remplacent

par *l'article* et le pronom *en*, quand l'objet possesseur et l'objet possédé ne se trouvent pas dans la même proposition, excepté lorsque l'objet possédé est précédé d'une préposition.

> *Ex.* : J'ai vu Jérusalem, *j'en* ai contemplé *les* monuments.
>
> J'ai vu Jérusalem, et j'ai admiré la beauté *de ses* monuments.

3. Les adjectifs possessifs se remplacent par l'article, quand le sens indique suffisamment le possesseur.

> *Ex.* : Il s'est cassé *le* bras (et non pas *son* bras).

4. On se sert de l'adjectif possessif, quand on veut désigner une chose habituelle

> *Ex.* : J'ai *ma* migraine.

5. On emploie l'article si l'on veut désigner une chose accidentelle.

> *Ex.* : J'ai *la* migraine aujourd'hui.

IV. — RÉPÉTITION DE L'ADJECTIF POSSESSIF.

L'adjectif possessif se répète :

1° Avant chaque substantif.

> *Ex.* : *mon* oncle et *ma* tante.

2° Avant les adjectifs qui ne qualifient pas le même substantif.

> *Ex.* : Le prince a visité *son* ancien et *son* nouveau château.

V. — EMPLOI DE L'ADJECTIF INDÉFINI *chaque*.

Chaque adjectif indéfini, ne s'emploie qu'avec un substantif.

On ne dirait pas : Ces livres coûtent trois francs *chaque*.

Il faut dire :

Ces livres coûtent trois francs *chacun*.

Mais on peut dire :

Chaque livre coûte trois francs.

Quelle est la règle d'emploi pour les adjectifs qualificatifs ? pour l'adjectif numéral ? pour l'adjectif possessif ? — Quand l'adjectif possessif doit-il se répéter ? — Quand s'emploie l'adjectif indéfini *chaque* ?

CHAPITRE III.

EMPLOI DU PRONOM.

I. — PRONOM PERSONNEL.

1. *Emploi du pronom personnel*.

Le pronom ne peut remplacer un substantif que lorsque ce substantif est pris dans un sens déterminé.

On ne peut pas dire :

J'ai demandé *grâce*; *elle* m'a été accordée.

Mais on dira :

J'ai demandé *une grâce*; *elle* m'a été accordée.

1° *Me, te, nous, vous, lui, leur.*

Me, te, nous, vous, lui, leur, s'emploient pour *à moi, à toi, à nous, à vous, à lui, à eux.*

Ex. : Vous *me* dites que vous voulez satisfaire vos parents ; je *vous* réponds que vous *leur* donnerez beaucoup de consolation.

2° *Lui, elle, eux, elles.*

Lui, elle, eux, elles, précédés des prépositions, *de* et *à* ne s'emploient que pour des personnes.

Ex. : Vous m'avez recommandé votre jeune protégée, je m'occuperai d'*elle.*

On se sert ordinairement de *en, y,* pour les choses.

Ex. : La sensitive est une plante délicate : *n'y* touchez pas.

Néron, bourreau de Rome, *en* était l'historien.   Delile.

3° *En, y.*

En s'emploie quelquefois pour les êtres animés.

Ex. : Je connais cette personne ; on m'*en* a parlé.

Y pronom personnel ne s'emploie pour les personnes que lorsqu'on les assimile pour ainsi dire aux choses, et que le verbe qui les accompagne peut se dire également des personnes et des choses.

Ex : En approfondissant les hommes, on *y* trouve bien des imperfections.

On peut trouver bien des imperfections dans les hommes et dans les choses.

On se sert du pronom *y* dans les réponses aux interrogations.

Ex. : Pensez-vous à moi ? — J'*y* pense.

Et dans cette phrase :

Cet homme, je ne *m'y* fie pas.

Il est plus régulier de ne se servir de ce mot qu'en parlant des choses.

Devant le futur et le conditionnel présent, on supprime le pronom *y* par raison d'euphonie.

Ex. : Je n'*irai* pas, au lieu de je n'y *irai* pas.

4o *Soi.*

Soi, singulier de sa nature, se dit des personnes et des choses; quand il s'agit d'une personne, pour employer *soi*, il faut que le sujet soit indéterminé.

Ex : Chacun pense à *soi*.

Rien n'est parfait en *soi*.

L'aimant attire le fer à *soi*.

Au lieu de *soi*, on emploie au pluriel *eux*, *elles*, pour les personnes et pour les choses.

Ex. : Les égoïstes rapportent tout à *eux*.

Les plaisirs trompeurs étalent leurs jouissances pour nous attirer à *eux*.

2. *Répétition des pronoms personnels.*

Les pronoms personnels, employés comme sujets, doivent se répéter devant chaque verbe :

1° Quand on passe d'une proposition négative à une proposition affirmative, et réciproquement.

Ex. : *Vous m'avez* offert votre concours, et *vous* m'abandonnez.

2° Quand les verbes sont liés par des conjonctions, à l'exception de *et, ni.*

Ex. : *Elle* est chargée de cet emploi, mais *elle* ne veut pas le remplir.

Avec la conjonction, on est libre de ne pas répéter le pronom.

Ex. : *Vous* parlez et *vous* agissez (ou bien *vous parlez et agissez*) avec peu de réflexion.

On ne répète pas le pronom avec *ni.*

Ex. : Détaché de tout, il ne demande *ni* ne veut rien.

2º Les pronoms personnels , employés comme compléments, se répètent avant chaque verbe, dans les temps simples.

Ex. : Vous *nous* aidez et vous *nous* soulagez de votre mieux.

Si le temps est composé on peut retrancher le pronom devant le second verbe.

Ex. : Vous *nous avez adressé* et *renouvelé* cette recommandation.

Le pronom personnel se répète quand il est employé à la fois comme complément direct et comme complément indirect.

Ex. : Ces enfants *se* sont querellés et *se* sont nui.

II. — EMPLOI DU PRONOM DÉMONSTRATIF.

1º *Celui, celle, ceux.*

Celui, celle, ceux, celles ne peuvent pas précéder immédiatement un adjectif ni un participe.

Ex. : On félicite les enfants studieux, et l'on blâme les enfants paresseux.

On ne dirait pas : *ceux paresseux;* mais on pourrait dire *ceux qui sont paresseux.*

Ex. : Je vous ai adressé une lettre et j'ai reçu celle que vous avez envoyée. On ne dirait pas *celle reçue.*

Celui peut se supprimer devant *qui.*

Ex. : *Qui* veut parler surtout souvent parle au hasard.
DES BOULMIERS.

Le bonheur appartient à *qui* fait des heureux.
DELILE.

5*

2° *Celui-ci , celui-là.*

Lorsque ces deux pronoms sont mis en rapport, *celui-ci* désigne l'objet le plus rapproché par le lieu ou par la pensée ; *celui-là*, l'objet le plus éloigné.

Ex. : Héraclite et Démocrite étaient deux philosophes grecs : *celui-ci* riait toujours, *celui-là* pleurait sans cesse.

Les deux pronoms *celui-ci, celui-là* placés en tête d'un premier membre de phrase, peuvent quelquefois être suivis de *qui* commençant le second membre.

Ex. : Celui-là serait bien cruel *qui* repousserait les pauvres.

3° *Ce.*

1. *Ce*, joint à un des pronoms relatifs *qui, que, donc*, à la tête d'une phrase, et formant le sujet d'une autre phrase dont le verbe est *être*, ne doit pas être répété quand le verbe est *suivi* d'un *adjectif*.

Ex. : Ce qui est vrai est *beau*.

2. *Ce, peut être* employé ou supprimé quand le verbe est suivi d'un *substantif du nombre singulier*.

Ex. : La première qualité d'un juge *est* ou *c'est* l'amour de la justice.

3. Le pronom *ce* doit être nécessairement répété :

1° Quand le verbe *être* est suivi d'un *substantif* du *nombre pluriel* ou d'un *pronom personnel*.

Ex. : Ce qui me cause le plus de douleur *ce sont* les perfidies, les trahisons.

Ce qui m'attache à ce lieu, *c'est vous*, ma mère.

2° Quand le verbe *être* est suivi d'un autre verbe.

Ex. : Ce que je crains, c'est d'*être surpris*.

3º Quand l'infinitif qui sert de sujet a un complément d'une certaine étendue.

Ex. : *Taire un service qu'on a rendu*, c'est ajouter au bienfait.

4º Quand il y a plusieurs infinitifs de suite.

Ex. : *Causer, rire, jouer, manger*, c'est l'unique occupation du paresseux.

Dans les autres circonstances, le goût décide de la suppression ou de la répétition de *ce*.

Ex. : Le moyen de plaire à ses supérieurs est de leur obéir, *ou mieux*, c'est de leur obéir.

Remarque. Dans plusieurs occasions où *ce* est relatif à ce qui suit dans le discours, il n'y est souvent employé que par élégance et pour donner plus de force, de variété et de grâce à l'expression.

Quand je dis : *Ce fut l'envie qui occasionna le premier meurtre dans le monde*, c'est au fond comme si je disais : *l'envie occasionna le premier meurtre dans le monde.*

Cependant, il y a dans la première phrase une certaine énergie d'affirmation qui ne se trouve pas dans l'autre (1).

III. — EMPLOI DU PRONOM POSSESSIF.

1. Le pronom possessif doit toujours se rapporter à un mot exprimé auparavant.

Ex. : On ne dirait pas : *J'ai reçu la vôtre.*

On dira : J'ai reçu *votre lettre* ; la *mienne* vous est-elle parvenue ?

2. Le pronom *possessif* se remplace par le pronom

1. Girault-Duvivier.

personnel, quand il se rapporte à un objet employé par figure pour la personne dont on parle.

Ex. : Pour soutenir l'Etat ébranlé, il n'y a pas de colonne plus puissante que *lui* (pour *que la sienne.*)

IV. — EMPLOI DU PRONOM RELATIF.

1. Les pronoms relatifs *qui*, *que*, *dont*, doivent, autant que possible, être précédés de leur antécédent.

Ex. : Il y a dans Bossuet des *pages dont* le style est sublime.

On ne doit pas dire :

Il y a des pages dans Bossuet dont le style est sublime.

2° Lorsque l'on met des substantifs intermédiaires entre le pronom relatif et son antécédent, on peut, afin d'éviter l'équivoque, employer *lequel, laquelle.*

Si, voulant caractériser le père de votre cousine, vous dites :

Le père de votre cousine, *qui* est très-charitable, ira avec elle visiter les hôpitaux.

On ne sait pas, d'après cette phrase, si le mot *charitable* se rapporte au mot cousine ou au mot père ; pour éviter l'équivoque, il faut mettre : *lequel* est très-charitable.

RÈGLES PARTICULIÈRES.

1° *Qui.*

1° *Qui, après une préposition*, ne se dit que des personnes et des choses personnifiées.

Ex. : Ma mère, à *qui* j'ai raconté ma peine, m'a consolée.

2° *Qui*, interrogatif, peut être sujet et complément, mais s'applique seulement aux personnes.

Ex. : *Qui* vous appelle ?

Qui demandez-vous ?

2° *Lequel, laquelle.*

Lequel, laquelle, après une préposition, se disent des êtres animés et des êtres inanimés.

Ex. : Cet aveugle a un chien par *lequel* il est conduit dans son voyage.

On aime à revoir la maison dans *laquelle* on a passé son enfance.

3° *Dont.*

Dont, marquant la relation entre le sujet et le verbe, se dit des personnes et des choses.

Ex. : La personne *dont* je vous ai parlé est instruite.

Les cahiers *dont* je me sers sont petits.

On emploie *dont* dans toutes les phrases où l'on exprime une idée de race, d'origine.

Ex. : Le *noble* sang *dont* je sors me fait un devoir de maintenir les traditions religieuses de ma famille.

4° *Que.*

1. *Que* sans interrogation se dit des personnes et des choses.

Ex. : Les soldats *que* Louis IX vainquit à Taillebourg étaient Anglais.

Les combats *qu'il* livra en Egypte ne furent pas tous heureux.

2. *Que, interrogatif,* se dit seulement des choses, et signifie *quelle chose.*

Ex. : *Que* désirez-vous? c'est-à-dire, *quelle chose ?*

Que sont les sciences sans la vertu ? c'est-à-dire, *quelle chose* sont les sciences sans la vertu ?

5° *Quoi*.

1. *Quoi* se dit des choses quand il précède un adjectif et doit être suivi de la préposition *de*.

Ex. : *Quoi* de plus hardi que la retraite des dix mille (1) ?

2. *A quoi*, *de quoi* se remplacent souvent par *que*.

Ex. : *Que* sert à l'homme de gagner l'univers s'il vient à perdre son âme ?

Que sert est mis pour *à quoi sert*.

Pronoms relatifs remplacés par l'adverbe.

Lorsque le nom auquel le pronom relatif se rapporte, ou le verbe auquel ce pronom est joint, renferme une certaine idée de temps ou de lieu, on se sert de l'adverbe *où*.

Ex. : La maison *où* (pour *dans laquelle*) je fais mes études.

La carrière d'*où* (pour *de laquelle*) ces arbres ont été tirés.

VI. — EMPLOI DU PRONOM INDÉFINI.

1° *Tel*.

Tel pronom indéfini tient la place du substantif homme ou du pronom *celui*; il ne se dit que des personnes et ne s'emploie point au pluriel (2).

---

1. Après la mort de Cléarque qui conduisait un corps de Grecs à la suite du jeune Cyrus, contre Artaxercès Memnon (401), Xénophon prit le commandement du corps et le ramena dans son pays, à travers mille difficultés.

2. On en trouve cependant quelques exemples.

Ex. : *Tel* qui rit vendredi, dimanche pleurera.

(RACINE.)

Ordinairement le relatif ne doit pas être placé immédiatement après *tel* ; on le met au commencement de la deuxième proposition.

Ex. : *Tel* paraît bon *qui* est intérieurement mauvais.

2° *On*, *l'on*.

1. *On* désigne une classe, un individu ; *l'on*, désigne la généralité des hommes.

Dans la pratique, cette distinction est peu observée, souvent on met *l'on* pour *on*, par euphonie, surtout après les mots *et, si, ou*, afin d'éviter une consonnance choquante pour l'oreille.

Ex. : Si *l'on* vous voit commettre une faute, *on* vous punira.

Rarement on se sert de *l'on* au commencement d'une phrase.

2. Lorsque le pronom *on* est répété, il doit se rapporter au même sujet, et non à deux sujets différents.

Ex : *On* cherche le bonheur, et *l'on* oublie trop souvent que c'est en Dieu seul qu'*on* le trouve.

On est pris pour un même sujet, les *hommes*, dans ces trois circonstances.

On ne dirait pas :

On regarde par la fenêtre et l'on voit un homme qu'*on* charge de fers ; parce que *on* désigne un sujet dans la première proposition, et un autre, dans le second.

3° *Chacun.*

Chacun veut *son, sa, ses* :

1° Quand il n'y a pas de pluriel énoncé.

Ex. : Remettez à *chacun sa* part.

2° Lorsqu'il est précédé d'un pluriel et qu'il se trouve après le complément direct du verbe.

Ex. : Remettez ces livres, *chacun* à *sa* place.

3° Lorsque le verbe n'a point ou ne peut avoir de complément direct.

Ex. : Ils ont opiné, *chacun* à son tour.

Toutefois, d'après l'Académie, on peut, dans ce cas, se servir de *leur*.

Ex. : Ils s'en sont allés *chacun* de leur côté.

Chacun prend *leur*, *leurs* :

Lorsqu'il précède le complément direct.

Ex. : Donnez-leur à *chacun* leur part.

Ils ont accompli *chacun* leur devoir.

4° *Autrui* (1).

Autrui signifie les autres et ne se dit que des personnes; on l'applique rarement à un seul. On l'emploie principalement avec les prépositions *à* et *de*, et jamais il n'est accompagné de l'article.

Ex. : Dans le bonheur d'autrui je cherche mon bonheur.

CORNEILLE.

On trouve aussi *autrui* employé comme régime direct.

Ex. : Sans dessein de tromper *autrui*, elle se trompe sans doute elle-même.   FLÉCHIER.

---

1. Il y a des grammairiens qui ne voient dans *autrui* qu'un substantif masculin ayant un sens indéterminé.

(*Grammaire des grammaires.*)

5° *Quiconque.*

Quiconque équivaut à *celui qui* ; quand on l'emploie au premier membre d'une phrase, on ne doit pas, dans le second, le rappeler par *il*.

Ex. : *Quiconque* est honnête est toujours estimé, et non pas : *il est toujours estimé.*

QUESTIONNAIRE.

Quand est-ce que le pronom personnel peut remplacer un substantif ? — Quel est l'emploi de *me, te, se, nous, vous, lui, leur* ? —Quand se sert-on de *en,* de *y* ?— Quand supprime-t-on *y* ?—*Soi* se dit-il des personnes et des choses ? — Quand faut-il le remplacer par *eux* ? — Quand les pronoms personnels doivent-ils se répéter ? — Quel est l'emploi des pronoms démonstratifs, *celui, celle* ; *celui-ci, celui-là* ? — Quand faut-il répéter *ce* ? — Dans quel cas l'emploi de *ce* est-il de rigueur ? — Qu'est-ce qu'il y a à remarquer sur l'emploi de *ce* ? — Que faut-il remarquer sur l'emploi du pronom possessif ? — Peut-on le remplacer par une autre pronom ? — Quelle est la règle générale pour l'emploi du pronom relatif?— Que faire quand le pronom *qui, que,* donne lieu à des équivoques ? — Quelles sont les règles particulières pour l'emploi *de* ? — Quel est l'emploi de *qui* ? — de *lequel* ? — de *dont* ? — de *que* ? — de *quoi* ? — Quand remplace-t-on le pronon relatif par l'adverbe *où* ? — Indiquez les règles d'emploi des pronoms indéfinis *tel, on, l'on* ? — Quand chacun veut-il *son, sa, ses* ? — Quand demande-t-il *leur, leurs* ? — Avec quel pronom *autrui* s'emploie-t-il ? — Quel est la règle d'emploi de *quiconque* ?

CHAPITRE IV.

EMPLOI DU VERBE.

I. — Emploi des auxiliaires *AVOIR* et *ÊTRE* dans les Verbes Neutres.

1. La plupart des verbes neutres prennent l'auxiliaire *avoir* dans leurs temps composés.

Ex. : Cette fleur *a langui*.

Cet officier *a succombé* à la fatigue.

2. Les verbes *aller, arriver, décéder, éclore, mourir, naître, venir*, prennent l'auxiliaire *être*.

Ex. : Bayard *est mort* au champ d'honneur.

Le moment d'étudier *est venu*.

3. Les verbes *accourir, apparaître, cesser, monter, passer, rester, sortir, tomber* et beaucoup d'autres prennent l'auxiliaire *avoir*, s'ils expriment l'action, et l'auxiliaire *être* s'ils expriment l'état.

Ex. : La rivière *a monté* rapidement depuis deux heures.

Elle *est montée* trop haut pour qu'on puisse passer.

4. Quelques verbes neutres ont une signification différente selon qu'ils prennent l'auxiliaire *être* ou l'auxiliaire *avoir*.

Ex. : Cet emploi lui *a convenu*.

Il *est convenu* de s'y trouver.

Cette personne *a expiré* dans la paix.

Cette trêve *est expirée*.

J'ai demeuré cinq ans à Paris.

Dans cette émeute cinq soldats *sont demeurés* sur place.

II. — Emploi particulier de certains temps.

1° EMPLOI DU PRÉSENT.

1. Le *présent* s'emploie non-seulement pour marquer que la chose se fait dans le moment où l'on parle, mais encore pour exprimer : 1° une chose que l'on fait habituellement ou l'état habituel du sujet.

Ex. : L'humble n'*aime* pas les louanges.

2° Pour marquer des choses qui sont et seront toujours vraies.

Ex. : La sagesse *est* désirable.

2. Le *présent* s'emploie pour le *passé*, afin de rendre le récit plus vif, plus rapide, comme dans le récit de la mort d'Hippolyte :

> J'ai vu, seigneur, j'ai vu votre malheureux fils
> Traîné par des chevaux que sa main a nourris.
> Il *veut* les rappeler, et sa voix les *effraie*.

3° Le *présent* s'emploie pour le *futur* quand l'action dont on parle doit se faire prochainement.

Ex. : Je vous *attends* demain.

2° EMPLOI DE L'IMPARFAIT.

L'imparfait s'emploie non-seulement pour marquer un temps passé, présent cependant à l'égard d'une autre chose également faite dans un temps passé, mais encore pour désigner des choses habituelles et faites dans un temps qui n'est pas défini.

Ex. : Saint Louis *aimait* la justice.

3° EMPLOI DU PARFAIT DÉFINI.

Le *parfait défini* s'emploie lorsque il s'agit d'un temps entièrement écoulé, d'une époque entièrement passée.

Ex. : Je *vis* votre père, l'année dernière.

Les Français *vainquirent* les Autrichiens à Montebello.

4° EMPLOI DU PARFAIT INDÉFINI.

1. Le *parfait indéfini* s'emploie pour une durée passée, soit écoulée, soit durant encore.

Ex. : Hier, en recevant votre lettre, *j'ai éprouvé* un vrai plaisir.

Aujourd'hui, *j'ai acheté* un piano.

2. Le *parfait indéfini* s'emploie pour le *futur*, quand l'action dont il s'agit doit se terminer promptement.

Ex. : Veuillez attendre, *j'ai terminé* mon ouvrage dans un moment.

5° EMPLOI DU FUTUR ANTÉRIEUR.

Le *futur antérieur* peut s'employer pour le *parfait indéfini*, quand on veut être affirmatif.

Ex. : Si vous n'avez pas une meilleure place en composition, c'est que vous n'*aurez* pas *travaillé*.

III. — Emploi particulier de quelques modes.

1° EMPLOI DE L'IMPÉRATIF.

L'*impératif* peut s'employer à la première personne du pluriel, même quand c'est une personne seule qui parle. Un homme se dira :

Pardonnons à nos ennemis.

Faisons le bien, on ne nous en saura pas toujours gré ; mais nous aurons une douce satisfaction intérieure.

L'action qu'exprime l'impératif se rapporte toujours

au futur, par rapport à la personne qui conseille, qui prie, qui commande, etc.

Ex. : Courez et *revenez* promptement.

2° EMPLOI DU SUBJONCTIF.

Le principe à suivre dans l'emploi de ce mode, c'est qu'on ne doit s'en servir que dans les cas où il y a doute, incertitude.

Le *subjonctif* s'emploie :

1° Quand le second verbe est sous la dépendance d'un premier verbe qui exprime le commandement, le désir, la crainte, l'admiration, la surprise, le doute.

Ex. : Obéis, si tu veux qu'on *t'obéisse* un jour.

Je voudrais qu'il *vînt* me voir.

Je crains que vous ne *réussissiez* pas.

Je suis ravi que vous *ayez réussi* dans votre entreprise.

Je m'étonne que vous *soyez* encore ici.

Je doute que nous *puissions* arriver à temps.

2° Après les verbes *il faut, il importe, il convient,* etc., et en général après les verbes impersonnels employés pour exprimer une chose dont l'exécution est incertaine et douteuse, quelque obligatoire qu'elle soit.

Ex. : Il faut que vous *contentiez vos* parents.

Remarque. Il semble veut ordinairement le subjonctif, et *il me semble*, l'indicatif ; mais cette distinction n'est pas scrupuleusement observée chez les auteurs. Nous dirons toutefois que *il semble* et les expressions analogues : *on dirait, on croirait, on eût dit, on eût cru,* etc., veulent être suivis du subjonctif, toutes les fois qu'elles énoncent, non pas un fait positif, mais quelque chose d'extraordinaire qu'il ne faut pas prendre à la lettre. Dans les autres cas, elles demandent l'indicatif.

Ex. : Il semble que ce *soit* un sergent de bataille.

LA FONTAINE.

On eût dit que ma présence le *gênait.*

3° Après un verbe accompagné d'une négation ou exprimant une interrogation, à moins que l'interrogation ne soit qu'un tour oratoire qui n'ôte point au verbe son sens affirmatif.

Ex. : Je *ne* veux *pas* qu'il *vienne.*

Voulez-vous que je vous *entretienne* de cette affaire ?

4° Dans les propositions subordonnées liées à la proposition principale par le pronom relatif *qui,* ou par *où,* si la proposition a quelque chose d'incertain.

Ex. : Je cherche quelqu'un *qui* me *vienne* en aide.

J'aspire à une place *où je sois* tranquille (1).

Si la proposition exprime quelque chose de positif on met l'indicatif.

Ex. : Montrez-moi le chemin *qui conduit* à Lyon.

5° Après les pronoms relatifs *qui, que, dont* et les adverbes *où, d'où, par où,* quand ces mots sont précédés de quelque expression qui restreigne le sens, comme *le seul, le dernier, peu,* ou d'un superlatif relatif comme *le plus, le moins, le mieux.*

Ex. : Vous avez perdu *l'unique* ressource *que vous eussiez.*

____

1. Les règles de concordance entre les temps indiquent diverses circonstances où le verbe de la proposition subordonnée doit être au subjonctif.

Ce sentier est *le seul par où* les voyageurs puissent gravir la montagne.

Cette jeune personne est *la mieux élevée que je connaisse.*

Il est *peu* de champignons *qui soient* bons.

6° Après *quel que, quelque que, quoi que, si… que*

Ex. : *Quels que soient* nos talents, nous ne devons pas en concevoir de l'orgueil.

Quelque effort *que fassent* les impies, ils ne détruiront pas la religion.

Quoi que vous écriviez, évitez la bassesse. Boileau.

Si mince *qu'il paraisse,* un cheveu fait ombre.

7° Après *tout que* on met également le subjonctif ou l'indicatif, bien que l'ancien usage exige l'indicatif.

Ex. : *Tout* puissant *que vous êtes,* ou *que vous soyez,* n'essayez pas de lutter contre Dieu.

8° Après la conjonction *quoique* et les locutions conjonctives *afin que, pour que, avant que, à moins que, en cas que, encore que, de crainte que, de peur que, jusqu'à ce que, non pas que, non que, pourvu que, sans que, bien que, loin que, soit que, supposé que,* quand bien même quelqu'une de ces expressions serait remplacée par *que.*

Ex. : *Quoique* les lions *soient* cruels, ils se sont parfois montrés généreux.

Délassez-vous, *afin que* vous *repreniez* ensuite vos travaux avec une nouvelle ardeur.

Ne vous reposez pas *que* vous n'*ayez* dépassé vos compagnes.

9° Après les expressions *comme si, sinon que, si ce n'est que, de façon que, de sorte que, de manière que,* quand le verbe de la proposition principale exprime le doute ou le commandement et que le verbe de la proposition subordonnée renferme une idée de futur.

Ex. : Vivez si chrétiennement *que vous puissiez* paraître sans crainte au tribunal du souverain juge.

On mettrait l'indicatif si le premier verbe énonçait quelque chose de positif et le second quelque chose de présent et de passé, sans aucune idée de futur.

Ex. : Cet homme a vécu si chrétiennement qu'*il a dû* paraître sans crainte au tribunal du souverain juge.

10° Après *c'est peu que, c'est assez que, ce n'est pas que, c'est le moins que.*

Ex. : *C'est peu* qu'en un ouvrage où les fautes fourmillent
Des traits d'esprit semés de temps en temps *pétillent.*

BOILEAU.

3° EMPLOI DE L'INFINITIF.

1. Le *présent de l'infinitif* est susceptible d'exprimer :

1° Un *présent.*

Ex. : Je l'*entends* parler.

2° Un *passé.*

Ex. : Je l'ai *entendu* parler.

3° Un *futur.*

Ex. : Je l'*entendrai* parler.

2. *Le présent de l'infinitif* précédé d'une préposition doit se rapporter d'une manière précise :

1° Soit au sujet de la proposition.

Ex. : L'*homme* vit pour *travailler.*

2° Soit au régime direct :

Ex. : Dieu *nous* a créés *pour le connaître.*

3° Soit au régime indirect :

Ex. : Je *vous* conseille de *travailler.*

Quel verbe auxiliaire prennent les verbes neutres dans leurs temps composés? — L'emploi de l'auxiliaire est-il indifférent pour la signification? — Le présent se borne-t-il à sa seule signification? — Indiquez la règle d'emploi pour l'imparfait? — pour le parfait défini? — pour le parfait indéfini? — pour le futur antérieur? — Quelle est la règle d'emploi pour l'impératif? — pour le subjonctif? — pour l'infinitif?

CHAPITRE V.

EMPLOI DE QUELQUES ADVERBES.

1. *Aussi, autant, si, tant.*

Aussi se joint aux adjectifs, aux participes et aux adverbes.

Ex. : Jeanne d'Arc était *aussi* courageuse et *aussi* respectée que La Hire, et combattait *aussi bien* que lui.

Autant se joint aux substantifs, aux adjectifs et aux verbes.

Quand *autant* est employé avec un adjectif, on le met toujours après cet adjectif, bien que *aussi*, dont il tient alors la place, se mette devant l'adjectif.

Ex. : Blanche de Castille, mère de saint Louis, était habile *autant* que vertueuse.

Autant se met aussi après le verbe.

Ex. : Le mauvais exemple nuit *autant* à la santé de l'âme, que l'air contagieux, à la santé du corps.

MARMONTEL.

Aussi, autant, expriment la comparaison.

Ex. : Mon parterre est *aussi* beau que le vôtre.

Si, tant, expriment l'extension et la quantité.

Ex. : Le détroit est *si large* qu'on ne peut y construire un pont.

J'ai lu *tant* de livres que je ne peux me les rappeler tous.

Si, peut s'employer pour *aussi*, quand la phrase est négative.

Ex. : Vous n'êtes pas *si* constante que vous le dites.

C'est à la justesse de l'esprit à décider, s'il faut employer *si* ou *aussi*.

On évite de mettre *si* devant les locutions adver-verbiales.

Ne dites pas : Je suis *si* à l'aise.

Il vaut mieux dire : Je suis *si* fort à l'aise.

REMARQUE.

Aussi, si, autant, tant, employés comme adverbes comparatifs, demandent *que* après eux et jamais *comme*.

Ex. : Je vous dois autant *que* ma sœur.

2. *Au moins, du moins.*

Au moins signifie *pour le moins.*

Du moins a le sens de *néanmoins.*

Ex. : Cet enfant est *au moins* le troisième de sa classe s'il n'est pas le deuxième.

Je veux *du moins* que vous essayiez.

3. *Davantage, plus.*

Davantage s'emploie sans la conjonction *que.*

Ex. : L'Europe est grande, l'Asie l'est *davantage.*

Plus est accompagné de la conjonction *que*.

Ex. : Titus était *plus* humain *que* Néron.

4. *Beaucoup, beaucoup de.*

Beaucoup exprime une différence entre deux personnes ou deux choses.

Ex. : Cet enfant n'est pas si sage que son frère, il s'en faut *beaucoup*.

Beaucoup de exprime une différence de quantité.

Ex. : Il s'en faut *de beaucoup* que la somme y soit.

5. *Plus, moins,* après *d'autant plus, d'autant moins.*

Après *d'autant plus, d'autant moins,* il faut répéter *plus, moins,* quand il y a véritablement une comparaison établie entre les propositions unies par *que*; cette répétition ne peut se faire si la comparaison n'existe pas.

Ex. : Je suis d'*autant plus* étonné de vous voir que je m'y attendais *moins*. (Il y a ici une comparaison entre *plus* et *moins*.)

Le vice devrait d'*autant moins* nous séduire qu'il nous dégrade. (Il n'y a pas de comparaison.)

6. *Ne, non, ne pas, ne point.*

La négation proprement dite s'exprime par *ne* ou *non* tout seul, ou par *ne* ou *non* accompagné de *pas* ou de *point*.

Point nie plus fortement que *pas*, excepté dans l'interrogation, où *pas* semble exclure le doute, tandis que *point* renferme quelque incertitude.

Ex. : N'avez-vous *pas* été au jardin ?

N'avez-vous *point* été au jardin ?

Pas convient à quelque chose d'accidentel, *point* à quelque chose de permanent.

Ex. : Cet enfant ne lit *pas*. — Cet enfant ne lit *point*.

La première phrase signifie qu'il ne lit pas présentement, la seconde qu'il ne lit jamais.

Suppression de pas *et de* point.

Pas ou *point* peut être employé ou supprimé après les verbes *cesser*, *pouvoir*, *savoir*, *oser*, selon que l'on veut nier plus ou moins fortement.

Ex. : Je n'*ose* vous dire ce que vous désirez connaître.

Je ne *peux point* vous satisfaire.

Il y a des circonstances où *pas* ne peut pas être supprimé.

Ex. : On dira bien : Cet ouvrier ne cesse de travailler.

Mais si l'on demande à quelle heure il cesse de travailler, nous répondrons :

Il ne cesse *pas* de travailler avant midi.

Pas et *point* se suppriment, et *ne* reste seul en plusieurs cas.

Voici les principaux :

1° Après *savoir* pris dans le sens de pouvoir.

Ex. : Je ne *saurais* apprendre l'hébreu.

2° Quand on emploie des mots qui rendent la négation inutile, parce qu'ils renferment en eux-mêmes l'étendue qu'on veut lui donner, comme *nul*, *personne*, *guère*, *jamais*, etc.

Ex. : Je *ne* soupe *jamais*.

3° Après *que* mis à la suite d'un comparatif.

Ex. : Cet homme est plus riche *qu'on* ne croit.

4° Après *depuis que*, ou *il y a* suivi d'un mot qui indique un certain espace de temps, quand le verbe est au passé, mais non quand le verbe est au présent.

Ex. : Il y a six mois que *je ne lui ai parlé.*

Il y a six mois que nous *ne nous parlons point.*

5° Après les conjonctions *à moins que.*

Ex. : Je ne sortirai pas *à moins qu'il* ne fasse beau.

6° Après le verbe *craindre*, lorsqu'il s'agit d'une chose qu'on ne désire pas.

Ex. : Je *crains* que cette compagnie *ne* vous soit dangereuse.

Pas et *point* se conservent après *craindre*, lorsqu'il s'agit d'une chose qu'on désire.

Ex. : Je crains que cet enfant *ne se corrige pas.*

La même règle s'observe après *de crainte que, de peur que.*

Pas se supprime après *prendre garde , se garder , éviter, empêcher*, signifiant faire en sorte que la chose n'arrive pas.

Ex. : Prenez garde qu'on *ne* vous trompe.

Répétition de ne.

Ne se répète :

1° Après le verbe *douter* précédé d'une négation et suivi de la conjonction *que.*

Ex. : Je *ne* doute pas que le juste *ne* soit couronné.

2° Quand la proposition principale et la proposition subordonnée sont négatives.

Ex. : Le singe *n'est* pas plus de notre espèce que nous *ne* sommes de la sienne.　　　　　　BUFFON.

Suppression de ne.

Ne se supprime :

1° Après *défendre* suivi de *que.*

Ex. : Il défend qu'on vous parle.

2° Après *il s'en faut*, quand ce verbe n'est accompagné ni d'une négation, ni de quelque mot qui ait un sens négatif tel que *peu, guère, presque rien.*

Ex. : *Il s'en faut beaucoup* que l'un soit du mérite de l'autre.

Ne se conserve après *il s'en faut*, quand ce verbe est accompagné d'une négation ou de quelque mot qui ait un sens négatif.

Ex. : *Il ne s'en faut* pas de beaucoup que la somme *n'y soit.*

Peu s'en faut que je *n*'interrompe mon discours.

FLÉCHIER.

3° *Ne* se supprime dans la proposition subordonnée, quand la proposition principale est négative ou interrogative.

Ex. : Je *ne* crains pas qu'il *vienne.*

Craignez-vous qu'il vienne ?

4° On le retranche après les comparatifs d'égalité, tandis qu'on l'emploie si les termes de la comparaison établissent une inégalité.

Ex. : Il *n'est* pas aussi studieux que vous le pensez.

Il est *plus* studieux que vous ne l'êtes.

5° Après les locutions conjonctives *avant que, sans que.*

Ex. : Les hommes étaient corrompus *avant que* le déluge arrivât.

Je ne puis pas vous donner un conseil *sans que* vous murmuriez.

Mais si *que* est employé pour *avant que, sans que*, il faut la négation.

Ex. : Je ne puis parler *qu'il ne* m'interrompe.

7. *Plus tôt , plutôt.*

Plus tôt en deux mots éveille une idée de temps.

Ex. : Vous auriez dû arriver *plus tôt*.

Plutôt en un seul mot marque le choix, la préférence.

Ex. : Plutôt mourir que de trahir son serment.

8. *Tout à coup, tout d'un coup.*

Tout à coup signifie *soudainement*.

Ex. : La foudre frappe *tout à coup* Sodome.

Tout d'un coup exprime ce qui se fait d'une seule fois.

Ex. : J'ai perdu cent mille francs *tout d'un coup*.

9. *Tout de suite, de suite.*

Tout de suite signifie incontinent, sans retard.

Ex. : Levez-vous *tout de suite*.

De suite signifie sans interruption.

Ex. : Pendant le déluge, la pluie tomba quarante jours *de suite*.

10. *Très , bien.*

Très ne se met que devant un adjectif ou un adverbe, et non devant un substantif.

Ex. : Il fait *très*-froid.

Cet enfant a été *très*-humilié.

On met *très* devant *humilié* parce qu'il est employé comme adjectif verbal ; encore vaudrait-il mieux employer *fort, beaucoup*.

On ne dirait pas : J'ai *très*-faim.

Bien se met devant les substantifs : J'ai *bien faim*.

Quelle est la règle d'emploi pour les adverbes *aussi, autant, si, tant, au moins, du moins, davantage, plus, beaucoup, beaucoup de* ?— Quand faut-il répéter les adverbes *moins, plus,* après *d'autant plus, d'autant moins* ? — Comment s'exprime la négation ? — Indiquez les diverses nuances entre les adverbes de négation *ne pas, ne point* ? — Quand faut-il supprimer *pas* et *point* ? — Les conserve-t-on dans quelques cas ? — Quand *ne* se répète-t-il ? — Quand *ne* se supprime-t-il ? — Quand *ne* se conserve-t-il ? — Emploi de *plutôt* et *plus tôt*; de *tout à coup* et tout d'un coup ; de *tout de suite* et de suite, etc.; *très, bien*;

CHAPITRE VI.

EMPLOI DE QUELQUES PRÉPOSITIONS.

1. *A, avec.*

A désigne l'instrument dont l'on se sert habituellement.
Ex. : Ces officiers se sont battus *à l'épée.*
L'*épée* est l'arme de l'officier.
Avec désigne l'instrument employé par circonstance :
Ex. : Le Vendéen combattait *avec la faux.*

La faux est une arme dont le Vendéen se servait par circonstance.

2. *Par terre, à terre.*

Par terre s'emploie pour les objets qui touchent la terre.
Ex. : Cet arbre est tombé *par terre.*

A terre se dit en parlant des objets qui ne touchent pas la terre.

Ex. : Les fruits tombent à *terre*.

3. *A de*, avec *c'est à*.

La locution *c'est à* suivie d'un nom ou d'un pronom et de la préposition *à* exprime une idée de tour, de rang.

Ex. : *C'est à* mon tour *à* parler.

C'est à vous *à* réciter après moi.

La locution *c'est à* suivie d'un nom ou d'un pronom et de la préposition *de* éveille une idée de droit ou de devoir.

Ex. : *C'est au* supérieur *de* commander, *c'est à* l'inférieur *d'*obéir.

C'est à vous *de* parler, *c'est à* moi *de* me taire.

Ne servir à rien indique une nullité momentanée.

Ex. : Cette personne a des talents qui ne lui *servent à rien*, dans ce moment.

Ne servir de rien indique une nullité absolue.

Ex. : Les grands talents de Coriolan ne *lui servirent de rien*.

Avoir affaire à quelqu'un signifie avoir à lui parler.

Avoir affaire de signifie avoir besoin.

Ex. : J'ai *affaire* d'argent.

4. *A, en, dans, pendant, durant.*

A, par rapport au temps, marque un point de la durée.

Ex. : L'Homme-Dieu est mort *à* trois heures.

A désigne encore un certain espace à parcourir.

Ex. : Je me rendrai d'Orléans *à* Paris.

En, dans. — *En* marque la durée de l'action, et *dans* le moment où elle a lieu.

Ex. : Je partirai *dans* trois jours, et je ferai mon voyage *en* cinq jours.

Pendant exprime une époque vague.

Ex. : *Pendant* mon voyage, c'est-à-dire dans le cours de mon voyage.

Durant exprime un temps sans interruption.

Ex. : *Durant* le printemps.

5. *Avant, devant.*

Avant désigne l'ordre du temps et celui des places.

Ex. : Auguste commença à régner quarante-deux ans *avant* Jésus-Christ.

Il faut mettre l'article *avant* le substantif.

Devant marque seulement l'ordre des places.

Ex. : Marchez *devant* moi.

6. *A, pour.*

A marque une destination habituelle;
Pour indique un usage accidentel.

Ex. : Le bois *à* brûler étant cher, on fait, avec de mauvais bancs, du bois *pour* brûler.

7. *A, sur.*

A désigne ce qui sert habituellement de soutien ;
Sur, ce qui n'en sert qu'accidentellement.

Ex. : Ce facteur fait son service *à* pied ; mais, le terrain étant devenu glissant par le verglas, il a marché *sur* les mains pour passer un pont.

8. *A, ou.*

Quand il s'agit d'une quantité, si la chose peut se diviser, on emploie *à*; on doit mettre *ou*, si la chose ne peut se diviser.

> *Ex.* : Il a dépensé cinq *à* six mille francs dans un voyage.
>
> Ce guerrier a tué cinq *ou* six ennemis.

9. *Malgré.*

Malgré régit le nom sans le secours d'une autre préposition.

Ex. : Je suis sorti *malgré* la grêle.

Malgré que ne s'emploie qu'avec le verbe *avoir*.

Ex. : *Malgré que* j'en aie.

On ne doit pas se servir de ces expressions.

Malgré que je sois, *malgré que* je fasse.

On doit dire :

Quoique je sois, *quoique* je fasse.

10. *Parmi.*

Parmi ne s'emploie qu'avec un nom pluriel qui signifie plus de deux, ou avec un nom collectif, et avec tout mot qui donne une idée de confusion.

Ex. : *Parmi* de grandes vertus, il y a souvent de grands défauts.

> *Parmi* ce bruit confus de plaintes et de clameurs,
> Henri, vous répandiez de véritables pleurs.
>
> (La Henriade.)

11. *Entre.*

Entre a un sens plus restreint que parmi. On l'emploie quand on veut exprimer une idée de contraste ou d'union, ou de réciprocité.

> *Ex.* : Qu'y a-t-il de commun *entre* les peuples civilisés et les tribus barbares ?
>
> Tout était commun *entre* les premiers fidèles.

12. *Sans.*

Sans est une préposition qui reçoit également après elle *ni* ou *et* entre deux régimes.

> *Ex.* : *Sans* force *ni* vertu, ou *sans* force et *sans* vertu.

Sans, étant une préposition exclusive, ne doit pas être suivi d'un mot dont le sens est négatif : il y aurait alors une sorte de pléonasme.

On ne doit pas dire : *sans nul* effort, mais *sans effort.*

13. *Voici, voilà.*

Ces deux mots sont formés de l'impératif du verbe *voir* et des adverbes *ci* et *là.*

Voici désigne l'objet le plus proche.

> *Ex.* : *Voici* votre manteau.

Voilà désigne l'objet le plus éloigné.

> *Ex.* : *Voilà* un bel horizon.

Voici a rapport à ce qui suit.

> *Ex.* : *Voici* trois médecins qui ne se trompent pas :
> Gaîté, doux exercice et modeste repas.

Voilà a rapport à ce qui précède.

> *Ex.* : Juger les autres en toute rigueur, se pardonner tout à soi-même : *voilà* deux maladies mortelles qui affligent le genre humain.   BOSSUET.

Voici, voilà peuvent être accompagnés d'un pronom qui leur sert comme de régime et avec lequel ils s'unissent étroitement.

Ex. : *Me* voici, *vous* voilà.

14. *Avant que de, avant de.*

Ces deux locutions peuvent s'employer devant un infinitif; mais *avant de* est préférable.

Ex. : *Avant de* partir, je mettrai mes affaires en ordre.

15. *Auprès de, près de.*

Près de marque une proximité vague.

Ex. : L'étang est *près du* château.

Auprès de, indique une proximité plus déterminée.
Le jardin est *auprès du* château et le sépare de l'étang.
Près de, avec un verbe, signifie être sur le point de.

Ex. : Je suis *près de* partir (1).

16. *Auprès de, au prix de.*

Auprès de au prix de, s'emploient l'un pour l'autre; cependant *au prix de* doit être préféré lorsqu'on parle du *mérite réel* de deux objets.

Ex. : La richesse n'est rien *au prix de* la vertu.

Auprès de est préférable lorsqu'on veut seulement faire remarquer la différence énorme qui existe entre les deux objets que l'on compare.

Ex. : La terre n'est qu'un point *auprès du* reste de l'univers.

---

1. On sait que l'adjectif *prêt* suivi de *à* veut dire *disposé à.*
Ex. : Je suis *prêt à* partir, c'est-à-dire *disposé à* partir.

17. *Au travers de, à travers.*

Au travers de exprime quelque idée d'obstacle.

Ex. : Il passe *au travers des* ennemis.

A travers signifie simplement au milieu de.

Ex. : Il passe *à travers la prairie.*

18. *Vis-à-vis.*

Vis-à-vis demande la préposition *de*, et exprime seulement une position de lieu. On ne doit pas l'employer, dans le sens figuré, pour *à l'égard de.*

Ex. : Il demeure *vis-à-vis* du château.

Vis-à-vis et *près* demandent la préposition *de*; mais l'Académie reconnaît que l'usage permet de supprimer *de* en quelques phrases.

Ex. : Amba\ssadeur *près le Saint-Siége. Vis-à-vis l'église.*

Répétition des prépositions.

Les prépositions *à, de, en* se répètent avant chaque subst\antif ou chaque pronom, ou chaque infinitif qui en est le complément.

Ex. : Cinna dut la vie *à* la clémence et *à* la magnanimité d'Auguste.

Dans l'adversité, il faut s'armer *de* courage et *de* patience.

Le lion l'emporte sur les autres animaux *en* beauté, *en* force et *en* grandeur.

Les autres prépositions, et principalement celles qui contiennent deux ou plusieurs syllabes, se répètent lorsque les substantifs qui en sont le complément ont entre eux un sens opposé.

Ex. : Cyrus fut grand *dans* la paix comme *dans* la guerre.

Les prépositions ne se répètent pas ordinairement lorsque les compléments ont à peu près la même signification.

Ex. : Saint François de Sales se faisait aimer *par* sa *bonté* et sa *douceur*.

MOTS EMPLOYÉS

SOIT COMME ADVERBES, SOIT COMME PRÉPOSITIONS.

1. *Autour, alentour*.

Autour est employé comme une préposition lorsqu'il est suivi d'un régime.

Ex. : Le loup rôde *autour de* la bergerie.

Il est employé comme adverbe lorsqu'il se trouve sans complément.

Ex. : Voyez cette colonne et les ornements qui sont *autour*.

Alentour, employé autrefois aussi comme préposition, est aujourd'hui toujours adverbe.

Ex. : J'aime à visiter les bois d'*alentour*.

2. *Dessus, dessous, en dedans, en dehors*.

Dessus, dessous, *en dedans* et *en dehors* sont prépositions :

1° Quand on met ensemble les deux opposés et qu'on ne place le substantif qu'après le dernier de ces mots.

Ex. : J'ai cherché une pièce *dessus* et *dessous* le meuble.

Je vous ai cherché en *dedans* et en *dehors* de la ville.

2º Quand ils sont précédés des prépositions *de, à, par.*

Ex. : Otez cette assiette *de dessus* le buffet.

> Nous portons tous *au dedans* de nous des prin-
> cipes naturels d'équité, de pudeur, de droi-
> ture.   MASSILLON.

> Elle est instruite, elle est riche, et *par dessus*
> cela elle est humble.

Excepté ces cas, ces mots sont adverbes.

Ex. : Pourquoi cherchez-vous votre livre sur la table ?
il n'est ni *dessus* ni *dessous.*

QUESTIONNAIRE.

Quel est l'emploi des prépositions *à, avec, par terre, à terre*? —
Qu'indique *c'est à moi, à vous,* etc. ? — Emploie-t-on indifféremment *à* ou *de* après certains verbes ? — Par quels mots désigne-t-on
l'espace, la durée, l'époque ? — la destination habituelle, accidentelle ? — Quand emploie-t-on *à* et *où* ? — *avant, devant ?* —
malgré, malgré que? *parmi* ? — Indiquez la règle d'emploi de
sans ? — de *voici, voilà* ? — *avant que de, avant de* ? — *auprès
de* ? — *près de* ? — *au prix de* ? — *à travers, au travers* ?
— Quelles sont les prépositions qui se répètent, et quand cette
répétition a-t-elle lieu ?—Quand les mots *autour, alentour, dessus,
dessous, en dedans, en dehors,* sont-ils des prépositions ? — Quand
sont-ils des adverbes ?

CHAPITRE VII.

EMPLOI DE QUELQUES CONJONCTIONS.

1. *Et.*

La conjonction *et* s'emploie :

1º Pour unir le sujet composé d'une proposition affirmative.

Ex. : Romulus *et* Rémus ont fondé Rome.

2° Pour unir deux propositions affirmatives.

Ex. : Charlemagne aimait les sciences *et* attirait les savants.

Il ne faut pas employer *et* :

1° Entre deux propositions qui expriment une opposition.

Ex. : Le paresseux craint le travail, le studieux s'y attache.

2° Entre deux propositions commençant par *plus*, *mieux*, *moins*, *autant*.

Ex. : Plus on mérite, plus on sera récompensé.

2. *Ni.*

Ni s'emploie :

1° Pour unir le sujet composé d'une proposition négative.

Ex. : *Ni* Diogène, *ni* Épicure ne seront mes maîtres (1).

2° Pour unir deux propositions négatives.

Ex. : Il n'étudie *ni* n'écrit.

Ni se répète autant de fois qu'il y a de choses auxquelles on veut donner la négation commune.

Ex. : Il ne faut être *ni* avare, *ni* prodigue, *ni* peureux, *ni* téméraire.

3. *Ou.*

Cette conjonction sert à lier les termes semblables d'une proposition affirmative.

Ex. : Mon frère *ou* ma sœur viendra.

---

1. C'étaient des philosophes grecs : le premier de la secte cynique ; le second, de la secte qui porte son nom.

4. *Que.*

La conjonction *que* a divers emplois :

1° Sa fonction la plus commune est de servir comme de passage d'une proposition à une autre.

Ex. : Je crois *que* l'âme est immortelle.

2° Elle sert à lier les deux termes dans une comparaison.

Ex. : Il a bien plus de susceptibilité *que* d'amour du bien.

3° Elle restreint la phrase négative.

Ex. : Il ne reste plus de l'homme *que* la mémoire du bien ou du mal qu'il a fait (1).

4° Elle se met à la place de *rien*.

Ex. : Je n'ai *que* faire ici.

5° Elle sert à marquer un souhait, un commandement, une imprécation.

Ex. : *Qu'*il vienne.

6° *Que*, après l'impératif, se met pour *afin que*.

Ex. : Approchez, *que* je vous voie.

7° Que, après *il y a*, signifie depuis que.

Ex. : Il y a trois ans *que* je ne vous ai pas rencontré.

8° *Que* se met :

1° Pour *cependant*.

Ex. : Les avares auraient tout l'or du Pérou *qu'*ils en désireraient encore.

2° Pour *puisque*.

Ex. : Qu'avez-vous donc, *que* vous ne jouez point?

---

1. *Ne que* est mis pour *seulement*; l'usage, dit la **Grammaire des grammaires**, l'a placé parmi les conjonctions, mais c'est un adverbe.

Que s'emploie pour donner plus de force à ce qu'on dit.

Ex. : C'est une étude difficile *que* de savoir se vaincre.

Que se joint à différents mots pour faire des locutions conjonctives : *pourvu que, pendant que, tandis que,* etc.

Ex. : La conscience du juste est en paix, *tandis que* celle du méchant est inquiète.

On place toujours le subjonctif après les locutions conjonctives qui suivent :

Avant que.	Jusqu'à ce que.
Afin que.	Loin que.
A moins que.	Non que.
Bien que.	Pour que.
De crainte que.	Pourvu que.
De peur que.	Quelque... que.
En cas que.	Qui (1) que.
Encore que.	Suivant que.

1. Le *qui* relatif équivaut quelquefois à une conjonction de subordination, et à un pronom personnel.

Ex. : L'enfant *qui* est sage fait le bonheur de ses parents; c'est comme s'il y avait : l'enfant quand il est sage.

<hr>

QUESTIONNAIRE.

Quel est l'emploi de la conjonction *et* ? *ni*? *ou* ? *que* ? — Quel mode demandent les locutions conjonctives *avant que* ? *afin que* ? *à moins que,* etc. ?

<hr>

CHAPITRE VIII.

EMPLOI DE L'INTERJECTION.

Les interjections étant comme des cris qui expriment les affections subites de l'âme, il faut qu'elles soient toujours en rapport avec les sentiments qu'elles expriment : aussi leur emploi dépend-il des circonstances.

Souvent on écrit indistinctement *ah !* (a-h), *ha !* (h-a), *oh !* (o-h), *ho !* (h-o), *eh !* (e-h), *hé !* (h-é). Il y a cependant des nuances entre ces différentes expressions.

Ah ! ha !

Si l'on éprouve un sentiment de joie, de douleur, une émotion vive, on l'exprime en proférant le son *a* prolongé, et c'est la lettre *h* qui, placée après ce son, peint sa durée.

Ah ! (*a-h*) n'est souvent qu'une particule explétive servant à rendre l'expression plus forte, plus énergique.

Ex. : *Ah !* si du fils d'Hector la perte était jurée.

RACINE.

Un homme plongé dans les réflexions marchant sans regarder devant lui, trouve un obstacle qui l'arrête ; il fait un mouvement et s'écrie : *ha !* Ici le son n'est point prolongé, la voix s'arrête sur l'*a*, qui est précédé d'une aspiration causée par la surprise, le saisissement.

O ! ho ! oh !

O ! (sans consonne) s'emploie pour marquer divers mouvements de l'âme.

Ex. : *O* siècle ! ô temps ! ô mœurs ! ô qu'il est difficile de se modérer dans une grande fortune !

Ho ! (h-o) marque surtout l'étonnement.

Ex. : *Ho !* que me dites-vous là !

Oh ! (o-h), s'emploie particulièrement pour exprimer l'admiration, l'affirmation.

Ex. : *Oh !* que nous ne sommes rien !

BOSSUET.

Eh ! hé !

Eh ! (e-h) sert à exprimer l'admiration, la surprise.

Ex : *Eh !* qui n'a pas pleuré quelque perte cruelle !

DELILLE.

Hé ! (h-é), s'emploie principalement :

1° Pour appeler, quand on parle à des personnes qui nous sont inférieures.

Ex. : *Hé !* viens vite.

2° Pour avertir de prendre garde à quelque chose.

Ex. : *Hé !* qu'allez-vous faire ?

3° Pour marquer la douleur.

Ex. · *Hé !* que je suis misérable !

4° Pour témoigner la commisération.

Ex. : *Hé !* pauvre homme, que je vous plains !

QUESTIONNAIRE.

Quel est l'emploi des interjections en général ? — Des interjections particulières *ah* ! (a-h), *ha* ! (h-a), *ó* ! sans consonne, *ho* ! (h-o), *oh* ! (o-h) ? — *Eh* ! (e-h), *hé* ! (h-é) ?

QUATRIÈME SECTION,

RÈGLES DE CONSTRUCTION.

Il y a deux sortes de constructions : la construction *grammaticale* et la construction *figurée* ou *irrégulière*.

CHAPITRE PREMIER.

CONSTRUCTION GRAMMATICALE.

La construction *grammaticale*, dans la langue française, est l'ordre que le génie de cette langue veut qu'on donne, dans le discours, aux dix espèces de mots qui la composent.

La construction *grammaticale* est donc en général celle où les mots sont placés dans l'ordre analytique de la pensée, sans aucune omission ni surabondance de mots.

I. — RÈGLES GÉNÉRALES POUR LA CONSTRUCTION GRAMMATICALE.

L'ordre analytique de la pensée veut qu'on énonce en premier lieu l'idée principale du jugement qui est le *sujet*; ensuite les *compléments* du sujet, puis le *verbe*, l'*adverbe* qui le modifie, et les *compléments* qui en dépendent, en commençant par le *complément direct*.

Ex. : L'homme vertueux règle sagement sa conduite sur les maximes de l'Évangile.

Phrases pour lesquelles la construction est bien fixée.

La construction n'est irrévocablement fixée que pour les phrases *expositives, interrogatives* et *impératives*.

1° La phrase *expositive* est celle qui expose simplement soit en narrant, soit en faisant une hypothèse, soit en tirant une conséquence.

Ex. : Puisqu'il y a des crimes impunis et des vertus sans récompense dans ce monde, il faut qu'il y ait une autre vie où chacun reçoive selon ses œuvres.

2° La phrase est *interrogative* quand on interroge ou que l'on paraît interroger.

Ex. : Se voit-on des mêmes yeux que l'on regarde les autres?

3° La phrase *impérative* est celle qui commande, qui exhorte ou qui supplie.

Ex. : Peuples, *prêtez* l'oreille.

II. — RÈGLES PARTICULIÈRES POUR LA PLACE DES MOTS DANS LES PHRASES : 1° EXPOSITIVES, 2° INTERROGATIVES, 3° IMPÉRATIVES.

1° Place du substantif.

Ordinairement, le *substantif* employé comme *sujet* d'une proposition se place au commencement dans les phrases expositives.

Ex. : L'*enfant* est léger.

Le *sujet* se place après le verbe :
1° Dans les phrases interrogatives.

Ex. : Que fera *votre frère*?

2° Dans des citations où l'on désigne celui qui parle.

Ex. : Heureux, dit le divin *Maître*, ceux qui souffrent persécution pour la justice.

3° Après les expressions *à peine, ainsi, au moins, aussi, encore, en vain, peut-être, tel, toujours.*

Ex. : *Ainsi* passe la beauté.

2° Place du complément du substantif.

Le complément du substantif le suit immédiatement.

Ex. : *La gloire des Machabées* est impérissable.

3° Place de l'adjectif qualificatif.

La plupart des adjectifs se placent ou avant ou après le substantif, selon que le goût en décide, sans changer de sens.

Ex. : C'est un soldat *vaillant.*

C'est un *vaillant* soldat.

Il est des adjectifs dont la signification change, selon qu'ils sont placés après ou avant le substantif.

Ex. : Alexandre est un *grand* homme ;
C'est-à-dire un *homme d'un grand mérite.*
Goliath était un homme *grand* ;
C'est-à-dire un homme d'une *grande taille.*
C'est un *pauvre* homme ;
C'est-à-dire un *homme sans mérite.*
C'est un homme pauvre ;
C'est-à-dire un *homme indigent.*
C'est un *brave* homme ;
C'est-à-dire un *homme de bien.*

C'est un homme *brave* ;
C'est-à-dire un *homme courageux.*
C'est un *honnête* homme ;
C'est-à-dire un *homme de bien.*
C'est un homme *honnête* ;
C'est-à-dire un *homme poli.*

4º Place de l'attribut.

L'*attribut* se met ordinairement après le sujet et après le verbe.

Ex. : Le courage est *louable.*

Quelquefois l'attribut précède le sujet et le verbe.

Ex. : *Grande* est la *gloire* de Josué.

Au lieu de : la *gloire* de Josué *est grande.*

Grande, attribut, précède *gloire,* sujet, et *est,* verbe.

5º Place du complément de l'adjectif qualificatif et de l'attribut.

Le complément de l'*adjectif qualificatif* doit le suivre.

Ex. : L'enfant prompt *à obéir* est béni du ciel.

En général, le complément de l'*attribut* doit le suivre.

Ex. : Mathathias a été fidèle *à la loi* jusqu'au dernier soupir.

6º Place du pronom relatif QUI, QUE.

Le *pronom relatif* suit d'ordinaire son antécédent et se place avant le verbe.

Ex. : Dieu *qui* règne.

Que relatif se place avant le verbe qui le régit.

Ex. : Suivez fidèlement les avis *qu'on* vous donne.

7° Place du verbe.

1° *Après le sujet.*

Le *verbe* se place après le sujet :
1° Dans les phrases *expositives.*
Ex. : Villars *gagna* la bataille de Denain.
2° Dans les phrases *impératives.*
Ex. : Que tout *soit soumis* à la volonté divine.
3° Dans les phrases *interrogatives.*
Ex. : Quelle raison *triomphe* du préjugé ?

2° *Avant le sujet.*

Le *verbe* se met avant le sujet :
1° Dans de petites phrases faites en forme de citations.

Ex. : L'homme sage, *dit* le Livre des Proverbes, est puissant.

2° Dans beaucoup de phrases *interrogatives.*

Ex. : *Gagne-t-on* l'estime en agissant avec peu de retenue ?

8° Place du complément du verbe.

Le *complément direct* et le *complément indirect* du verbe, si ce sont deux substantifs, se placent ordinairement : le *premier*, après le verbe; le *second*, après le régime *direct.*

Ex. : Un corbeau apporta un *pain à saint Paul.*

Le complément *direct*, s'il a plus d'étendue, se place après le complément *indirect.*

Ex. : Rébecca donna à *Jacob* les *habits d'Esaü.*

Dans les phrases *interrogatives,* le complément, soit

direct, soit *indirect*, joint à l'adjectif *quel*, se place avant
le verbe.

    Ex. : *Quel nœud* a coupé Alexandre (1)?

      A quel autel voulez-vous porter vos roses ?

Le complément direct ou indirect précède le verbe
quand il est exprimé par les pronoms *me*, *te*, *se*, *nous*,
vous.

    Ex. : Je *vous* crois; je *vous* donnerai une récompense.

Le complément circonstanciel se met ordinairement
après le verbe.

    Ex. : J'irai *à Londres*.

Souvent l'on a égard à l'ordre des idées et à l'harmonie du style : le goût sert de règle.

9º Place de l'adverbe.

L'*adverbe* se met d'ordinaire immédiatement après le
verbe dans la phrase *expositive*, si le verbe est à un
temps simple; et entre l'*auxiliaire* et le *participe*, si le
verbe est à un temps composé.

    Ex. : Nous faisons *souvent* des fautes.

      Nous avons *souvent* fait des fautes.

Dans les phrases *interrogatives*, l'adverbe se met
ordinairement après le *pronom personnel*, dans les temps
simples ; et après le *pronom* ou le *verbe* dans les temps
composés.

    Ex. : Faites-vous *souvent* des fautes?

      Avez-vous fait *souvent* ou avez-vous *souvent* fait
        des fautes ?

10º Place de la conjonction.

La place des conjonctions dépend de celles qu'occupent les propositions qu'elles précèdent.

1. Le nœud gordien.

Quand une phrase est composée de deux propositions unies par une *conjonction*, l'harmonie et la clarté demandent ordinairement que la plus courte marche la première.

Ex. : *Quand* on est vertueux, on ne peut haïr une religion qui ne prêche que la vertu (1).

Il y a des conjonctions qui ne peuvent se placer que dans la suite du discours et après un premier membre de phrases dont elles indiquent les conséquences : *aussi*, *bien, car, c'est-à-dire, donc, mais, sinon*, etc.

Ex. : Il croit que je succomberai, *mais* il se trompe.

Plusieurs conjonctions n'ont point de place déterminée : *cependant, néanmoins,* etc.

Ex. : Que tout s'arme *contre* la vérité, on n'empêchera pas *cependant* [ou *cependant,* on n'empêchera pas qu'elle ne triomphe.

11° Place de l'interjection.

Les interjections n'ont pas de place fixe dans le discours; elles y figurent selon le sentiment qui les produit; seulement on ne doit jamais les placer entre deux mots que l'usage a rendu inséparables, comme entre le sujet et le verbe, entre le substantif et l'adjectif qui le modifie.

Ah ! se met le plus souvent au commencement d'une phrase.

Ex. : *Ah !* que je suis à plaindre !

Hélas ! se place soit au commencement, soit au milieu, soit à la fin de la phrase.

Ex. : *Hélas !* que deviendrai-je ? — Que ferai-je, *hélas !* après tant de revers ?

1. Girault-Duvivier.

QUESTIONNAIRE.

Combien y a-t-il de sortes de construction ?

Qu'est-ce que la construction grammaticale ? — Quelles sont les règles générales pour la construction grammaticale ? — Quelles sont les phrases pour lesquelles la construction est bien fixée ? — Qu'est-ce que la phrase *expositive* ? la phrase *interrogative* ? la phrase *impérative* ?

Quelle est la place du substantif dans ces trois sortes de phrases ? — Du complément du substantif ? — Quelle est la place de l'adjectif qualificatif ? de l'attribut ? du complément de l'adjectif ? qualificatif et de l'attribut ? du pronom relatif *qui, que* ? — Quelle est la place du verbe ? du complément du verbe ? de l'adverbe ? de la conjonction ? de l'interjection ?

CHAPITRE II.

CONSTRUCTION FIGURÉE OU IRRÉGULIÈRE.

La construction *figurée* ou *irrégulière* est ainsi appelée, parce que, en effet, elle prend une figure, une forme contraire à la construction directe et grammaticale.

La construction peut être irrégulière par *ellipse*, ou par *pléonasme*, ou par *syllepse*, ou par *inversion*, ou par dés *gallicismes* proprement dits.

1. Ellipse.

L'*ellipse* supprime par précision des mots nécessaires pour une construction régulière, mais non pour le sens.

Règles de l'ellipse.

1° Dans une proposition, le verbe sous-entendu doit être du même *nombre* que le verbe exprimé auquel il correspond. Ainsi on ne dirait pas :

Ex. : Le pauvre a des peines ; les riches, des soucis.

Mais on dirait :

Le pauvre a des peines ; le riche, des soucis.

2° Le verbe sous-entendu doit être au même *temps* que le verbe exprimé.

Ex. : Le tigre *se plaît* dans les forêts ; le chat, dans les maisons.

Après le *chat* on sous-entend *se plaît*.

Une personne exilée ne pourrait pas dire :

Je vivais heureuse en ma patrie, malheureuse ici.

Il faudrait dire : Je vis malheureuse *ici*.

3° Lorsque, dans une proposition, l'un des deux membres est affirmatif et l'autre négatif, on doit répéter le verbe : ce serait faire une ellipse irrégulière que de s'en dispenser.

On ne devrait donc pas dire :

Ex. : Le présent n'est qu'un instant passager, et l'éternité immobile.

Il faudrait : l'éternité est immobile ; mais il n'y aurait plus d'ellipse.

II. Pléonasme.

Le *pléonasme* est un emploi de mots inutiles pour le sens.

Ex. : Voir de *ses yeux*, voler *en l'air*, etc.

Le pléonasme est vicieux quand il s'y trouve des mots qu'on peut retrancher sans nuire au sens ni aux qualités du style.

Ex. : Quand on s'est avancé, on ne peut plus reculer *en arrière*. Ces mots *en arrière* sont redondants.

III. Syllepse.

La *syllepse* fait accorder un mot avec l'idée plutôt qu'avec le corrélatif de ce mot.

Ex. : *Il est* trois heures.

Selon la construction, il faudrait dire : *elles sont trois heures*, comme on le disait autrefois, et comme on dit encore : *ils sont trois hommes*.

IV. Hyperbate ou inversion.

L'*hyperbate* (ou *inversion*) consiste à renverser l'ordre grammatical des mots ou des propositions, pour donner plus de force au style.

On l'emploie en prose et en vers; mais on ne doit en faire usage que lorsqu'il est aisé de le ramener à l'ordre de la construction grammaticale.

Bossuet dit : Elle *approche*, cette *mort* inexorable, au lieu de dire : *cette mort inexorable approche*.

Restait cette *redoutable infanterie*, au lieu de *cette redoutable infanterie* restait.

V. Gallicisme.

Le *gallicisme* est une manière de s'exprimer propre à notre langue (1).

I. — GALLICISMES DE MOTS ET DE FIGURES DE MOTS.

Les *gallicismes* peuvent se rencontrer :

1° Dans le sens d'un mot simple.

Ex. : *C'est un homme de condition*, pour dire *un gentilhomme*.

1. Quoique toutes les langues paraissent construites sur un plan uniforme, elles offrent cependant, soit dans l'emploi des mots, soit dans la manière de les arranger, des particularités qui, s'écartant des règles ordinaires, distinguent une langue de toutes les autres. Ces locutions particulières s'appellent *idiotismes*. Les idiotismes de la langue française s'appellent *gallicismes* (du latin *gallicus*, de la Gaule); ceux du latin, *latinismes*; de l'anglais, *anglicismes*; de l'allemand, *germanicismes*.

Un homme en condition, pour désigner *un domestique*.

Et encore : *Cet homme est raisonnablement ennuyeux*, pour dire *fort ennuyeux*.

2° Dans l'association de plusieurs mots qui ne semblent pas s'unir.

Ex. : *A cela près*, pour *excepté cela*.

Mauvaise grâce présente l'association de deux mots qui semblent se repousser.

3° Dans l'emploi d'une figure.

C'est une figure hardie et particulière à notre idiome que celle qu'on emploie en disant :

Comment vous portez-vous ? pour dire : *comment est votre santé ?*

Je me porte mal, pour dire : *ma santé est mauvaise*.

Les expressions figurées qui forment des gallicismes sont tirées généralement d'anciens usages, qui nous étaient probablement plus familiers qu'aux autres nations : comme les tournois, le jeu de paume.

Rompre visière à quelqu'un, pour dire : *le contredire avec aigreur*; parce qu'il n'était pas permis, dans les joutes et dans les tournois, de frapper à la visière de son adversaire.

Il me l'a donné belle est une expression de jeu de paume.

Il y a gallicisme de figure dans l'emploi des mots *faire, aller, venir, avoir, laisser, etc.*

1° *Faire.*

Ex. : *Faire les ongles*, pour *couper les ongles*.

Il fait beau, il fait froid, pour *le temps est beau, le temps est froid*.

Il fait de l'orage, il fait jour, il fait nuit, pour *c'est l'orage, c'est le jour, c'est la nuit*.

C'est fait de mon bonheur, c'en est fait de mon repos, pour dire *mon bonheur est terminé, mon repos est fini*.

2° *Aller, venir.*

Ex. : Nous *allons partir; n'allez pas* répéter ce que je vous confie; *je viens* de voir mon père.

Aller, venir perdent ici leur sens propre.

3° *Avoir.*

Ex. : *J'ai faim, j'ai soif, j'ai honte, j'ai peur, j'ai tort.*

Toutes ces choses : la faim, la soif, la peur, ne semblent pas devoir être possédées.

4° *Laisser.*

Ex. : *On ne laisse pas* de se croire savant, quand même on ne sait rien, pour dire : on se croit savant.

II. — GALLICISMES DE CONSTRUCTION.

Ces *gallicismes* consistent dans certaines constructions contraires aux règles ordinaires de la syntaxe, mais autorisées par l'usage.

1° *Il y a*, pour dire : *il existe* ou pour exprimer d'autres pensées.

Ex. : *Il y a un* Dieu, c'est-à-dire : Dieu existe.

Il y a deux ans que je n'ai vu ma mère, c'est-à-dire, je n'ai pas vu ma mère depuis deux ans.

Il y a à parier que cela n'arrivera pas, pour dire : on pourrait parier que cela n'arrivera pas, ou encore : cela n'arrivera certainement pas.

Il n'y a, pour dire : *il n'est pas.*

Ex. : *Il n'y a* pas jusqu'aux enfants qui ne s'en mêlent, pour dire : les enfants eux-mêmes s'en mêlent.

2° *Ce* placé devant le verbe forme divers gallicismes.

Ex. : *Ce* qui me réjouit, c'est votre succès dans les compositions, pour dire : votre succès dans les compositions me réjouit.

C'est à vous que je m'adresse, pour *je m'adresse à vous.*

3° *Il n'est rien moins.*

Ex. : Il *n'est* rien moins que généreux, pour dire : il n'est point généreux.

4° *En.*

Ex. : Où voulez-vous *en* venir ?

      On m'*en* veut.

      On *en* vint aux mains.

Il y a beaucoup d'autres gallicismes qu'on apprend par l'usage.

QUESTIONNAIRE.

Qu'est-ce que la construction *figurée* ou *irrégulière* ? — Comment la construction peut-elle être *irrégulière* ? — Qu'est-ce que l'*ellipse* ? — Qu'elles sont les règles de l'*ellipse* ? — Qu'est-ce que le *pléonasme* ? — Quand est-il vicieux ? — Qu'est-ce que la *syllepse* ? — Quest-ce l'*hyperbate* ou *inversion* ? — Quand doit-on faire usage de cette figure ? — Qu'est-ce que le *gallicisme* ? — Où se rencontre le gallicisme de *mots* ? — Qu'est-ce que ce que le gallicisme de *construction* ?

CHAPITRE III.

LOCUTIONS VICIEUSES.

Les locutions vicieuses sont des expressions contraires aux règles de la grammaire et non autorisées par l'usage.

Il y en a un grand nombre : les unes consistent dans les mots, les autres dans la construction des phrases. Les premières s'appellent *barbarismes*, les autres *solécismes*.

Barbarisme (1).

Le *barbarisme* ou *vice de mot* est un mot étranger à la langue ou employé dans un sens contraire à l'usage.

Ex. : *Paralésie*, pour *paralysie.*
　　　Vous *contredites*, pour vous *contredisez.*
　　　Vous *médites*, pour vous *médisez.*
　　　Jouir d'une mauvaise santé, pour *avoir* une mauvaise santé.

Il y a encore barbarisme quand on a donné à un mot un nombre que l'usage lui refuse.

Ex. : Visiter *une catacombe* pour *des catacombes.*

Solécisme (2).

Le *solécisme* ou *vice de construction* viole les règles établies pour la pureté du langage.

1. Le mot *barbarisme* signifie expression, tour *barbare*, c'est-à-dire étranger, parce que tous les peuples étrangers étaient appelés *barbares* par les Grecs et par les Romains.
2. Ce mot vient du grec *soloikismos*, habitant de Solès, ville où l'on parlait mal le grec.

On peut faire des solécismes de plusieurs manières :

1° Contre le *genre des noms*.

Ex. : Les pleurs *abondantes* d'un enfant (pleurs est du masculin).

2° Contre le *genre* et le *nombre*.

Ex. : Voguer à *plein* voile (voile de navire est féminin, et ne s'emploie qu'au pluriel dans ce sens : voguer à *pleines* voiles).

3° Contre le *temps*.

Ex. : Le général attaque les ennemis avant qu'ils *eussent pu* se ranger en bataille.

Il faut : *aient pu*.

4° Contre le complément.

Ex. : C'est là *où* je demeure.

Il faut : c'est là *que* je demeure.

Si vous dites, en parlant des fenêtres d'une chambre :

Je crus un jour *de* les avoir entendu*es* ouvrir, vous faites deux solécismes.

1° La préposition *de* est de trop.

2° *Les*, représentant *fenêtres*, est le complément d'*ouvrir* et non d'avoir *entendu*, et conséquemment *entendu* ne doit pas s'accorder avec *fenêtres*.

Il faudrait dire :

Je crus un jour les avoir *entendu* ouvrir.

Ex. : Au moment des croisades on vit l'Occident se précipiter sur l'Orient.

5° Devant le nom de *Dieu* et tous les mots employés pour désigner le souverain Maître, mais non devant le nom de dieu désignant une fausse divinité.

Ex. : On a compté jusqu'à trente mille dieux que les Romains ont adorés.

6° Devant le nom des arts et métiers pris dans un sens individuel et déterminé.

Ex. : Notre Orthographe actuelle est loin de l'Orthographe ancienne.

On met une grande lettre parce qu'il s'agit de l'orthographe prise dans un sens individuel et déterminé.

Il ne faudrait point une initiale majuscule si on parlait de l'orthographe en général, comme dans cette phrase :

Il est honteux d'ignorer les règles de l'orthographe.

7° Pour indiquer un nom abstrait ou personnifié.

Ex. : La Piété gémit en voyant le petit nombre de ses fidèles serviteurs.

Les Vertus devraient être sœurs.

8° Devant les noms des grands corps politiques, savants, etc., et devant les titres honorifiques.

Ex. : Le Sénat, l'Institut, Sa Majesté, Votre Excellence.

9° Devant les adjectifs *saint*, *grand* et semblables, quand ils entrent dans la composition d'un mot.

Ex. : Saint-Pierre, le Saint-Père.

10° Devant le titre d'un livre, d'une fable.

Ex. : Traité de Littérature.

Fable du Cerf se voyant dans l'eau.

LA PONCTUATION.

La ponctuation sert à distinguer les phrases entre elles. et les différentes parties de chaque phrase.

Virgule.

La virgule s'emploie en particulier :

1° Pour séparer les parties semblables d'une même proposition, comme les sujets, les attributs et les compléments.

1° Les sujets se rapportant au même verbe.

Ex. : La richesse, les plaisirs, la santé deviennent des maux pour qui ne sait pas en user.

2° Les attributs se rapportant au même sujet.

Ex. : La modestie est belle, aimable, digne d'estime.

3° Les compléments d'un verbe.

Ex. : Il faut régler ses désirs, ses affections, ses penchants.

2° Pour séparer plusieurs verbes se rapportant au même sujet.

Ex. : La foudre gronde, éclate, brille et disparaît en un clin d'œil.

3° Avant et après les propositions subordonnées explicatives.

Ex. : Les passions , *qui sont les maladies de l'âme* , doivent être combattues.

On ne met pas la virgule avant une proposition subordonnée complétive marquée par le pronom relatif *qui*.

Ex. : Ne vous fiez pas aux hommes qui *altèrent la vérité* dans leurs discours.

4° La virgule sert à distinguer la proposition de peu d'étendue et formant un sens complet.

Ex. : On va, on vient, tout est dans l'agitation.

5° On met la virgule après le nom de la personne à laquelle on s'adresse.

Ex. : Riches, soyez généreux.

6° On s'en sert pour indiquer qu'on sous-entend dans une proposition un verbe exprimé dans une proposition précédente.

Ex. : Les uns disent qu'Homère est né à Smyrne; les autres, qu'il est né à Chio.

7° La virgule est mise pour distinguer le sujet logique, dans une proposition dont l'étendue excède la portée ordinaire de la respiration.

Ex. : La crainte de l'inévitable et cruel remords de la conscience, est un puissant secours contre les plus fortes tentations.

8° Lorsque l'ordre naturel d'une proposition est interverti par une inversion, la partie transposée doit être suivie d'une virgule si elle commence la proposition, et placée entre deux virgules si elle est enclavée dans d'autres parties de cette proposition.

Ex. : *De tous les plaisirs*, il n'en est guère de plus délicieux que celui que l'on goûte après une bonne action.

Heureux qui, *dans la retraite*, se dérobe au bruit du monde !

Point-virgule.

1° Le point-virgule marque une pause plus sensible

que la virgule ; il sert à indiquer les principales divisions d'une phrase.

2° On emploie le point-virgule entre les parties d'une phrase qui sont déjà subdivisées par des virgules, et même quand elles ne sont pas subdivisées, si elles ont une certaine étendue.

Ex. : Le soleil s'est levé sous un ciel sans nuage ; une légère brise balance la cime des arbres ; les oiseaux chantent sous le feuillage verdoyant ; l'homme bénit le créateur de l'univers.

> Le bien de la fortune est un bien périssable ;
> Quand on bâtit sur elle, on bâtit sur le sable ;
> Plus on est élevé, plus on court de dangers. RACAN.

Deux points.

Les deux points expriment un repos plus sensible que le point-virgule ; ils se mettent :

1° Devant un membre de phrase qui résume ou explique ce qui vient d'être énoncé.

Ex. : De brillantes victoires, la prise de Jérusalem, l'établissement d'un royaume chrétien : tels furent les résultats de la première croisade.

> Il faut autant qu'on peut obliger tout le monde :
> On peut avoir besoin d'un plus petit que soi.

2° Après une proposition qui annonce une énumération.

Ex. : Les anciens ne connaissaient que trois parties du globe : l'Europe, l'Asie et l'Afrique.

3° Avant une proposition qu'une énumération précède.

> Du lait, du pain, des fruits, une onde claire et pure :
> C'était de nos aïeux la saine nourriture.

4° Après une phrase qui annonce une citation.

Ex. : Le sage dit : La bénédiction du Seigneur se répand sur le juste.

Point simple.

1° Le point simple se met à la fin d'une phrase purement expositive.

Ex. : La puissance de Dieu est infinie, et celle de l'homme, extrêmement bornée.

2° Le point simple doit être placé après toutes les propositions, après toutes les phrases qui ont un sens absolument déterminé et indépendant de ce qui suit.

3° On le met sans autre signe de ponctuation lorsque la proposition est simple, et qu'elle n'excède pas la portée commune de la respiration.

Ex. : Il est plus honteux de se défier de ses amis que d'en être trompé.

La Rochefoucauld.

Points suspensifs.

Les points suspensifs, qui consistent dans plusieurs points de suite, se placent dans une phrase interrompue par le mouvement de quelque passion, ou seulement pour laisser deviner ce qu'on n'exprime pas entièrement.

Auguste, après avoir énuméré les bienfaits dont il a comblé Cinna, poursuit ainsi :

> Tu t'en souviens, Cinna, tant d'heur (1) et tant de gloire
> Ne peuvent pas sitôt sortir de ta mémoire,
> Mais ce qu'on ne pourrait jamais imaginer,
> Cinna, tu t'en souviens..... tu veux m'assassiner.

Corneille.

1. Mot mis pour bonheur.

Agrippine dit dans *Britannicus* :

> J'appelai de l'exil, je tirai de l'armée
> Et ce même Sénèque et ce même Burrhus,
> Qui depuis..... Rome alors estimait leurs vertus.
>
> J. RACINE.

Point interrogatif.

Le point interrogatif se place à la fin de toute proposition dans laquelle on interroge, et il indique une pause plus ou moins grande, selon l'étendue des phrases et le degré de liaison qu'elles ont entre elles.

Ex. : Qui a créé le monde ?

Le point interrogatif se supprime :

1° Après une proposition énoncée sous la forme impérative.

Ex. : Dites-moi ce que vous cherchez.

2° Après une question qu'on se contente de rapporter indirectement dans le cours de la phrase.

Ex : Il me demanda de quels livres je me servais.

3° Après une phrase conditionnelle exprimant une interrogation, quand on peut mettre *si* en tête de la phrase.

Ex. : Les oiseaux apercevaient-ils le filet : aussitôt ils s'envolaient.

On peut mettre : *Si les oiseaux apercevaient.*

Point exclamatif.

Le point exclamatif se place à la fin d'une phrase qui exprime la surprise, la terreur, la pitié, ou quelque autre sentiment profond sous la forme d'une exclamation.

> Que le Seigneur est bon ! que son joug est aimable !
> Heureux qui dès l'enfance en connaît la douceur !   RACINE.

QUESTIONNAIRE.

ORTHOGRAPHE.

Qu'est-ce que l'orthographe ? — Qu'appelle-t-on mots *primitifs* et mots *dérivés* ? — Qu'indiquent les mots *primitifs* ? — Quelle est la règle générale pour le redoublement des consonnes ? — Quelles sont les règles particulières pour les consonnes *h j, k, g, n, x* ? — Pour la consonne *z* ? — Pour les consonnes *b, c, d, f, g, l, m, n, p, r, s, t* ? — Quand est-ce qu'une consonne ne se double pas ? — Comment connaît-on la lettre finale d'un mot primitif dans lequel elle ne se prononce pas ? — Qu'est-ce qu'il y a à observer sur *ex, eaux, aux, j* et *g, h, n, œ, se, t* ?

EMPLOI DES SIGNES ORTHOGRAPHIQUES.

Où se place l'accent aigu ? — l'accent grave ? — l'accent circonflexe ? — l'apostrophe ? — le trait d'union ? — le tiret ou trait de séparation ? — Quand commence-t-on un alinéa ? — Quand met-on des lettres majuscules ?

PONCTUATION.

A quoi sert la ponctuation ? — Quand emploie-t-on la virgule ? — le point-virgule ? — les deux points ? — le point simple ? — les points suspensifs ? — le point interrogatif ? — le point exclamatif ?

APPENDICE.

I.

ANALYSES.

I. — ANALYSE GRAMMATICALE.

L'analyse grammaticale consiste dans la décomposition du discours en ses diverses parties.

Si l'on veut faire connaître seulement ce qu'elle exige, on se borne à la classification des mots ; mais, pour la rendre plus fructueuse, on ne s'en tient point à une nomenclature pure et simple, on lui donne plus d'étendue : on indique le rôle que les mots jouent dans les phrases.

Ainsi l'analyse grammaticale raisonnée comprend :

1° L'analyse élémentaire des mots ;

2° L'indication des rapports des mots entre eux, et l'explication de leur emploi d'après les règles d'accord, de complément et de subordination.

RÈGLES D'ANALYSE GRAMMATICALE RAISONNÉE POUR CHAQUE MOT EN PARTICULIER.

Substantif.

On en indique le genre et le nombre ; on dit s'il est substantif commun ou substantif propre, sujet, attribut ou complément.

Ex. : Dieu est grand.

Dieu. . . . .|Nom propre masculin singulier sujet du verbe *est*.

Article.

On en fait connaître le genre, le nombre, et l'on désigne le mot qu'il détermine.

Ex. : L'espérance console les malheureux.

l'. . . . . . .|Par élision pour *la*, article simple féminin singulier, déterminant le substantif *espérance*.

Adjectif.

Il faut en marquer la classe, le genre, le nombre, dire s'il est attribut, et désigner le substantif auquel il se rapporte.

Ex. : L'enfant prudente veille sur ses pas.

prudente. . . .|Adjectif qualificatif féminin singulier, parce qu'il se rapporte au substantif *enfant* féminin singulier.

Pour le *comparatif*, on indique si c'est un comparatif de supériorité, d'égalité ou d'infériorité.

Ex. : La France est plus grande que le Portugal.

plus grande. . .|Comparatif de supériorité marqué par l'adverbe de comparaison *plus* et la conjonction *que*.
Grande, féminin singulier, parce qu'il se rapporte à *France*, substantif féminin singulier.

Pour le *superlatif*, on dit s'il est absolu ou relatif.

Ex. : Rome est une ville fort remarquable.

fort remarqua-|Superlatif absolu indiqué par l'adverbe *fort*, parce
ble. . . . . .|qu'il marque une qualité portée à un très-haut degré, sans comparaison avec les autres objets.
Remarquable, au féminin singulier, se rapportant à *Rome*, substantif féminin singulier.

Pronom.

On doit en désigner la classe, le genre, le nombre, dire s'il est sujet, attribut, ou complément, et indiquer le substantif qu'il remplace.

7*

Ex. : Une maîtresse dit à une jeune élève :

Vous qui étudiez l'histoire romaine, dites-moi quel est le fondateur de Rome ?

Vous.	Pronom personnel, deuxième personne, féminin singulier, parce qu'il remplace un substantif du genre féminin *élève.*
qui.	Pronom relatif, féminin singulier, à cause de son antécédent *vous* ; il est sujet du verbe *étudiez.*
moi.	Pour *à moi*, pronom personnel, de la première personne, féminin sing., parce qu'il se rapporte à *maîtresse*, substantif féminin singulier ; il est complément indirect du verbe *dites.*
quel.	Pronom conjonctif masculin singulier, parce qu'il se rapporte à *fondateur*, substantif masculin singulier.

Verbe.

Il faut en désigner la conjugaison, dire s'il est actif, passif, pronominal, neutre, régulier ou irrégulier, défectif, impersonnel, à quel temps, à quel mode il appartient, quels en sont les temps primitifs (excepté pour les verbes pronominaux) (1), quelle en est la personne, à quel nombre il est employé, quel mot il a pour sujet direct ou indirect.

Ex. : Une enfant doit aimer sa mère.

Doit.	Verbe actif régulier de la 3e conjugaison ; temps primitifs : *devoir, devant, dû*, je *dois*, je *dus*, au présent et au mode de l'indicatif, 3e personne du singulier, parce qu'il a pour sujet *enfant*, substantif au singulier.
aimer.	Verbe actif régulier, 1re conjugaison ; temps primitifs : *aimer, j'aime, j'aimai, aimant, aimé*, au présent et au mode de l'infinitif, complément du verbe *doit.*

1. Quand les élèves seront avancées, on pourra se dispenser de leur demander par écrit les temps primitifs.

Participe.

On en indique l'espèce, on fait connaître quel est le mot auquel il se rapporte, s'il l'a pour sujet ou pour régime, et par quelle règle.

Ex. : Votre sœur, en *courant*, a foulé les fleurs que vous avez *admirées*.

courant. . . .|Verbe neutre et irrégulier, 2e conjugaison ; temps primitifs : *courir*, *courant*, *couru*, je *cours*, je *courus* ; il est au participe présent parce qu'il exprime une action.

admirées. . .|Verbe actif régulier de la 1re conjugaison ; temps primitifs : *admirer*, *admirant*, *admiré*, j'*admire*, j'*admirai* ; au participe passé, féminin pluriel, parce qu'il s'accorde avec le substantif *fleurs* qui est au féminin pluriel.

Adverbe.

On dit à quelle classe il appartient et à quel mot il se rapporte.

Ex. : Il faut travailler diligemment.

diligemment. .|Adverbe simple, mot invariable se rapportant au verbe *travailler*.

Préposition.

On distingue quel rapport elle exprime.

Ex. : Appliquez-vous à l'écriture.

à. . . . .|Préposition, mot invariable, qui fait rapporter le substantif *écriture* au verbe *appliquer*.

Conjonction.

On distingue quels mots elle unit.

Ex. : La plus longue vie comparée à l'éternité est comme un point.

comme. . . . . .|Conjonction, mot invariable qui unit le mot *comparée* au substantif *éternité*.

Interjection.

On indique le sentiment qu'elle exprime.

Ex. : Oh ! que le ciel est beau !

Oh ! . . . . |Interjection, mot invariable qui exprime l'admiration.

RÉCAPITULATION.

Exemple d'analyse grammaticale raisonnée pour la prose.

Sujet. — Le bonheur de goûter la paix de l'âme est un encouragement à combattre les passions qui pourraient la ravir.

Le	Art. (1) simple, masculin singulier, déterminant *bonheur*.
bonheur. . . .	Subst. commun, masc. sing. sujet du verbe *est*.
de.	Préposition, mot invariable qui fait rapporter le verbe *goûter* au subst. *bonheur*.
goûter.	Verbe actif, régulier, 1re conjug.; temps primitifs : *goûter*, *goûtant*, *goûté*, je *goûte*, je *goûtai*, au présent et au mode de l'infinitif, complément du subst. *bonheur*.
la.	Art. simp., fém. sing., déterminant *paix*.
paix.	Subst. com., fém. sing., complément direct du verbe *goûter*.
de.	Préposition, mot invariable qui fait rapporter le subst. *paix* au mot *âme*.
l'.	Par élision pour *la*, art. simple fém. sing., déterminant *âme*.
âme.	Subst. com., fém. sing. complém. du subst. *paix* (2).
est	Verbe subst. *être*, 4e conjug., au présent et au mode de l'indicatif, 3e personne du sing. à cause de son sujet *bonheur*.
un	Adj. indéfini, masc. sing. détermine *encouragement*.
encouragement	Subst. com., masc. sing., attribut du sujet *bonheur*.

1. C'est par abréviation qu'on met dans l'analyse *art.* pour article; *subst.* pour substantif; *com.* pour commun; *masc.* pour masculin; *fém.* pour féminin; *sing.* pour singulier; *plur.* pour pluriel; *conjug.* pour conjugaison, etc.

2. Les compléments de ce genre sont indirects.

à	Préposition, mot invariable, qui met en rapport le subst. *encouragement* avec *combattre*.
combattre. . .	Verbe actif régulier, temps primitif *combattre, combattant, combattu*, je *combats*, je *combattis*; au présent et au mode de l'infinitif, compl. de l'attribut *encouragement*.
les	Art. simple, fém. plur., déterminant *passions*.
passions. . . .	Subst. com., fém. plur., complément direct du verbe *combattre* et antécédent de *qui*.
qui	Pronom relatif, fém. plur., à cause de son antécédent le subst. *passions*; il est le sujet du verbe *pourraient*.
pourraient. . .	Verbe neutre irrégulier, 3e conjug.; temps primitifs : *pouvoir, pouvant, pu*, je *peux* ou je *puis*, je *pus*; au présent et au mode du conditionnel, 3e personne du pluriel, à cause de son sujet *qui*, représentant le subst. *passions*.
la.	Pronom personnel, 3e personne du sing. rappelant l'idée de *la paix*, et compl. dir. du verbe *ravir* (ravir elle).
ravir	Verbe actif régulier, 2e conjug.; temps primitifs : *ravir, ravissant, ravi, je ravis*, je *ravis*; au présent et au mode de l'infinitif, compl. du verbe *pourraient*.

Exemple d'analyse grammaticale raisonnée pour les vers.

Les vers s'analysent comme la prose.

> *Ex.* :   L'aurore brillante et vermeille
> Prépare le chemin au soleil qui la suit ;
> Tout rit aux premiers traits du jour qui se réveille ;
> Retirez-vous, démons, qui volez dans la nuit.   RACINE.

L'.	Par élision pour *la*, art. simple, fém. sing., déterminant *aurore*.
aurore.	Subst. propre, fém. sing., sujet du verbe *prépare*.
brillante. . . .	Adj. qual. *brillant, brillante*, fém. sing., parce qu'il s'accorde avec le subst. *aurore* auquel il se rapporte.
et.	Conjonction, mot invariable, qui lie *brillante* à *vermeille*.
vermeille. . . .	Adj. qual. *vermeil, vermeille*, fém. sing., parce qu'il s'accorde avec le subst. *aurore*, auquel il se rapporte.

prépare. . . . Verbe actif régulier, 1re conjug. ; temps primitifs : *préparer*, *préparant*, *préparé*, je *prépare*, je *préparai* ; au présent et au mode de l'indicatif, 3e pers. du sing. à cause de son sujet le subst. *aurore*.

le. . . . . . . Art. simple, masc. sing., déterminant *chemin*.

chemin. . . . Subst. com., masc. sing., comp. direct du verbe actif *prépare*.

au. . . . . . Par contraction pour *à le*. Art. composé, masc. sing., détermine le mot *soleil* et le met en rapport avec *prépare*.

soleil. . . . . Subst. propre, masc. sing., compl. ind. du verbe *prépare* et antécédent de *qui*.

qui. . . . . . Pronom relatif, masc. sing., à cause de son antécédent le subst. *soleil* ; il est le sujet du verbe *suit*.

la. . . . . . . Pronom, de la 3e pers., fém. sing., parce qu'il tient la place du subst. *aurore* ; il est le comp. dir. du verbe *suit* (suit elle).

suit. . . . . . Verbe actif irrégulier, 4e conjug. ; temps primitifs : *suivre*, *suivant*, *suivi*, je *suis*, je *suivis* ; au présent et au mode de l'indicatif, 3e pers. du sing., à cause de son sujet le pronom *qui*, représentant le subst. *soleil*.

Tout. . . . . Pronom indéfini, masc. sing., sujet de *rit*.

rit. . . . . . . Verbe neutre et irrégulier, 4e conjug., temps primitifs : *rire*, *riant*, *ri*, je *ris*, je *ris* ; au présent et au mode de l'indicatif, 3e pers. du sing. à cause de son sujet *tout*.

aux. . . . . . Par contraction pour *à les*. Art. composé, masc. plur., annonce un complément circonstanciel, détermine *traits* et le met en rapport avec *rire*.

premiers. . . . Adj. numéral ordinal, masc. plur., se rapportant à *traits* qu'il détermine.

traits. . . . . Subst. com., masc. plur., formant avec *aux* un complément circonstantiel du verbe *rit*.

du. . . . . . . Par contraction pour *de le*. Art. composé, masc. sing., détermine le mot *jour* et l'unit à *traits*.

jour. . . . . . Subst. com., masc. sing., complément de *traits* et antécédent de *qui*.

qui. . . . . . Pronom relatif, masc. sing., à cause de son antécédent *jour* ; il est le sujet du verbe *se réveille*.

se. . . . . . . Pron. réfléchi, de la 3e pers. masc. sing., comp. dir. de *réveille*.

réveille. . . . Verbe actif *réveiller*, formant avec *se* un verbe pronominal accidentel, 1re conj., au présent et au

	mode de l'indicatif, 3ᵉ pers. sing., à cause de son sujet le pronom *qui* représentant *jour*.
Retirez-vous. .	Verbe actif *retirer*, formant avec *vous* un verbe pronominal accidentel, 1ʳᵉ conjug., au présent et au mode de l'impératif, 2ᵉ pers. plur., il a pour sujet *vous* sous-entendu.
vous.	Pronom de la 2ᵉ pers., compl. dir. du verbe *retirer*; masc. plur., parce qu'il tient la place de *démons*.
démons. . . .	Subst. com., masc. plur., mot employé en apostrophe, et antécédent de *qui*.
qui.	Pronom relatif, masc. plur., à cause de son antécédent *démons* ; il est le sujet de *volez*.
volez.	Verbe neutre régulier, 1ʳᵉ conjug., temps primitifs : *voler, volant, volé, je vole, je volai* ; au présent et mode de l'impératif, 2ᵉ pers. plur., à cause de son sujet *qui*, représentant *démons*.
dans.	Préposition, mot invariable, qui indique un complément circonstanciel et met en rapport le mot *nuit* avec *volez*.
la.	Art. simp., fém. sing., déterminant le mot *nuit*.
nuit.	Subst. com., fém. sing., formant avec la proposition *dans* un complément circonstanciel du verbe *volez* (1).

Analyse de quelques gallicismes.

Il y a pour l'analyse grammaticale de quelques gallicismes des difficultés qui partagent les grammairiens; nous donnons pour exemple la méthode qui jusqu'à présent a été la plus suivie.

1° *Il faut triompher de sa faiblesse.*

Il.	Mot vague et indéterminé, annonçant un verbe à la 3ᵉ pers. sing., sujet apparent du verbe *faut*, équivaut à *ceci* (2).

1. Le complément circonstanciel est sous quelque rapport un complément indirect, et plusieurs grammairiens lui donnent ce dernier nom.

2. Ce mot répond au mot latin *illud* qui signifie cela, une chose. M. Bescherelle analyse ainsi la phrase suivante : *Il faut faire des efforts*, etc. *Il*, pronom impersonnel de la 3ᵉ pers., sujet de *faut*. *Faire*, comp. explicatif de *il*.

faut.	Verbe impersonnel *falloir*, 3e pers. sing. du prés. de l'indicatif.
triompher. .	Verbe neutre, au présent de l'infinitif, sujet réel de la phrase.
de.	Préposition, qui met en rapport *faiblesse* avec *triompher*.
sa.	Adj. possessif, fém. sing., s'accordant avec *faiblesse*.
faiblesse. . .	Subst. com., fém. sing., compl. ind. de *triompher*.

2° *Il est beau de souffrir pour sa foi.*

Il.	Mot vague et indéterminé annonçant un verbe à la 3e personne, sujet apparent du verbe *est*, équivaut à *ceci*.
est.	Verbe subst., pris impersonnellement; 3e pers. sing. du présent de l'indicatif.
beau.	Adjectif servant d'attribut au mot *souffrir*.
de.	Particule mise par euphonie pour lier le verbe *souffrir* à ce qui précède (1).
souffrir. . .	Verbe neutre irrégulier, au présent de l'infinitif, sujet réel du verbe *est*. *Souffrir est beau* (2).
pour.	Préposition, qui indique un compl. circonstanciel et met en rapport *foi* avec *souffrir*.
sa.	Adjectif possessif, fém. sing., s'accordant avec *foi*.
foi.	Subst. com., fém. sing., formant avec *pour* un compl. circonstanciel du verbe *souffrir*.

3° *Il arrivera un grand malheur aux hommes pervers, à la fin des siècles.*

Il.	Mot vague et indéterminé annonçant un verbe à la 3e pers., sujet apparent de *arrivera*.
arrivera. . .	Verbe neutre *arriver*, pris impersonnellement, 3e pers. sing. du futur de l'indicatif.
un.	Adjectif indéfini, masc. sing., se rapportant à *malheur*
grand. . . .	Adj. qualificatif, masc. sing., parce qu'il s'accorde avec le subst. *malheur*, auquel il se rapporte.

1. « C'est un gallicisme dans lequel la préposition *de* semble n'être, comme dit l'Académie, qu'une particule destinée à lier le verbe avec ce qui précède. » (*Grammaire des grammaires*).

2. Il ne faut pas confondre ce cas avec ceux où l'infinitif est complément. « Pour mieux sentir la différence, dit la *Grammaire des grammaires*, il suffit de rapprocher cette autre phrase: *Je suis honteux de mentir*, où l'infinitif est un véritable complément de l'adjectif.

malheur. . . .	Subst. com., masc. sing., sujet réel du verbe *arri-vera*.
aux.	Par contract. pour *à les*. Art. composé qui met en rapport *arrivera* avec *hommes*.
hommes. . . .	Subst. com., masc. plur., compl. ind. du verbe *arri-vera*.
pervers. . . .	Adject. qualif., masc. plur., parce qu'il s'accorde avec le subst. *hommes*, auquel il se rapporte.
à.	Préposition, qui indique un complément circons-tanciel et met en rapport *arrivera* avec *fin*.
la.	Art. simp., fém. sing., déterminant *fin*.
fin.	Subst. com., fém. sing., formant avec la préposi-tion *à* un compl. circonstanciel du verbe *arrivera*.
des.	Par contract. pour *de les*. Art. composé, qui met en rapport *siècles* avec *fin*.
siècles.	Subst. com., masc. plur., compl. ind. de *fin*.

4° *Il y a un soleil qui éclaire.*

Il.	Mot vague et indéterminé annonçant un verbe à la 3ᵉ pers., sujet apparent de *a*, équivaut à *ceci*.
y.	Adverbe de lieu, employé dans un sens vague, mo-difie le verbe *a*.
a.	Verbe actif *avoir*, pris impersonnellement, 3ᵉ pers. du prés. de l'ind. (*y a* par gallicisme pour *existe*).
un.	Art. indéfini, modifiant *soleil* d'une manière vague.
soleil.	Subst. com., masc. sing., sujet réel de *y a*, et anté-cédent de *qui*.
qui.	Pron. relat., masc. sing., à cause de son antécédent *soleil*; il est sujet du verbe *éclaire*.
éclaire.	Verbe act. accidentellement neutre, parce qu'il est employé d'une manière absolue, sans compl. dir.

N. B. — Les maîtresses pourront simplifier ou augmenter l'ana-lyse selon la force de leurs élèves.

QUESTIONNAIRE.

Qu'est-ce que l'analyse grammaticale? — Quelles sont les règles de l'analyse grammaticale raisonnée pour le substantif? — pour l'article? — pour l'adjectif?—pour le pronom? — pour le verbe? — pour le participe? — pour l'adverbe? — pour la préposition? —pour la conjonction? — l'interjection? — Comment se fait l'ana-lyse grammaticale? — pour la prose? — pour les vers?

II. — ANALYSE LOGIQUE.

Importance de l'analyse logique.

C'est par l'analyse logique que nous pénétrons profondément dans la connaissance d'une langue, car c'est elle qui nous découvre le mécanisme des phrases, qui nous apprend à les décomposer en propositions ; par elle, nous découvrons dans la phrase les inversions, les pléonasmes, les ellipses, et conséquemment nous apprenons à nous en servir : ce n'est donc pas aller trop loin que de dire que l'analyse logique est à l'exposition de la pensée ce que l'analyse grammaticale est à l'orthographe. Par cette décomposition, en effet, l'élève procède en quelque sorte à l'appréciation réelle de chaque phrase, et apprend à distinguer le rôle de chaque expression et la valeur de chaque membre, de chaque proposition, et à y reconnaître une idée principale autour de laquelle se groupent les idées accessoires ; de plus, les formes infinies du style permettant que cette idée principale soit tantôt suivie, tantôt précédée des idées accessoires, l'enfant, en décomposant ainsi les phrases, s'en approprie la coordination et se forme lui-même un style.

Considérée sous ce point de vue, l'analyse logique a une très-grande portée (1).

Règles pour l'analyse logique.

Nous rappellerons ici quelques principes dont nous avons déjà parlé.

1. MM. Bonneau et Lucan.

L'analyse logique est la décomposition d'une proposition en ses parties essentielles : le *sujet*, le *verbe* et l'*attribut*. Elle ne considère point la phrase grammaticalement, elle n'a égard qu'à l'ordre des idées.

Lorsqu'on veut analyser une phrase, il faut d'abord examiner si elle contient plusieurs propositions ou une seule.

Il y a autant de propositions qu'il y a de verbes à un mode personnel (1).

Ex. : La vertu console, soutient, élève l'âme.

Il y a trois propositions dans cette phrase : 1° *La vertu console l'âme*, 2° *elle soutient l'âme*, 3° *elle élève l'âme*, parce qu'il y a trois verbes à un mode personnel.

Termes des propositions.

Toute proposition renferme le *sujet*, le *verbe* et l'*attribut*, exprimés ou sous-entendus.

La proposition est *pleine* quand ces trois termes essentiels y sont exprimés.

Ex. : Les biens de la terre sont périssables.

Sujet, biens; *verbe*, sont ; *attribut*, périssables.

Outre les termes essentiels, une proposition peut avoir des compléments ou *termes accessoires*, c'est-à-dire, des idées secondaires qui s'ajoutent aux idées principales pour les compléter ou les modifier (2).

Sujet de la proposition.

Le *sujet*, l'objet du jugement, comme nous l'avons dé-

1. Nous avons dit que quelques grammairiens reconnaissaient autant de propositions qu'il y a d'actions exprimées, et par conséquent de verbes à un mode quelconque.
2. M. Sommer.

fini, est la personne ou la chose qui fait l'action exprimée par le verbe. Le sujet de la proposition est toujours le même que celui du verbe; c'est un substantif, un pronom ou un infinitif.

Ex. : L'*homme* est mortel.

Je suis faible.

Mentir est honteux (1).

Ces propositions ont pour sujet : la première, l'*homme*, substantif; la seconde, *je*, pronom ; la troisième, *mentir*, infinitif.

Le sujet d'une proposition est très-souvent le sujet grammatical.

Ex. : Confucius était un philosophe.

Mais le sujet grammatical n'est qu'un mot, et le sujet logique peut être formé de plusieurs mots : d'abord du sujet grammatical, ensuite des mots qui s'y rattachent.

Le sujet peut être *simple* ou *composé*, *incomplexe* ou *complexe*.

1° Sujet simple.

Le sujet est *simple* quand il ne comprend qu'un seul objet, soit au singulier, soit au pluriel (2).

Ex. : *Périclès* était orateur.

Les *Athéniens* étaient légers.

2° Sujet composé (3).

Le sujet est *composé* quand il comprend plusieurs

« 1. Cet infinitif, dit M. Sommer, tient la place d'un nom.»

2. On pourrait dire encore avec MM. Bonneau et Lucan : le sujet est simple quand il est exprimé par un seul nom, ou un seul pronom, ou un seul infinitif.

3. On l'appelle aussi multiple.

objets auxquels le même attribut convient séparément.

Ex. : *Abraham* et *Jacob* étaient vertueux.

L'attribut *vertueux* convient à ces deux patriarches.

3° Sujet complexe.

Le sujet simple ou composé est *complexe* quand il a un complément.

> *Ex.* : Les âmes bien nées sont sensibles à la misère d'autrui.
>
> L'humilité et la douceur du divin Maître doivent n us servir de modèle.

Le sujet simple de la première proposition, *âmes*, est *complexe* parce qu'il a pour complément *bien nées*.

Le sujet composé de la seconde proposition, *l'humilité* et la *douceur*, est aussi *complexe* parce qu'il a pour complément *du divin Maître*.

Le sujet peut avoir plusieurs compléments, l'un principal et les autres secondaires.

Ex. : L'enfant *fidèle* à la loi de Dieu sera récompensé.

Fidèle est le complément principal, *à la loi de Dieu* est le complément secondaire, mais, dans l'analyse, il n'est pas nécessaire de distinguer ces compléments.

Ex. : Un corbeau tenant un pain dans son bec, vola vers les solitaires Paul et Antoine.

Ces mots *tenant un pain dans son bec* sont le complément du sujet.

On voit par ces explications et par ces exemples que le sujet complexe et le sujet incomplexe sont bien différents du sujet simple et du sujet composé : il ne faut donc pas les confondre ensemble, dans l'analyse.

1° Sujet incomplexe.

Le sujet simple ou composé est *incomplexe* quand il n'a pas de complément.

Ex. : L'*orgueil* est détestable.

Cicéron et *Démosthènes* sont estimés pour leur éloquence.

Dans ces deux exemples le sujet simple, l'*orgueil*, et le sujet composé *Cicéron* et *Démosthènes* sont tous les deux incomplexes parce qu'ils n'ont point de complément.

ATTRIBUT.

L'*attribut* est ce que l'on affirme du sujet, ce qu'on juge lui convenir.

L'attribut peut être exprimé :

1° Par un substantif.

Ex. : L'innocence est un *trésor*.

2° Par un pronom possessif.

Ex. : Ce livre est *le mien*.

3° Par un adjectif.

Ex. : Vauban était *habile*.

4° Par un infinitif.

Ex. : Travailler c'est *s'enrichir*.

5° Par un participe présent.

Ex. : Le wagon roule, c'est-à-dire est *roulant*.

6° Par un participe passé.

Ex. : Mes sœurs sont *parties*.

L'attribut peut être *simple* ou *composé*, *complexe* ou *incomplexe*.

1° Attribut simple.

L'attribut est *simple* quand il n'exprime qu'une manière d'être du sujet (1).

Ex. : Ici-bas la beauté est *éphémère*.

L'attribut est simple parce qu'il n'exprime qu'une manière d'être.

2° Attribut composé (2).

L'attribut est *composé* quand il exprime plusieurs manières d'être du sujet.

Ex. : La colère est *odieuse* et *redoutable*.

L'attribut est composé parce qu'il exprime deux manières d'être du sujet : *odieuse* et *redoutable*.

3° Attribut complexe.

L'attribut est *complexe* quand il a un complément.

Ex. : Solon (3) est un *législateur célèbre*.

L'attribut *législateur* est complexe parce qu'il a un complément l'adjectif *célèbre*.

Souvent le complément logique n'est point complément grammatical.

---

1. On pourrait dire aussi avec MM. Bonneau et Lucan : l'attribut est simple quand il est exprimé par un seul adjectif, ou un seul participe présent, ou un seul participe passé, etc.

2. On l'appelle aussi attribut multiple.

3. L'un des sept sages de la Grèce.

4° Attribut incomplexe.

L'attribut *incomplexe* est celui qui n'a pas de complément.

Ex. : Tamerlan (1) était *cruel*.

L'attribut *cruel* est incomplexe parce qu'il n'a pas de complément.

Le verbe.

Le verbe n'a pas de complément dans la proposition; le mot qu'il régit grammaticalement est, dans l'ordre logique, le complément de l'attribut.

Ex. : J'attends ma mère, pour *je suis attendant ma mère*.

Je, *sujet*; suis, *verbe*; attendant, *attribut*; ma mère, *complément* de l'attribut *attendant*.

Remarque sur les compléments.

Il y a deux sortes de compléments logiques : le complément principal et les compléments secondaires. On donne ce dernier nom à des compléments qui se rattachent au complément principal et qui en dépendent.

Ex. : Dieu bénit les enfants fidèles à *sa loi*.

Il n'est pas nécessaire de faire cette distinction dans l'analyse logique, il suffit de dire si l'attribut est *complexe* ou *incomplexe*.

Ex. : La vertu fait mériter le royaume des cieux.

La vertu *sujet*; fait pour est faisant; est, *verbe*, faisant, *attribut*; *mériter* premier complément; *le royaume des cieux*, complément secondaire.

Dites seulement : *faisant* attribut complexe parce qu'il a un complément, *mériter le royaume des cieux*.

1. Conquérant mogol, né en 1366.

CINQUIÈME SECTION.

—

ORTHOGRAPHE.

L'orthographe est l'art d'écrire régulièrement les mots d'une langue et de bien employer les signes grammaticaux.

Il est impossible de donner des règles certaines pour une foule de mots, l'usage seul et les dictionnaires en apprennent l'orthographe; néanmoins, il y a beaucoup de cas pour lesquels on peut donner des règles, soit générales, soit particulières.

Mots primitifs ou racines et mots dérivés.

Il y a deux sortes de mots : les *primitifs* ou *racines* et les mots *dérivés*.

On appelle mot *primitif* ou *racine* un mot dont un autre est formé par dérivation ou par composition, et *dérivés* les mots qui en sont formés.

Ex. : *Mal*, racine; *malheur*, *malheureux malheureusement*, dérivés.

Les mots primitifs indiquent en partie l'orthographe des mots qui en sont formés.

On écrit avec un *m* la syllabe *om* dans *compatissant*, et avec un *n* la syllabe *on* dans *horizontal*, parce qu'il y a un *m* dans *compatir* et un *n* dans *horizon*.

Dans le corps des mots, il y a généralement un rapport assez exact entre les primitifs et les dérivés, du moins pour les principales consonnes : *gage, engage ; négoce, négociant.*

La différence est sensible dans plusieurs mots.

On trouve une seule *n* dans *honorer* et deux dans *honneur* : il y en a deux aussi dans *donner* et une seule dans *donation, donateur*; deux *r* dans *charrette* et une seule dans *chariot*; *imbécillité* a deux *l*, et *imbécile* une seule.

Dans les dérivés de *fatigue, intrigue, prodigue* et autres mots de la même désinence, on supprime l'*u* devant *a*.

Ex. : *Fatigant, intrigant, prodigalité.*

Consonnes qui se doublent.

RÈGLE GÉNÉRALE.

1. En général toutes les fois qu'un mot commence par les voyelles *a* ou *o* et qu'elles y sont employées comme prépositions inséparables, les consonnes qui les suivent se doublent.

On connaît que ces voyelles sont employées comme prépositions inséparables dans un mot, lorsqu'en les retranchant de ce mot, celui qui reste est un mot français qui entre dans la composition du premier.

Ex. : Annoter, *noter*; oppresser, *presser*.

2. Quand une voyelle commence un mot composé, on double la consonne qui suit, lorsqu'après cette consonne il y a une voyelle.

Ex. : Arranger, attirer.

3. On double la consonne dans la formation des temps des verbes, quand elle est redoublée à leur racine, qui est l'infinitif.

Ex. : Moissonner, je moissonne.

RÈGLES PARTICULIÈRES.

Les consonnes *h, j, k, q, v, x* ne se doublent point.

Z ne se double que dans deux mots italiens : *lazzi, mezzo-termine.*

Les consonnes *b, c, d, f, g, l, m, n, p, r, s, t* sont susceptibles d'être doublées.

B se double dans les mots *abbé, rabbin, sabbat* et dans leurs dérivés.

C se double :

1° Après la syllabe *oc* : *occasion* ; excepté dans *Océan, ocre, oculiste* :

2° Après la syllabe *suc* : *succomber.*

D se double dans *addition, adduction, reddition.*

F se double :

1° Après les initiales *af, ef, souf* : *affirmer, effondrer, souffrir* ; excepté *afin, Afrique, éfaufiler, soufre* (substance combustible) ;

2° Après les initiales *dif, of, suf* sans exception : *difficulté, offre, suffrage.*

G se double seulement dans *agglomérer, agglutiner, aggraver, suggérer.*

L se double :

1° Après *il* au commencement des mots : *illégal,* etc., excepté *île, ilote* ;

2° Dans le corps des mots quand cette lettre est mouillée : *briller, famille.*

M se double :

1° Après les initiales *com* et *som* : *commander, sommeil,* etc., excepté *comédie, comestible, comète, comice, comité* ;

2° Après l'initiale *im* : *immense, immersion*, etc., excepté *image, iman, imiter* ;

3° Dans tous les adverbes dérivés des adjectifs en *ant* ou en *ent* : *abondamment, méchamment*, etc.

N se double :

1° Dans les mots qui commencent par *con* : *connaître, connivence*, etc., excepté *cône* et *conique* ;

2° Dans quelques mots qui ont *in* pour lettres initiales : *inné, innocent, innombrable, innomé, innocent*.

P se double dans la plupart des mots qui commencent par *ap* : *apprendre, apporter*, etc. Les verbes où cette lettre ne se double pas sont trop nombreux pour que nous les citions.

R se double dans les mots commençant par *ir* : *irrité, irrésolu*, etc., excepté dans *iris, ironie*.

S se double entre deux voyelles lorsqu'on doit le prononcer fortement : *assez, assemblée, assiduité*.

T se double dans les mots commençant par *at* : *attribution, attaque* ; excepté *atelier, atermoiement, athée, Athénée, athlète, atome, atout, atrabilaire, âtre, atroce*.

Les consonnes ne se doublent pas :

1° Après un *e* muet : *jeter, renouveler*, etc.; elles se doublent entre deux *e* muets : je *jetterai*, je *renouvellerai*, etc., excepté j'*épousseterai, marqueterie, mousqueterie, papeterie* ;

2° Après une voyelle affectée d'un accent : *pâte, prophète, trône*, etc.;

3° Après une voyelle composée ou une diphthongue : *boîte, glouton, tuile*, excepté les consonnes *f, r, s, t* qui, dans ces cas, se doublent quelquefois.

4° Après un son nasal : *intention, quantité,* excepté *ennoblir, ennui.*

Lettre finale.

Pour connaître la lettre finale d'un mot primitif dans lequel elle ne se prononce pas, il faut voir l'orthographe des mots qui sont dérivés et spécialement le radical des verbes.

Ex. : *Accord, bord, bond.*

Ces mots se terminent par un *d*, parce que *d* est la lettre finale du radical dans les verbes accord*er*, bord*er*, bond*ir*.

Observations sur quelques syllabes.

Le son articulé de *ex* doit être suivi de *c* devant *e* et *i* lorsqu'on prononce *x* fortement : *excès, exciter,* etc. ; mais on supprime le *c* quand la prononciation de la syllabe *ex* est douce (*q z*) *exacte, exemption.*

Eaux, aux. On écrit au pluriel *eaux* (avec un *e*), quand il s'en trouve un au singulier : *rameau, rameaux* ; on ne met point d'*e* au pluriel en *aux*, quand le singulier est en *al* : *canal, canaux ; fanal, fanaux.*

J et *G.* *J* n'a jamais le son de la lettre *g,* mais *g* prend quelquefois le son de *j* : il faut avoir soin de ne pas les confondre.

Quand une consonne placée devant *a, o, u* doit avoir le son du *j,* on se sert de cette lettre et non du *g* : *jamais, joli* ; mais devant *e* et *i* on emploie le *g* : *général, généreux,* etc., excepté dans *je, jet, jeter,* le nom adorable de *Jésus,* et, dans un grand nombre d'autres noms proprès et dans les mots qui commencent par *jeu* : *jeûne, jeudi, jeûner*, etc.

H se place après la consonne *r* initiale dans un bon nombre de mots : *rhabillage, rhétorique, rhubarbe, rhum, rhumatisme*, etc.

N, à la fin des mots composés ou dérivés, se change en *m* devant *b* ou *p* : *emballer, emporter*, etc., excepté *bonbon* et la deuxième syllabe d'*embonpoint*.

Œ se trouve dans *bœuf, chœur, cœur, mœurs, nœud, œuf, œuvre, manœuvre, œil, œillet, sœur, vœu*.

Sc se trouve avoir le son d'une double *s* dans *adolescence, ascendant, ascension, ascète, descendre*, etc.

T remplace *c* dans les dérivés de *différence, effervescence, essence, substance* (1) : *différentiel, substantiel*, etc. (2)

—————

1. On remarquera que la prononciation est la même, et l'orto-graphe, différente dans *essence* et *substance*. Quand on sait le latin, il est facile de voir s'il faut un *e* ou un *a* dans ces mots ou d'autres semblables.

On met un *e* lorsqu'il s'en trouve un dans la terminaison du mot latin dont le mot français a été formé : essentia essence, et un *a* s'il y a un *a* dans le latin : substantia, substance.

Pour les mots terminés en *ion*, on y conserve la consonne qui se rencontre dans la terminaison du mot latin dont le mot français est dérivé : ambitio, ambit*ion* ; passio, pass*ion*.

L'usage seul peut apprendre l'ortographe des mots terminés en *ence*, en *an, ance*, en *sion* et en *tion*, aux personnes qui ne savent pas la langue latine.

2. Le Roy.

EMPLOI DES SIGNES ORTHOGRAPHIQUES.

Accent.

1. *Accent aigu.*

L'accent aigu se place sur tous les *é* fermés.

Ex. : Pratiquez la charité.

2. *Accent grave.*

E devant une consonne suivie d'un *e* muet, à la fin d'un mot, a le son ouvert, et reçoit l'accent grave.

Ex. : Père, mère, etc.

Sont exceptés les mots en *ége* : collége, sacrilége, etc., et ces phrases : aim*é*-je ? duss*é*-je ? etc.

On place l'accent grave dans quelques mots principalement pour les distinguer d'autres mots semblables : ainsi l'accent grave distingue *là* adverbe de *la* article simple, *dès* préposition du mot *dès* article composé , etc.

3. *Accent circonflexe.*

L'accent circonflexe indique en général un son long, principalement par suite de la suppression d'une lettre employée dans l'ancienne orthographe, comme *âge* pour *aage*, *tête* pour *teete*, ou pour distinguer un mot d'un autre mot semblable, par exemple *sûr* adjectif de *sur* préposition, la troisième personne singulière du parfait du subjonctif de la même personne du parfait défini de l'indicatif, il *fut*, qu'il *fût* (1).

Apostrophe.

L'apostrophe se met toutes les fois qu'il y a élision.

A, *e* muet, *i*, s'élident à la fin d'un mot, devant un

(1) *Voir* page 61.

autre mot commençant par une voyelle ou une *h* aspirée.

La lettre *a* s'élide dans l'article et le pronom *la.*

Ex. : Donnez-moi de l'argent.

  Je l'aperçus.

La lettre *i* s'élide devant la conjonction *si,* avant le pronom masculin *il* au singulier et au pluriel.

Ex. : Il viendra s'il peut.

  Ils viendront s'ils peuvent.

L'*e* muet s'élide :

1º Devant une voyelle dans les monosyllabes *me, te, se, de, que, ce, le,* pourvu qu'il y ait entre les deux mots une liaison suffisante de prononciation.

Ex. : J'y cours, je m'y rends, je l'ordonne.

2º Dans le mot *grande,* au singulier comme au pluriel, devant *messe, mère, tante,* etc.

Ex. : La grand'messe, les grand'mères, une grand'-tante, etc.

3º Dans les verbes réciproques *s'entr'aider, s'entr'ouvrir,* et dans *entre,* première partie d'un mot composé, quand cette première partie s'unit intimement à la seconde, comme *entr'acte.*

L'Académie ne le retranche pas après *entre,* devant eux : *entre eux;*

4º Dans *lorsque, puisque, quoique,* suivis de *il, ils, elle, elles, on, un, une,* et non d'un autre mot.

Ex. : Puisqu'elle veut.

  Puisque avec vous elle s'entend.

5º Dans *quelque,* devant *un, une ;*

Ex. : Quelqu'un, quelqu'une.

6º A la fin de *presque* dans le mot *presqu'île.*

A et *e* ne s'élident pas dans les pronoms *le*, *la* placés après un impératif.

Ex. : Conduis-*le* au jardin.
      Amenez-*la* à sa mère.

E ne s'élide jamais quand il est placé immédiatement avant une phrase subordonnée explicative.

Ex. : Il faudrait *que*, avant de me condamner, vous m'écoutassiez.

Trait d'union.

Le trait d'union se met :

1° Entre les mots radicaux des mots composés.

Ex. : Chef-d'œuvre, c'est-à-dire, peut-être ;

2° Entre les mots réunis pour former une seule expression.

Ex. : Chavagnes-en-Paillers ;

3° Entre le pronom personnel et le mot *même*.

Ex. : Moi-même ;

4° Après un verbe suivi du pronom qui en est le sujet ou des mots également sujets : *ce* et *on*.

Ex. : Irai-je ? — Était-ce moi ? — Savait-on cela ?

5° Avant et après *t* placé par euphonie.

Ex. : Puisse-t-il.

6° Entre *très* et le mot qui suit.

Ex. : Très-bien, très-sage.

7° Entre tous les adjectifs numéraux au-dessous de *cent* :

Ex. : Vingt-huit.

On n'en met ni avant ni après le mot *cent*.

Ex. : Neuf cent quarante-cinq.

Crochet.

Le crochet a du rapport avec la parenthèse (1); il consiste en deux lignes verticales dont les extrémités sont recourbées à angle droit [ ]. On met entre des crochets des mots d'un texte qui sont interposés, c'est-à-dire insérés comme hors d'œuvre dans le texte d'une copie manuscrite. On le place quelquefois devant un mot à la fin d'un alinéa où il y a du blanc pour marquer que ce mot appartient à la ligne qui est au-dessus ou à celle qui est au-dessous.

Ex. : Pour triompher du vice , il faut dès le jeune
S'armer de force et de courage.   [âge]

Le crochet est une figure d'imprimerie qui s'emploie rarement dans l'orthographe.

Tiret ou trait de séparation.

Le tiret ou trait de séparation s'emploie particulièrement dans les dialogues pour éviter la répétition de *dit-il*, *répondit-il*, et pour annoncer le changement d'interlocuteur.

Dans le conte de La Fontaine : *le Berger et le Roi*, on montre un passant qui voyant un aveugle prendre un serpent engourdi par le froid, lui dit :

Jetez cet animal traître et pernicieux

---

1. Nous n'avons rien à ajouter à ce que nous avons dit concernant la *parenthèse*, le *tréma* et la *cédille*, dans les notions préliminaires.

Ce serpent. — C'est un fouet. — C'est un serpent! vous dis-je : Prétendez-vous garder ce trésor? — Pourquoi non? (1)

Alinéa.

On commence un alinéa toutes les fois qu'on passe à un nouvel ordre d'idées, qu'on change de matière, etc.

Ex. : L'on est si rempli de soi-même, que tout s'y rapporte. L'on aime à être vu, montré, salué, même des inconnus. Ils sont fiers s'ils l'oublient. L'on veut qu'ils nous devinent.

C'est une chose monstrueuse que le goût et la facilité qui est en nous de railler, d'improuver et de mépriser les autres, et tout ensemble la colère que nous ressentons contre ceux qui nous raillent, nous improuvent et nous méprisent.

Une grande âme est au-dessus de l'injure, de l'injustice, de la douleur, de la moquerie, et elle serait invulnérable si elle ne souffrait pas de la compassion.

LA BRUYÈRE (Caractères).

Lettres majuscules.

Les lettres majuscules ou grandes lettres se placent :

1° Au commencement de chaque alinéa.

2° Au premier mot d'un discours, d'une citation ou d'un vers.

Ex. : L'impie a dit dans son cœur : Il n'y a point de Dieu.

> Nul n'est content de sa fortune
>
> Ni mécontent de son esprit.

---

1. L'aveugle garda le serpent.
   Il en perdit la vie.
   L'animal, dégourdi, piqua son homme au front.

3° Après chaque phrase formant un sens complet.

Ex. : La colère est une courte folie.

Le remords est la première punition du péché.

On ne met point de grandes lettres dans une suite de phrases liées ensemble.

Ex. : Qui pourrait vous arrêter dans la route de la vertu, vous empêcher d'y marcher avec ardeur, d'accomplir vos devoirs avec fidélité ?

4° On met des majuscules après les points interrogatifs ou exclamatifs, quand les phrases interrogatives ou exclamatives ne dépendent pas l'une de l'autre.

Ex. : Quels obstacles avez-vous à vaincre ?

Quelle puissance s'oppose à votre marche ?

5° Au commencement des noms propres, d'anges, d'hommes, de femmes, de divinités mythologiques, d'animaux, de provinces, de montagnes, de fleuves, de vaisseaux, de villes ou autres habitations, de rues, de constellations, de jours, de mois, etc.

Ex. : Gabriel, Adam, Ève, Minerve, Bucéphale, le Poitou, les Pyrénées, la Loire, le Vengeur (vaisseau), Paris, Rivoli (rue de), la Balance.

Les adjectifs formés de noms propres s'écrivent avec une petite lettre.

Ex. : Le peuple français, les aigles romaines.

Les noms des points cardinaux prennent une majuscule seulement quand on s'en sert pour désigner une contrée, un peuple.

DIFFÉRENTES SORTES DE PROPOSITIONS.

Nous distinguons trois sortes de propositions : la proposition *absolue*, la proposition *principale* et la proposition *subordonnée*.

I. — Proposition absolue.

La proposition *absolue* est celle qui a par elle-même un sens complet et dont aucune autre ne dépend.

Ex. : Moïse fut le libérateur du peuple de Dieu.

Une proposition unique est *absolue*.

II. — Proposition principale.

La proposition est *principale* quand elle est accompagnée d'une autre proposition qui en dépend.

Il y a deux sortes de principales : la *principale absolue* et celle qui est simplement *principale*.

La proposition est *principale absolue* quand, séparée de la proposition qui en dépend, elle forme un sens complet.

Ex. : Les vices, qui sont les maladies de l'âme, sont dangereux.

La proposition principale, *les vices sont dangereux*, est *absolue*, parce qu'elle renferme la principale idée et que, séparée de la proposition secondaire, elle forme un sens complet.

La proposition est simplement *principale* lorsqu'elle ne forme un sens complet qu'à l'aide d'une autre proposition.

Ex. : Je suis persuadé que le juste jouira d'un bonheur sans fin.

Cette proposition : *je suis persuadé* est simplement principale parce qu'elle exprime la principale idée; elle n'est pas absolue parce qu'elle n'a un sens complet qu'avec le secours d'une autre proposition : *que le juste jouira d'un bonheur sans fin* (1).

La proposition principale peut être *sous-entendue.*

Ex. : Qu'il vienne.

Ici la proposition principale est sous-entendue et doit être rétablie dans l'analyse : Je *veux* qu'il vienne.

III. — Proposition subordonnée.

La proposition *subordonnée* est celle qui ne forme un sens complet qu'à l'aide d'une autre proposition dont elle dépend.

Ex. : Je désire que vous accomplissiez tous vos devoirs.

Cette proposition, *que vous accomplissiez tous vos devoirs,* est subordonnée parce qu'elle dépend de la principale, *je désire.*

Il y a deux sortes de propositions subordonnées : la proposition *subordonnée complétive* et la proposition *subordonnée explicative* (2).

1. Plusieurs grammairiens l'appellent, dans ce cas-là même, *principale absolue*, après avoir dit que la proposition principale absolue a un sens complet; mais ici elle n'a un sens complet qu'à l'aide de l'autre proposition : c'est pourquoi, il nous semble préférable de l'appeler simplement *principale* pour la distinguer de l'absolue.

2. Dans l'une et l'autre de ces propositions rentrent les propositions *circonstantielles*, exprimées par quelque circonstance de temps, de lieu, de manière, etc., et les propositions appelées par quelques grammairiens, *relatives*, c'est-à-dire celles qui sont liées à la principale par l'un des pronoms relatifs *qui, que, dont.*

1° Proposition subordonnée complétive.

La proposition *subordonnée complétive* (1) est celle qui complète le sens de la phrase de laquelle elle dépend ; ce qui arrive :

1° Quand elle est unie à une *principale* par la conjonction *que*.

Ex. : Dieu veut que nous *observions sa loi*.

2° Quand elle est liée à la *principale* par un adverbe de comparaison.

Ex. : Cicéron était aussi modeste qu'*instruit* (sous-entendu *il était*).

3° Quand la formule d'interrogation renferme un complément soit direct soit indirect.

Ex. : Dites-moi ce que *vous désirez*.

4° Quand elle est liée essentiellement à une autre proposition par un pronom relatif qui ne peut en être séparé.

Ex. : Fuyez les compagnies qui sont *dangereuses*.

5° Dans une proposition circonstancielle qui se rattache essentiellement à une proposition principale.

Ex. : Je sortirai si le *temps le permet* (2).

Une proposition subordonnée complétive est sou-

---

1. C'est ce que plusieurs grammairiens appellent *incidente déterminative*.

2. Un grammairien trouve dans cette phrase : *Si le temps le permet*, une incidente explicative ; mais, selon la remarque de MM. Bonneau et Lucan, il est impossible de retrancher cette proposition sans altérer le sens de la principale ; on ne veut pas dire qu'on sortira quoi qu'il arrive, mais moyennant telle circonstance qu'on détermine.

vent marquée par quelque conjonction : *aussitôt que*, *lorsque*, *si*, *pourvu que*, *tant que*, etc.

Ex. : Les orgueilleux s'attristent *aussitôt qu'ils* sont humiliés.

Les arbres, *lorsqu'ils sont vieux*, donnent des fruits moins beaux que les jeunes.

Un homme, *s'il est pauvre*, ne peut pas faire de grands dons.

Vous réussirez *pourvu que* vous travailliez bien.

Vous n'aurez pas d'éloge, *tant que* vous ne soignerez pas mieux vos devoirs.

2° Proposition subordonnée explicative.

La proposition *subordonnée explicative* est celle qui peut se détacher de la proposition dont elle dépend sans en altérer le sens.

La proposition subordonnée est explicative :

1° Quand elle exprime quelque chose qui convient à la généralité des personnes ou des choses auxquelles elle se rapporte.

Ex. : Les Saints, qui sont courageux, ne reculent pas devant l'épreuve.

Cette phrase renferme deux propositions : la première *principale absolue* : *Les Saints ne reculent pas devant l'épreuve ;* la seconde, *subordonnée explicative : Qui sont courageux*, parce qu'elle exprime une chose commune à tous les Saints.

2° Quand on cite une circonstance relative à ce qui est déjà déterminé.

Ex. : Les bœufs des environs de Hambourg , *qu'on*

expédie pour la plupart en Angleterre, ont une chair extrêmement délicate.

Cette phrase renferme deux propositions : l'une principale absolue, l'autre subordonnée explicative.

Principale absolue : Les bœufs des environs de Hambourg ont une chair extrêmement délicate.

Subordonnée explicative : qu'on expédie pour la plupart en Angleterre.

Cette dernière proposition n'est pas *complétive* parce qu'elle n'est pas nécessaire pour compléter le sens de la *principale*, qu'elle ne sert pas à déterminer quels sont les bœufs dont on parle, attendu qu'ils sont déterminés par ces mots : les *bœufs de Hambourg ;* elle est *explicative* parce qu'on explique, parce qu'on cite une circonstance relative à des choses déjà déterminées.

3° Quand elle commence par l'une de ces conjonctions : *quoique, bien que, encore que, outre que, soit que, quand même*, car les propositions qui commencent par ces conjonctions peuvent être supprimées sans dénaturer le sens de la principale.

Ex. : Cet homme est très-avare, quoiqu'il soit très-riche.

La proposition subordonnée est explicative, parce qu'on peut la supprimer sans altérer le sens de la principale : *Cet homme est très-avare* (1).

Remarque sur les propositions subordonnées.

La proposition *subordonnée* peut avoir elle-même d'autres propositions qui lui soient subordonnées.

1. MM. Bonneau et Lucan.

Ex. : Je ne crois pas que Pompée eût été vaincu à Pharsale, s'il avait été soutenu par ses soldats.

1° Principale : Je *ne crois pas*.

2° Subordonnée de la principale : *que Pompée eût été vaincu*.

3° Subordonnée de la proposition précédente : *s'il avait été soutenu par ses soldats*.

N. B. Dans l'analyse, quand il y a plusieurs propositions subordonnées, il suffit d'indiquer la principale, et de désigner les autres sous le nom de subordonnées complétives ou explicatives.

Propositions coordonnées.

On appelle propositions *coordonnées* des propositions, soit absolues, soit subordonnées de même nature, réunies dans une même phrase.

Ex. : Le *temps est beau : allons nous promener*.

Il y a ici deux propositions absolues coordonnées, séparées par les deux points.

Ex. : Je *crois*, je suis *convaincu*, j'*affirme* que Dieu est *souverainement juste*; qu'il *récompensera* les *bons* et *punira les* méchants.

Cette phrase renferme trois principales coordonnées : je *crois*, je suis *convaincu*, j'*affirme*, et trois subordonnées, avec coordination :

1° *Que Dieu est souverainement juste*; 2° *qu'il récompensera les bons*; 3° *et punira les méchants*.

N. B. Dans l'analyse, si la maîtresse ne le demande pas, on peut se dispenser d'indiquer la coordination, qui est d'ailleurs sensible quand on a désigné la nature des propositions renfermées dans une période.

Réunion des diverses propositions.

Toutes les propositions peuvent se rencontrer dans une période.

Ex. : Le ciel est serein ; la mer, qui était très-agitée, est calme ; je crois que nous devons quitter le port.

Dans cette phrase, il y a deux propositions absolues coordonnées : le *ciel est serein*, la *mer est calme*, une subordonnée explicative : *qui était très-agitée* ; une principale : *je crois* ; une subordonnée complétive : *que nous devons quitter le port*.

Place des diverses propositions.

Il n'y a pas de règle générale pour la place des propositions ; il faut donc, pour les distinguer, avoir égard non à la place qu'elles occupent, mais à la pensée qu'elles expriment.

Ex. : Si l'on est fidèle à Dieu, on sera heureuse pendant l'éternité.

La proposition *principale* est : *on sera heureuse pendant l'éternité*.

La proposition subordonnée *complétive* est : *si l'on est fidèle à Dieu*.

Ces deux propositions restent ce qu'elles sont quand même on les intervertit.

Remarque sur les trois sortes de propositions.

Ces trois sortes de propositions, *absolue*, *principale*,

subordonnée, peuvent avoir une construction *figurée* ou *irrégulière*, c'est-à-dire, renfermer des *inversions*, des *pléonasmes*, des mots *explétifs*, des *ellipses*, etc.

1. Analyse des propositions dont la construction est inverse.

On analyse ces propositions en ramenant la construction inverse à la construction directe, qui suit l'ordre naturel des pensées.

Ex. : Trop heureux l'enfant qui accomplit tous ses devoirs !

C'est-à-dire : L'enfant qui accomplit tous ses devoirs est trop heureux.

Les livres que j'ai lus, je les achèterai ; c'est-à-dire : j'achèterai les livres que j'ai lus.

2. Analyse des propositions où se rencontrent des pléonasmes et des mots explétifs.

1° *Pléonasmes.* — On indique les termes essentiels, les compléments, et l'on désigne comme pléonasmes les mots qui sont une répétition surabondante de quelque partie constitutive de la proposition.

Ex. : Le monde, *lui*, court après une gloire éphémère ; et, *nous*, nous recherchons une gloire impérissable.

Cette phrase renferme deux propositions absolues.

1° Le *monde, lui*, court après une gloire éphémère.

Cette proposition est absolue, parce qu'elle renferme par elle-même un sens complet et qu'aucune autre n'en dépend.

Le sujet est *monde*, sujet simple et incomplexe : *simple*, parce qu'il ne comprend qu'un seul objet ; *incomplexe*, parce qu'il n'a pas de complément. *Lui*, est un pléonasme, une répétition surabondante du sujet *monde*. Le mot *court*, pour *est courant*, le verbe est *est ;* l'attribut *courant*, simple et complexe : *simple* parce qu'il exprime qu'une manière d'être du sujet ; *complexe*, parce qu'il a pour complément *après une gloire éphémère*.

2° *Nous* recherchons, *nous*, une gloire impérissable.

Cette proposition est absolue parce qu'elle renferme par elle-même un sens complet et qu'aucune autre n'en dépend.

Le sujet est *nous*, simple et incomplexe : *simple*, parce qu'il ne comprend qu'un seul objet *nous*; *incomplexe*, parce qu'il n'a pas de complément; *nous*, est un pléonasme, une répétition surabondante du sujet *nous ;* *recherchons* pour *serons recherchant*. Le verbe est *serons ;* l'attribut, *recherchant*, simple et complexe : *simple*, parce qu'il n'exprime qu'une manière d'être du sujet ; *complexe*, parce qu'il a pour complément *une gloire impérissable*.

2° *Mots explétifs.* — Il suffit d'indiquer comme *mots explétifs* les expressions qui ne sont pas des pléonasmes de quelques termes essentiels de la proposition, et ne sont pas non plus nécessaires au sens. Tel est le mot *moi* dans cette phrase : Prenez-*moi* ce livre.

Les interjections sont considérées comme des mots explétifs ; il suffit de signaler ce qu'elles expriment (1).

1. Selon quelques grammairiens, les interjections sont des propositions implicites. *Hélas !* signifie : *Je suis malheureuse ;* mais dans les interjections, « il y a, dit M. Poitevin, quelque signe confus d'un mouve-

Ex. : Hélas! je suis faible.

Hélas! interjection , mot *explétif*, exprimant la tristesse.

Le sujet est *je*, simple et incomplexe : *simple*, parce qu'il ne comprend qu'un seul objet, *je*; *incomplexe*, parce qu'il n'a pas de complément. Le verbe est *suis;* l'attribut, *faible*, simple et incomplexe : *simple*, parce qu'il n'exprime qu'une manière d'être du sujet; *incomplexe*, parce qu'il n'a pas de complément.

3. Analyse des propositions où se rencontrent des ellipses.

On analyse les propositions où se rencontrent des ellipses, en mettant les mots sous-entendus.

1ᵉ *Ex.* : Marchez.

On sous-entend le sujet *vous* (*vous*, marchez).

2ᵉ *Ex.* : Telle mère, telle fille.

On sous-entend le verbe *est* (telle *est* la mère, telle *est* la fille).

3ᵉ *Ex.* : Vous êtes plus heureuse que votre sœur.

On sous-entend n'*est* et l'attribut *heureuse.*
(Vous êtes plus *heureuse* que votre sœur n'*est heureuse.*)

1ʳᵉ *Remarque.* — Toute proposition interrogative renferme une ellipse qui est : *Je demande*, et forme une autre proposition.

Ex. : Êtes-vous studieuse, c'est comme si l'on disait : Je demande si vous êtes studieuse?

ment subit et imprévu de notre âme, et non l'expression analytique d'un jugement. »

2ᵉ *Remarque*. — Toute phrase où se trouve un souhait avec la conjonction *que* exprimée ou sous-entendue, renferme la proposition : *Je souhaite ou je désire*.

Ex. : Que Dieu veille sur vous.

On sous-entend, *je désire* que Dieu veille sur vous.

Ex. : Fasse le ciel qu'il en soit ainsi !

On sous-entend, *je souhaite* que le ciel fasse qu'il en soit ainsi.

8. Analyse de quelques gallicismes (1).

Pour l'analyse des propositions exprimées par des *gallicismes*, on est souvent obligé de remplacer les gallicismes par d'autres expressions qu'on puisse analyser.

Ex. : *Il y a un Dieu*; c'est-à-dire : *Un Dieu existe*.

Il y a dix ans que je vous connais: — *Je vous connais depuis dix ans*.

C'est à vous que je m'adresse: — *Je m'adresse à vous*.

Il ne fait que se divertir: — *Il se divertit continuellement*.

Il est beau de se vaincre : — *Se vaincre est beau*.

Il faut une grande vertu pour supporter le malheur: — *Une grande vertu est nécessaire pour supporter le malheur*.

Il pleut, il vente: — *La pluie tombe, le vent souffle*.

Si j'étais que de vous: — *Si j'étais à votre place*.

Qui est-ce qui est là? — *Je demande qui est là?*

---

1. Nous ne pouvons pas donner des exemples pour les différents cas; ils sont trop nombreux. M. Poitevin en indique plus de deux cents. Quand on comprend bien la pensée de la proposition, il est facile d'y substituer d'autres mots.

Il n'y a que quelques jours qu'il fait chaud : — La chaleur existe seulement depuis quelques jours.

On suit la même méthode pour les autres gallicismes.

On ne doit pas oublier que l'analyse logique considère la pensée et non la construction grammaticale.

Quand on est obligé de remplacer un gallicisme par une phrase équivalente, il faut choisir des expressions qui rendent la pensée avec netteté et précision.

QUESTIONNAIRE.

Quelle est l'importance de l'analyse logique ? — Quelles sont les règles de l'analyse logique ? — Quels termes renferme toute proposition ? — Qu'est-ce que le *sujet* d'une proposition ? — Quand est-il *simple* — *composé* ? — *sous-entendu* ? — *complexe* ? — *incomplexe* ? — Qu'est-ce que l'*attribut* ? — Quand est-il *simple* ? — *composé* ?— *complexe* ? — *incomplexe* ? — Le verbe a-t-il un complément ? — Quelle est la remarque sur les compléments ? — Combien y a-t-il de sortes de propositions? — Qu'est-ce qu'une proposition *absolue* ? — *principale absolue* ? — *simplement principale* ? — *subordonnée* ? — *subordonnée complétive* ? — *explicative* ? — Quelle est la remarque sur les propositions *subordonnées* ? — Qu'appelle-t-on propositions *coordonnées* ? — Diverses propositions peuvent-elles se rencontrer dans une période? — Quelle est la place des diverses propositions ? — Comment analyse-t-on les propositions dont la construction est irrégulière? — Quand elle renferme : 1. des *inversions* ? — 2. des *pléonasmes* et des mots *explétifs*? — 3. des *ellipses* ? — Quelle est la règle générale pour l'analyse des *gallicismes* ?

EXEMPLE D'ANALYSE LOGIQUE

POUR LA PROSE.

1° Proposition absolue.

Le ciel est beau.

Cette phrase est une proposition *absolue*, parce qu'elle renferme par elle-même un sens complet et qu'aucune autre n'en dépend.

Le *sujet* est *ciel*, parce que c'est l'*objet* du jugement ; sujet simple et incomplexe : *simple*, parce qu'il ne comprend qu'un seul objet, *ciel*, et *incomplexe*, parce qu'il n'a point de complément ; le *verbe* est l'auxiliaire *est* qui lie l'attribut au sujet ; l'*attribut* est *beau* parce que c'est la qualité qu'on attribue au sujet *ciel* ; il est *simple*, parce qu'il n'exprime qu'une manière d'être du sujet, et *incomplexe* parce qu'il n'a point de complément.

Une phrase peut renfermer plusieurs propositions absolues.

Ex. : Je suis venu, j'ai vu, j'ai vaincu (1).

Il y a dans cette phrase plusieurs propositions absolues : 1° *je suis venu* ; 2° *j'ai vu* ; 3° *j'ai vaincu*.

1° *Je suis venu.*

Cette proposition est *absolue* parce qu'elle a par elle-même un sens complet et qu'aucune autre n'en dépend.

Le *sujet* est *je*, parce que c'est l'objet du jugement ; il est simple et incomplexe : *simple*, parce qu'il ne comprend qu'un objet, et *incomplexe*, parce qu'il n'a point de *complément* ; le *verbe* est *suis*, l'attribut est *venu*,

1. Mots célèbres de Jules César.

simple et incomplexe : *simple*, parce qu'il n'exprime qu'une manière d'être du sujet, et *incomplexe*, parce qu'il n'a point de complément.

Les deux autres propositions s'analysent de la même manière.

Proposition principale et proposition subordonnée complétive.

Ex. : *Je crois que les méchants sont malheureux.*

Il y a dans cette phrase deux propositions : l'une *principale* : *je crois ;* l'autre *subordonnée complétive* : *que les méchants sont malheureux.*

Je crois. — Cette proposition est *principale*, parce qu'elle est accompagnée d'une autre proposition qui en dépend.

Le *sujet* est *je*, parce qu'il est l'objet essentiel et dominant de la proposition ; il est *simple* et *incomplexe* : *simple*, parce qu'il ne comprend qu'un seul objet, *je*, et *incomplexe*, parce qu'il n'a pas de complément. Le *verbe* est *suis ;* l'*attribut*, *croyant ; simple* et *incomplexe* : *simple*, parce qu'il n'exprime qu'une manière d'être du sujet, et *incomplexe*, parce qu'il n'a pas de complément.

Que les méchants sont malheureux. — Cette proposition est *subordonnée*, parce qu'elle dépend de la principale ; *complétive*, parce qu'elle complète la proposition principale dont elle dépend.

Le *sujet* est *méchants*, parce qu'il est l'objet du jugement ; il est *simple* et *incomplexe* : *simple*, parce qu'il ne comprend qu'un seul objet, *méchants*, et *incomplexe*, parce qu'il n'a point de complément. Le *verbe* est *sont ;* l'*attribut*, *malheureux : simple* et *incomplexe : simple*, parce qu'il n'exprime qu'une manière d'être du sujet, *malheureux*, et *incomplexe*, parce qu'il n'a point de complément.

Proposition principale absolue et proposition subordonnée explicative.

Les enfants, qui sont légers de leur nature, font bien des fautes.

Cette phrase renferme deux propositions : l'une *principale absolue : les enfants font bien des fautes*, et l'autre *subordonnée explicative : qui sont légers de leur nature*.

1. *Les enfants font bien des fautes.*

Cette proposition est *principale*, parce qu'elle est accompagnée d'une autre proposition qui en dépend ; *absolue*, parce que séparément elle a un sens complet.

Le *sujet* est *enfants*, parce qu'il est l'objet du jugement ; *simple* et *incomplexe : simple*, parce qu'il ne comprend qu'un objet. Le *verbe* est *sont* (*faire* pour *sont faisant*) ; l'*attribut* est *faisant : simple*, parce qu'il n'exprime qu'une seule manière d'être du sujet ; *incomplexe*, parce qu'il n'a point de complément.

2. *Qui sont légers de leur nature.*

Cette proposition est *subordonnée explicative : subordonnée*, parce qu'elle dépend de la *principale; explicative*, parce qu'elle n'est pas nécessaire pour compléter le sens de la proposition dont elle dépend. On veut dire que les enfants, en général, commettent bien des fautes ; elle explique seulement une circonstance relative au sujet déjà déterminé, *les enfants*.

Le *sujet* est *qui*, pronom conjonctif représentant *les enfants. Qui* est sujet, parce qu'il est l'objet du jugement ; il est *simple* et *incomplexe : simple*, parce qu'il ne comprend qu'un objet, *les enfants ; incomplexe*, parce qu'il n'a pas de complément.

Le *verbe* est *sont ;* l'*attribut*, *légers*, *simple* et *complexe : simple*, parce qu'il ne comprend qu'une manière d'être du sujet; *complexe*, parce qu'il a un complément, *de leur nature.*

Réunion de diverses propositions.

Je crois que Dieu, qui est notre souverain Maître, nous pardonnera nos égarements si nous nous en repentons, car sa miséricorde est infinie.

Cette phrase renferme cinq propositions : 1° une proposition principale : *je crois*; 2° une proposition *subordonnée complétive : que Dieu nous pardonnera nos égarements ;* 3° une autre proposition *subordonnée complétive : si nous nous en repentons ;* 4° une proposition *subordonnée explicative : qui est notre souverain Maître ;* 5° une absolue : *sa miséricorde est infinie.*

Analyse d'une proposition exprimée par un gallicisme.

C'est à la divine Providence que je dois mon bonheur. C'est-à-dire : *Je dois mon bonheur à la divine Providence.*

Cette proposition est *absolue*, parce qu'elle a par elle-même un sens complet.

Le *sujet* est *je*, parce qu'il est l'objet du jugement ; *simple* et *incomplexe : simple*, parce qu'il ne comprend qu'un objet ; *incomplexe*, parce qu'il n'a pas de complément, *dois* pour *suis devant.*

Le *verbe* est *suis ;* l'*attribut*, *devant*, *simple* et *complexe : simple*, parce qu'il n'exprime qu'une manière d'être du sujet, *devant ; complexe*, parce qu'il a pour complément ces mots : *mon bonheur à la divine Providence.*

EXEMPLE D'ANALYSE LOGIQUE

POUR LES VERS.

—

On suit pour l'analyse logique des vers la même méthode que pour celle de la prose. On ne considère que
la pensée, de quelque manière qu'elle soit exprimée.

Ex. · Nous faisons cas du beau , nous méprisons l'utile ,
        Et le beau souvent nous détruit.

LA FONTAINE. (*Le Cerf se voyant
dans l'eau.*)

Cette phrase renferme trois propositions absolues
coordonnées :

1° Nous faisons cas du beau,
2° Nous méprisons l'utile,
3° Et le beau souvent nous détruit.

1. *Nous faisons cas du beau.*

Cette proposition est *absolue*, parce qu'elle a par elle-
même un sens complet et qu'aucune autre n'en dépend.

Nous, *sujet* simple et incomplexe: *simple*, parce qu'il
ne comprend qu'un objet; *incomplexe*, parce qu'il n'a
pas de complément ; faisons, pour *sommes faisant* : sommes, *verbe*; faisant, *attribut* simple et complexe : *simple*,
parce qu'il n'exprime qu'une seule manière d'être du sujet; *complexe*, parce qu'il a pour complément *cas du beau.*

2. *Nous méprisons l'utile.*

Nous, *sujet* simple et incomplexe: *simple*, parce qu'il
ne comprend qu'un objet; *incomplexe*, parce qu'il n'a
pas de complément ; méprisons, pour *sommes méprisant :*

sommes, *verbe*; méprisant, *attribut*, simple et complexe: *simple*, parce qu'il n'exprime qu'une manière d'être du sujet; *complexe*, parce qu'il a pour complément *l'utile*.

3. *Et le beau souvent nous détruit.*

Beau, *sujet* simple et incomplexe : *simple*, parce qu'il ne comprend qu'un objet, et *incomplexe*, parce qu'il n'a pas de complément ; nous détruit, pour *est détruisant nous* : est *verbe ;* détruisant, *attribut*; simple et complexe : *simple*, parce qu'il n'exprime qu'une seule manière d'être du sujet : *complexe*, parce qu'il a pour complément *nous* et *souvent*.

Remarque. — Il est nécessaire, au commencement, de faire connaître dans l'analyse écrite pour quelles raisons une proposition est *absolue*, *principale*, *subordonnée*, *complétive*, *explicative*; pourquoi un sujet et un attribut sont *simples* ou *composés*, *complexes* ou *incomplexes*; mais, pour les élèves avancées, il suffit, si l'on veut, qu'elles désignent la nature des propositions et de chacun de leurs termes ; elles doivent, néanmoins, toujours indiquer les compléments.

III. — ANALYSE LOGIQUE ET GRAMMATICALE.

—

Il est très-avantageux de réunir l'analyse logique et l'analyse grammaticale, et de saisir ainsi à la fois, pour l'approfondir et en rendre compte par l'analyse, la pensée d'une proposition et la manière dont elle est exprimée.

On peut faire d'abord l'analyse logique et ensuite

l'analyse grammaticale, ou bien indiquer séparément, pour chaque mot, le rôle qu'il joue dans la proposition logiquement et grammaticalement. Nous allons donner un exemple pour chaque méthode.

———

EXEMPLE. — Première méthode.

Dieu, qui est notre fin, est le bien suprême.

1° Analyse logique.

Il y a dans cette phrase deux propositions : l'une *absolue* et *principale*, *Dieu est le bien suprême* ; l'autre *subordonnée explicative*, *qui est notre fin.*

PREMIÈRE PROPOSITION. — *Dieu est le bien suprême.*

Cette proposition est *absolue* parce qu'elle a par elle-même un sens complet, et *principale* parce qu'elle est accompagnée d'une autre proposition qui en dépend.

Le sujet est *Dieu*, *simple et incomplexe* : *simple* parce qu'il ne comprend qu'un objet ; *incomplexe* parce qu'il n'a pas de complément ; le verbe est le mot *est*, l'attribut *le bien*, *simple* et *complexe* : *simple* parce qu'il n'exprime qu'une manière d'être, *complexe* parce qu'il a un complément, l'adjectif *suprême*.

DEUXIÈME PROPOSITION. — *Qui est notre fin.*

Cette proposition est *subordonnée* parce qu'elle dépend de la première : *Dieu est le bien suprême* ; *explicative*, parce qu'elle peut se détacher de la première sans en altérer le sens.

Le sujet est *qui*, représentant son antécédent le mot *Dieu* : *simple et incomplexe*, *simple* parce qu'il ne comprend qu'un objet, *incomplexe* parce qu'il n'a pas de complément. Le verbe est le mot *est* ; l'attribut est *fin* : *simple et complexe*, *simple* parce qu'il n'exprime qu'une manière d'être du sujet ; *complexe*, parce qu'il a pour complément *notre*.

2° Analyse grammaticale.

Dieu.	Nom propre au masc. sing., sujet du verbe *est.*
qui.	Pronom relatif masc. sing., parce qu'il a pour antécédent un substantif de ce genre et de ce nombre ; il est sujet du verbe *est.*
est.	Verbe subst. et auxiliaire, à la 3e pers. sing. du présent de l'indicatif à cause de son sujet *qui.*
notre.	Adjectif possessif masc. sing., se rapportant à *fin.*
fin.	Subst. commun masc. sing., se rapportant à *qui.*
est.	Verbe subst. et auxiliaire, 3e personne sing. du présent de l'indicatif.
le.	Art. simple masc. sing., déterminant le mot *bien.*
bien.	Subst. com. masc. sing., se rapportant au sujet grammatical le mot *Dieu.*
suprème . . .	Adj. qualificatif masc. sing., qualifiant le substantif *bien.*

EXEMPLE. — Deuxième méthode.

La récompense des justes sera grande.

Analyse logique et grammaticale.

Cette phrase renferme une proposition *absolue* parce qu'elle ne dépend d'aucune autre et qu'elle a par elle-même un sens complet.

La. Art. simple, fémin. sing. déterminant *récompense.*

Récompense. Nom commun, fémin. sing., sujet grammatical et sujet logique de la proposition, il est *simple* et *complexe : simple* parce qu'il ne comprend qu'une seule manière d'être ; et *complexe,* parce qu'il a pour complément *des justes.*

Des. Par contraction pour *de les,* art. composé, masc. plur., déterminant le subst. *justes* et le faisant rapporter à *récompense.*

Justes. Subst. com. masc. plur., compl. du subst. *récompense.*

Sera. Verbe, qui unit le sujet de la proposition *récompense* à l'attribut ; il est au futur simple de l'indicatif du verbe substantif et auxiliaire *être* ; il a pour sujet le subst. *récompense.*

Grande. Attribut du sujet *récompense,* adject. fém. sing. du même genre et du même nombre que le sujet auquel il se rapporte : *attribut simple,* parce qu'il n'exprime qu'une manière d'être du sujet ; *incomplexe,* parce qu'il n'a pas de complément.

II.

SUBSTANTIFS.

—

1. Substantifs de différent genre.

MASCULIN.	FÉMININ.
Aide. Celui qui aide à un autre.	*Aide.* Secours, assistance qu'on donne ou que l'on reçoit.
Ange. Créature spirituelle.	*Ange.* Poisson de mer.
Aune. Arbre de bois blanc.	*Aune.* Nom d'une ancienne mesure.
Barbe. Cheval de la Barbarie (côte d'Afrique).	*Barbe.* Poil du menton et des joues. — Fanons de la baleine.
Barde. Poëte celtique.	*Barde.* Tranche de lard.
Berce. Petit oiseau.	*Berce.* Plante.
Capre. Vaisseau armé en course.	*Câpre.* Fruit du câprier. (On le dit plus souvent au pluriel.)
Coche. Voiture d'eau ou de terre.	*Coche.* Entaille faite en un corps solide.
Cornette. Nom de l'officier chargé de porter un étendard.	*Cornette.* Coiffe de femme. Autrefois, étendard de cavalerie.
Crêpe. Etoffe.	*Crêpe.* Pâtisserie.
Dol. Ruse, tromperie. Terme de palais.	*Dol.* Ville de France (Ile-et-Vilaine).
Echo. Son réfléchi, répété par plusieurs corps solides. — Lieu où se fait l'écho.	*Echo.* Nom d'une nymphe.
Enseigne. Officier qui porte le drapeau.	*Enseigne.* Marque, indice. — Tableau mis à la porte d'un marchand.
Espace. Etendue comprise entre deux points. — Etendue de temps.	*Espace.* Ce qui sert en imprimerie à espacer les mots et justifier les lignes.
Foret. Outil dont on se sert pour percer les tonneaux.	*Forêt.* Grande étendue de pays couverte de bois.
Fourbe. Trompeur.	*Fourbe.* Tromperie.
Garde. Homme armé.	*Garde.* Action de garder. — Collectivement, gens de guerre qui font la garde. — Femme qui sert les malades.
Greffe. Lieu public où l'on ex-	*Greffe.* Petite branche tendre que

MASCULIN.	FÉMININ.
pédie des actes de juridiction.	l'on coupe d'un arbre et que l'on ente sur un autre.
Givre. Gelée blanche.	*Givre*. Terme d'armoiries, grosse couleuvre ou serpent à la queue ondée.
Guide. Tout ce qui sert à nous conduire ; se dit au propre et au figuré.	*Guide*. Longe de cuir, attachée à la bride d'un cheval.
Héliotrope. Plante.	*Héliotrope*. Pierre précieuse.
Interligne. Espace blanc entre deux lignes écrites ou imprimées.	*Interligne*. Terme d'imprimerie : lames de fonte placée entre les lignes afin de les espacer.
Laque. Vernis de la Chine, noir ou rouge.	*Laque*. Sorte de gomme qui vient des Indes Orientales.
Lis. Plante, fleur.	*Lys*. Rivière de la Belgique.
Livre. Manuscrit ou imprimé. — Registre. — Ouvrage d'esprit.	*Livre*. Poids contenant 16 onces.
Loutre. Chapeau ou manchon de poil de loutre.	*Loutre*. Animal amphibie.
Manche. Partie d'un instrument ou d'un outil.	*Manche*. Partie d'un vêtement. — Bras de mer entre la France et l'Angleterre.
Manœuvre. Ouvrier subalterne.	*Manœuvre*. Cordages d'un vaisseau manière de s'en servir. — Fig. Conduite dans les affaires du monde.
Mémoire. Ecrits soit pour donner quelques instructions, soit pour faire ressouvenir de quelque chose.	*Mémoire*. Faculté de l'âme. — Action, effet de la mémoire, souvenir.
Mode. En philos. manière d'être ; en musique, ton dans lequel est un morceau; en gramm. manière d'exprimer l'affirmation.	*Mode*. Usage régnant et passager, introduit par le goût, la fantaisie, le caprice.
Moufle. Assemblage de plusieurs poulies.	*Mouffle*. Sorte de gants fourrés, ce mot est vieux.
Mousse. Jeune matelot.	*Mousse*. Espèce d'herbe, écume qui se forme sur l'eau.
Œuvre. Recueil de tous les ouvrages d'un musicien; de toutes les estampes d'un graveur.	*Œuvre*. Action morale et chrétienne. — Banc des marguilliers. — Productions de l'esprit, et, en ce sens, il n'est usité qu'au pluriel.

MASCULIN.	FÉMININ.
Office. Devoir, chose, que la vertu et la droite raison engagent à faire. — Assistance, secours. — Le service divin. — Bréviaire. — Charge avec permanence.	*Office.* Lieu où l'on prépare ce qu'on sert sur la table.—Classe de domestiques qui y mangent.
Ombre. Jeu de cartes. Poisson de rivière.	*Ombre.* Obscurité causée par l'interposition d'un corps opaque au-devant d'un corps lumineux. — Fig. protection faveur, appui.
Page. Jeune gentilhomme au service d'un roi, d'un prince.	*Page.* Côté d'un feuillet de papier. — L'écriture contenue dans la page même.
Páque ou *Pâques.* Fête de l'Eglise	*Páque.* Fête que les Juifs célébraient tous les ans. — Au pluriel, dévotions. — *Pâques fleuries.* Dimanche des Rameaux.
Parallèle. Comparaison d'une chose ou d'une personne. — Dans la sphère, cercle parallèle à l'équateur.	*Parallèle.* Ligne également distante d'une autre dans toute son étendue. En t. de guerre, communication d'une tranchée à une autre.
Paier. L'oraison dominicale. — Les gros grains d'un chapelet.	*Patère.* Terme d'antiquaire, vase très-ouvert qui servait aux sacrifices des anciens. — Ornement pour soutenir les draperies.
Perche. Ancienne province de France.	*Perche.* Poisson de rivière et de mer. — Ancienne mesure.
Personne. pronom indéfini.	*Personne.* Substantif.
Pivoine. Petit oiseau, nommé aussi bouvreuil.	*Pivoine.* Plante vivace.
Plane ou *platane.* Arbre.	*Plane.* Outil tranchant, pour unir, polir, égaliser.
Poéle. Drap mortuaire.	*Poéle.* Ustensile de cuisine.
Ponte. Terme de jeu.	*Ponte.* Action de pondre.
Poste. Lieu où l'on a placé des troupes. — Soldats qui sont dans ce poste. — Emploi, fonction.	*Poste.* Relais. — Maison où sont ces relais. — Courrier qui porte les lettres. — Bureau de distribution, de réception des lettres.
Pourpre. Maladie. — Couleur	*Pourpre.* Teinture. Fig. Dignité

MASCULIN.	FÉMININ.
foncée. — Petit poisson.	royale dignité des cardinaux.
Relâche. Repos, intermission dans quelque état douloureux. — Cessation de quelque travail.	*Relâche.* Lieu propre aux vaisseaux pour y relâcher.
Remise. Carrosse qui se loue au jour ou au mois.	*Remise.* Lieu pour mettre une voiture à couvert. — Taillis.
Satyre. Demi-dieu du paganisme.	*Satire.* En général peinture du vice ou du ridicule. — Écrit piquant, médisant contre les personnes.
Scolie. T. de Géométrie. remarque qui a rapport à une proposition précédente.	*Scolie.* Note de gramm. ou de critique pour servir à l'intelligence des auteurs classiques.
Serpentaire. Constellation de l'hémisphère boréal.	*Serpentaire.* Plante vulnéraire.
Sexte. 6e livre des Décrétales.	*Sexte.* Une des heures canoniales.
Solde. Complément d'un payement ; différence entre le débit et le crédit.	*Solde.* Paye que l'on donne aux gens de guerre.
Somme. Repos causé par l'assoupissement naturel de tous les sens.	*Somme.* Charge, fardeau.—Quantité d'argent. — Rivière. — En théologie, Abrégé de toutes les parties d'une science, d'une doctrine.
Souris. Action de sourire.	*Souris.* Petit animal rongeur.
Tour. Mouvement circulaire. — Trait d'habileté. — Machine de tourneur.	*Tour.* Bâtiment fort élevé, de figure ronde ou carrée. — Pièce du jeu d'échecs.
Triomphe. Honneur. — Victoire, grand succès militaire.	*Triomphe.* Jeu de cartes. — Couleur dont il retourne.
Trompette. Celui dont la fonction est de sonner de la trompette.	*Trompette.* Instrument. Fig. homme qui a coutume de publier tout ce qu'il sait.
Vague. Le milieu de l'air. Il ne s'emploie guère qu'en poésie ou comme subst. abstrait.	*Vague.* L'eau agitée élevée au-dessus de son niveau.
Vase. Sorte d'ustensile pour contenir des liqueurs, des fleurs.	*Vase.* Bourbe qui est au fond de la mer, des étangs, des marais.
Vigogne. Chapeau fait de laine de vigogne.	*Vigogne.* Animal du Pérou, qui tient du mouton et de la chèvre. Sa laine.

MASCULIN.	FÉMININ.
Voile. Etoffe qui sert à couvrir quelque chose. — Fig. Prétexte, apparence.	*Voile.* Plusieurs lés de toile forte attachés aux vergues d'un vaisseau.

---

2. Substantifs qui n'ont pas de singulier.

Voici les principaux :

Accordailles.	Catacombes.	Mânes.
Acquêts.	Ciseaux.	Matériaux.
Affres.	Confins.	Matines.
Aguets.	Décombres.	Mécontents.
Alentours.	Dépens.	Mœurs.
Ancêtres.	Doléances.	Mouchettes.
Annales.	Entours.	Nationaux (4).
Appas.	Entraves.	Nipes.
Armoiries.	Entrailles.	Nones.
Attraits (1).	Epousailles.	Obsèques.
Arrérages.	Fiançailles.	Pincettes.
Assistants (2).	Fonts.	Pleurs (5).
Assises.	Frais.	Prémices.
Atours.	Funérailles.	Proches.
Bésicles.	Hardes.	Ténèbres.
Bestiaux.	Immondices.	Vêpres.
Bornes.	Instances.	Vergettes.
Broussailles.	Jours (3).	Vitraux.
Broutilles.	Limites.	Vivres, etc.

N. B. — Les règles de la grammaire (page 11) font connaître, en général, les substantifs qni n'ont pas de pluriel.

1. Dans le sens de charmes, appas ; mais il a un singulier dans le sens de penchant.

2. Dans le sens de personne présente : on ne dirait pas un assistant, mais un des assistants.

3. Quand on emploie ce mot pour signifier la vie et le temps où l'on vit.

4. Quand il est employé pour désigner les habitants d'une seule nation, par opposition aux étrangers.

5. Bossuet a employé ce mot au singulier.

3. Substantifs composés le plus en usage, orthographiés ainsi qu'ils doivent l'être au pluriel.

NOTA. — Il y a des substantifs composés qui ne peuvent s'employer qu'au singulier, ils ne sont pas compris dans cette liste.

DES.	DES.	DES.
Abat-faim.	Avant murs.	Belles-filles.
Abat-jour.	Avant-pieux.	Belles-mères.
Abat-vent.	Avant-propos.	Belles-sœurs.
Abat-voix.	Avant-scène.	Bien-aimés.
Aigues-marines.	Avant-postes.	Bien-être.
Appui-main.	Avant-toits	Biens-fonds.
Après-demain.	Avant-trains.	Blancs-becs.
Après-dînées, après-diner.	Avant-veilles.	Blanc-manger.
Après-midi.	Avant-cause.	Blancs-de-baleine.
Après-soupées.	Bains-Marie.	Blancs-manteaux.
Arcs-boutants.	Barbes-de-bouc (sal-sifis sauvages).	Blancs-seings.
Arcs-doubleaux.	Barbes – de – Chèvre (plante).	Blanc-signés.
Arcs-en-ciel.		Bon-henri.
Arrière-boutiques.	Barbes – de – Jupiter (plante).	Bon-chrétien.
Arrière-corps.	Bas-fonds.	Bons-mots.
Arrière-gardes.	Bas-reliefs.	Bouche-trous.
Arrières-coups.	Basses-contre.	Boute-en-train.
Arrière-neveux.	Basses-cours.	Boute-hors.
Arrière-pensées.	Basses-fosses.	Boute-tout-cuir.
Arrière-petits-fils.	Basses-lices (terme de marine).	Boute-feu.
Arrière-petites-filles.		Boute-selle.
Arrière-points.	Basses-tailles.	Bouts-d'ailes.
Arrière-saisons.	Basses-voiles	Bouts-rimés.
Arrière-vassaux.	Beaux-esprits.	Blanches – ursines (plante).
Avant-becs (terme d'architecture).	Beaux-fils.	Brèche-dents.
Avant-bras.	Beaux-frères.	Brise-cou.
Avant-cours.	Beaux-pères.	Brise-glace.
Avant-coureurs.	Bec-figues.	Brise-mottes.
Avant-derniers.	Becs-d'âne.	Brise-pierre.
Avant-faire-droit. (terme de palais).	Becs-de-canne.	Brise-raison.
	Becs-de-corbin.	Brise-scellé.
Avant fosses.	Becs-de-grue.	Brise-vent.
Avant-goûts.	Belles-dames (plante).	Brûle-tout.
Avant-gardes.	Belles-de-jour.	Caille-lait (plante).
Avant-main.	Belles-de-nuit.	Caillots-rosats (poires).

DES.	DES.	DES.
Carême-prenant.	Contre-charges.	Culs-de-jatte.
Casse-cou.	Contre-chevrons	Culs-de-basse-fosse.
Casse-croûtes.	Contre clefs.	Culs-de-lampe.
Casse-tête.	Contre-cœurs.	Culs-de-sac (un ou des).
Casse-mottes.	Contre-coups.	Cure-oreilles.
Casse-noisettes.	Contre-danses.	Cure-dents.
Casse-noix.	Contre-échanges.	Dames-Jeannes.
Cent-suisses.	Contre-épreuves.	Demi-bains.
Cerfs-volants.	Contre-espaliers.	Demi-dieux.
Chasse-chiens.	Contre-fenêtres.	Demi-heures.
Chasse-coquins.	Contre-fentes.	Demi-lunes
Chasse-cousin.	Contre-finesses.	Demi-métaux.
Chasse-marée.	Contre-fugues.	Demi-savants.
Chasse-mouches.	Contre-jour.	Doit-et-avoir.
Chats-huants.	Contre-lettres.	Doubles-feuilles.
Chauffe-cire.	Contre-maîtres.	Eaux-de-vie.
Chauffe-lit.	Contre-marches.	Eaux-fortes
Chausse-pied.	Contre-marée.	Entr'actes.
Chausses-trapes.	Contre-marques.	Entre-colonnes.
Chauves-souris.	Contre-ordres.	Entre-côtes.
Chefs-d'œuvre.	Contre-poison.	Entre-lignes.
Chefs-lieux.	Contre-révolutions.	Entre-nœuds.
Chênes-verts.	Contre-rondes.	Entre-sourcils.
Chevau-légers.	Contre-ruses.	Entre-deux.
Chèvre-feuilles (un ou des).	Contre-vérités.	Entre-sol.
Chèvre-pieds.	Co-propriétaires.	Epines-vinettes.
Chiens-loups.	Coq-à-l'âne.	Essuie-mains.
Chiens-marins.	Cordons-bleus.	Ex-généraux.
Choux-fleurs.	Corps-de-gardes.	Fausses-fenêtres.
Choux-navets.	Corps-de-logis.	Fausses-portes.
Choux-raves.	Coupe-gorge.	Fausses-clefs.
Ciels-de-lit.	Coupe-jarret.	Faux-fuyants.
Ciels-de-tableau.	Coupe-pâte.	Faux-incidents.
Claires-voies (un ou des).	Courtes-bottes.	Faux-semblants.
Claque-oreilles.	Courtes-pailles.	Fêtes-Dieu.
Co-états.	Courtes-pointes.	Fier-à-bras.
Coiffes-jaunes.	Cous-de-pieds.	Fins de non recevoir (t. de palais).
Colin-maillard.	Couvre-chef.	Folles-enchères.
Contre-allées.	Couvre-feu.	Fort-vêtus.
Contre-amiraux.	Couvre-pieds.	Fourmis-lions.
Contre-appels.	Crève-cœur.	Francs-alleux.
Contre-basses.	Cric-crac (un).	Francs-réals (poires).
Contre-batteries.	Croc-en-jambes (un).	Francs-salés.
	Crocs-en-jambes.	
	Croque-notes (un).	

DES.

Francs-maçons.
Gagne-denier.
Gagne-pain.
Garde-bourgeoise (t. de palais).
Garde-boutique.
Gardes-champêtres.
Gardes-chasse.
Gardes-côtes.
Gardes-forestiers.
Gardes-magasins.
Gardes-marines.
Gardes-marteau.
Garde-noble.
Garde-notes.
Garde-vue.
Garde-manger.
Garde-robes.
Garde-feu.
Garde-meubles.
Gardes-malades.
Gâte-métier.
Gâte-pâte.
Gobe-mouches.
Gommes-guttes.
Gommes-résines.
Gorges-chaudes.
Gouttes-crampes.
Grands-maîtres.
Grands-pères (grand, sans apostrophe, suit toujours le sort de son substantif).
Grand'mères (grand, avec apostrophe, est toujours inv.).
Grand'messes.
Grands-oncles.
Grand'rues.
Grand'tantes.
Gras-doubles.
Gros-becs.
Gros-blancs.
Gros-textes (t. d'imp.)
Guets-apens.

DES.

Guide-âne.
Hausse-col.
Haut-à-bas.
Hauts-bords.
Haut-de-chausse (un).
Hauts-des-chausses (des).
Hautes-contre.
Hautes-cours.
Hautes-lices.
Hautes-futaies.
Hautes-tailles.
Hautes-payes.
Hauts-le-corps.
Havre-sacs.
Hors-d'œuvre.
Hôtels-Dieu.
In-dix-huit (in-douze, etc.).
Lave-mains.
Loups-cerviers.
Loups-garous.
Loups-marins.
Main-levée.
Maître-ès-arts (un).
Maîtres-ès-arts (des).
Mal-aise.
Mal-entendu.
Mal-être.
Messires-Jeans.
Meurt-de-faim.
Mezzo-Tinto.
Mi-août (on ne pluralise jamais les noms de mois).
Mi-carêmes.
Mille-pieds.
Mille-feuilles.
Mille-fleurs.
Mortes-saisons (des).
Non-payements.
Non-valeurs.
Opéra-comiques.
Orties-grièches.
Ouï-dire.

DES.

Outre-passes.
Pains-de-coucou (plantes).
Passe-debout.
Passe-droit.
Passe-paroles.
Passe-partout.
Passe-passe.
Passe-pied.
Passe-poil.
Passe-port.
Passe-temps.
Passe-velours.
Perce-neige.
Perce-oreille.
Perce-pierre ou passe-pierre (plante).
Pèse-liqueurs.
Petits-deuils, mésange du Cap, poisson (des).
Petits-maîtres.
Petits-neveux.
Petits-textes (terme d'imprim.).
Petites-nièces.
Pieds-d'alouette.
Pieds-de-biche, instr. de dentiste.
Pieds-de-bœuf.
Pieds-de-chat (plante).
Pieds-de-veau.
Pieds-droits (t. d'archit.).
Pieds-forts (monnaie).
Pied-à-terre.
Pieds-plats.
Pieds-bots.
Pies-grièches.
Pince-maille.
Pince-sans-rire.
Pique-nique.
Plains-chants.
Plats-bords.
Plates-bandes.

DES.	DES.	DES.
Plates-formes.	Pots-de-vin.	Sous-ententes.
Plats-pieds, ou	Pots-pourris.	Sous-fermes.
Pieds-plats.	Pour-boire.	Sous-lieutenants.
Pleure-misère.	Pousse-pieds (coquil-	Sous-locataires.
Ponts-neufs.	les).	Sous-maîtres (un ou
Ponts-bois.	Prête-nom.	des).
Porc-épics (un).	Quasi-contrats.	Sous-ordres.
Porcs-épics (des).	Quasi-délits.	Sous-préfets.
Porte-aiguille.	Quartiers – mestres	Sous-secrétaires.
Porte-arquebuse.	(maréchaux de	Sur-arbitres.
Porte-bougie.	logis).	Tailles-douces.
Porte-broche.	Qu'en-dira-t-on.	Tâte-vin.
Porte-clefs.	Quinze-vingts.	Taupes-grillons.
Porte-crayon.	Qui-va-là.	Terre-pleins.
Porte-croix.	Rabat-joie.	Tête-à-tête.
Porte-crosse.	Reines-claudes.	Têtes-cornues (pl.).
Porte-drapeau.	Remue-ménage.	Tire-balle.
Porte-enseigne.	Réveille-matin.	Tire-bottes.
Porte-étendard.	Revenants-bon (pro-	Tire-bouchon.
Porte-faix.	fits éventuels).	Tire-bourre.
Porte-huilier.	Rose-croix.	Tire-fond.
Porte-lettres.	Rouges-gorges.	Tire-lires.
Porte-lumière.	Saints-Augustins (t.	Tire-moëlle.
Porte-malheur.	d'imprim.).	Tire-pied.
Porte-manteau (offi-	Saintes-Barbes.	Toute-bonnes (pl.).
cier qui porte le	Sangs – de – dragon	Toute-saines (plantes
manteau devant les	(plante).	totalement bonnes).
princes).	Saufs-conduits.	Toute-épice.
Porte-manteaux(mor-	Savoir-faire.	Tou-tou (petit chien).
ceaux de bois qui	Savoir-vivre.	Tout-ou-rien (t.d'hor-
servent à suspendre	Semi-pensions.	logerie).
les manteaux).	Semi-tons.	Tragédies-opéra.
Porte-montres.	Sénatus-consultes.	Trente-et-un (jeu).
Porte-mousqueton.	Serre-ciseaux.	Trippes – madame
Porte-mouchettes.	Serre-file.	(herbe).
Porte-rames (t. de	Serre-papiers.	Trouble-fête.
manuf.).	Serre-tête.	Trous-madame (jeu).
Porte-respect.	Serre-point.	Va-nu-pieds.
Porte-vents (t. d'or-	Songe-creux.	Va-tout (t. de jeu).
ganiste).	Songe-malice.	Vade-mecum.
Porte – verge (be-	Souffre-douleur.	Vers – coquins (che-
deaux).	Sous-arbrisseaux.	nilles de vigne).
Porte-voix.	Sous-beaux.	Vers-luisants.
Post-scriptum.	Sous-barbe (t. de ma-	Vers-à-soie
Pots-au-feu.	réchalerie).	Vers-de-gris.

DES.	DES.	DES.
Vice-amiraux.	Vice-légats.	Vis-à-vis (voiture).
Vice-baillis.	Vice-présidents.	Vole-au-vent.
Vice-consuls.	Vice-rois.	
Vice-gérants.	Vice-reines.	

---

4. Substantifs placés après la préposition *à*.

AU SINGULIER.	AU PLURIEL.
Instrument à *anche*.	Souliers à *boucles*.
Des manches à *balai*.	Lunettes à *branches*.
Oiseau à *gros bec*.	Boîtes à *charnières*.
Un pays à *blé*.	Instrument à *cordes*.
Des cordes à *boyau*.	Halle aux *cuirs*.
Cartons à *chapeau*.	Diamant à *facettes*.
Cannes à *épée*.	Couler à *flots*.
Mettre à *flot*.	Suer à grosses *gouttes*.
Manches à *gigot*.	Serviette à *liteaux*.
Aller à *pied*.	Vêtement à *manches*.
Au *pied* d'un arbre.	Aux *pieds* de quelqu'un.
Prendre à *témoin*.	Une montre à *secondes*.
Tourner à tout *vent*.	Serpent à *sonnettes*.

---

5. Substantifs placés après la préposition *de*.

AU SINGULIER.	AU PLURIEL.
Des toiles *d'araignée*.	Huile *d'amandes* douces.
Des chefs *d'atelier*.	Pâté *d'anguilles*.
Des corps de *bâtiment*.	Ponts de *bateaux*.
Des jeux de *boule*.	Un coupeur de *bourses*.
Des filets de *chevreuil*.	Des bouts de *chandelles*.
Des échelles de *corde*.	Mal de *dents*.
Des marchands de *drap*.	Buisson *d'écrevisses*.
Des bonnes *d'enfant*.	Un peintre *d'enseignes*.
Des cochers de *fiacre*.	Un pot de *fleurs*.
Des coups de *griffe*.	Voleur de grands *chemins*.
Des touffes *d'herbe*.	Couronne *d'immortelles*.
Des peaux de *lapin*.	Cotte de *mailles*.
Des poignées de *main*.	Marchand de *nouveautés*.
Des bourdonnements *d'oreille*.	Des pendants *d'oreilles*.
Des têtes de *pavot*.	Livre de *prières*.
A tous les coins de *rue*.	Jeu de *quilles*.
Des billets de *spectacle*.	Bouquet de *roses*.

AU SINGULIER.	AU PLURIEL.
Des roulements de *tambour*.	L'esprit de *ténèbres*.
Des pieds de *veau*.	Panneau de *vitres*.
Des cartes de *visite*.	Flacon de *sels*.

---

6. Substantifs placés après les prépositions *à*, *de*, **dont le** *nombre* **est clairement déterminé.**

AU SINGULIER.	AU PLURIEL.
Lit de *plume*.	Paquet de *plumes*.
Touffe d'*herbe*.	Tisane d'*herbes*.
Contes de *bonne femme*.	Conte de *fées*.
Maître de *musique*.	Maître de *langues*.
Marchande de *poisson*.	Marchande de *harengs*.
Homme à *imagination*.	Homme à *préjugés*.
Fruit à *noyau*.	Fruit à *pépins*.
Natte de *jonc*.	Touffe de *roseaux*.
Champ d'*avoine*.	Champ de *fèves*.

III.

VERBES.

—

I. — VERBES PRONOMINAUX ESSENTIELS.

S'abstenir.	Se casser.	S'en aller.
S'accouder.	Se comporter.	S'enquérir.
S'accroupir.	Se défier.	S'enquêter.
S'acharner.	Se démener.	S'en retourner.
S'acheminer.	Se désister.	S'escrimer.
S'agenouiller.	Se dévergonder.	S'estomaquer.
S'adonner.	S'ébahir.	S'évader.
S'agriffer.	S'ébattre.	S'évanouir.
S'aheurter.	S'ébouler.	S'évaporer.
S'arroger.	S'écrouler.	S'évertuer.
S'attrouper.	S'embusquer.	S'extasier.
Se blottir.	S'emparer.	Se formaliser.
Se cabrer.	S'empresser.	Se gargariser.

Se gendarmer.
S'immiscer.
S'industrier.
S'ingénier.
S'ingérer.
Se mécompter.
Se méfier.
Se méprendre.

Se moquer.
S'opiniâtrer.
Se parjurer.
Se prosterner.
Se racquitter.
Se ratatiner.
Se raviser.
Se rebéquer.

Se rédimer.
Se renfrogner.
Se réfugier.
Se remparer.
Se rengorger.
Se repentir.
Se souvenir.
Se ressouvenir.

II. — VERBES IRRÉGULIERS.

1º Verbes irréguliers et défectifs de la première conjugaison.

Cette conjugaison n'a à proprement parler, en verbes irréguliers, que les verbes *aller*, *envoyer* et *renvoyer*, et en verbes défectifs elle n'a que *importer*, *résulter* et *neiger*.

Aller. — (1).

Dans le verbe s'en aller, l'auxiliaire se place entre le pronom *en* et le participe : je m'en suis allé ou allée.

Envoyer. — *Indicatif*. J'envoie, nous envoyons. *Imparfait*. J'envoyais, nous envoyions. *Parfait défini*. J'envoyai, nous envoyâmes. *Futur*. J'enverrai, nous enverrons. *Conditionnel*. J'enverrais, nous enverrions. *Impératif*. Envoie, envoyons, envoyez. *Subjonctif*. Que j'envoie, que nous envoyions. *Imparfait*. Que j'envoyasse, que nous envoyassions. *Participe présent*. Envoyant. *Participe passé*. Envoyé, envoyée.

Il en est de même de renvoyer. Mais convoyer, dévoyer, fourvoyer, louvoyer sont réguliers.

2º Verbes irréguliers et défectifs de la deuxième conjugaison.

Les verbes irréguliers et défectifs de la deuxième conjugaison sont en plus grand nombre.

Acquérir. (Verbe actif et irrégulier.) — *Indicatif*. J'acquiers,

1. Ce verbe est conjugué dans la Grammaire.

tu acquiers, il acquiert, nous acquérons, vous acquérez, ils acquièrent. *Imparfait.* J'acquérais, nous acquérions. *Parfait défini.* J'acquis, nous acquîmes. *Futur.* J'acquerrai, nous acquerrons. *Conditionnel.* J'acquerrais, tu acquerrais, nous acquerrions. *Impératif.* Acquiers, acquérons, acquérez. *Subjonctif.* Que j'acquière, que nous acquérions. *Imparfait.* Que j'acquisse, que nous acquissions. *Participe présent.* Acquérant. *Participe passé.* Acquis, acquise. Conjuguez de même conquérir, reconquérir, requérir, s'enquérir.

Assaillir. (Verbe actif et défectif.) — *Indicatif.* J'assaille, tu assailles, il assaille, nous assaillons, vous assaillez, ils assaillent. *Imparfait.* J'assaillais, nous assaillions. *Parfait défini.* J'assaillis, nous assaillîmes. *Futur.* J'assaillirai, nous assaillirons. *Conditionnel.* J'assaillirais, nous assaillirions. *Impératif.* Assaille, assaillons, assaillez. *Subjonctif.* Que j'assaille, que nous assaillions. *Imparfait.* Que j'assaillisse, que nous assaillissions. *Participe présent.* Assaillant. *Participe passé.* Assailli, assaillie.

La même particularité s'applique au verbe tressaillir.

Bouillir. (Verbe neutre et défectif.) — *Indicatif.* Je bous, tu bous, il bout, nous bouillons, vous bouillez, ils bouillent. *Imparfait.* Je bouillais, nous bouillions. *Parfait défini.* Je bouillis, nous bouillîmes, vous bouillîtes. *Futur.* Je bouillirai, nous bouillirons. *Conditionnel.* Je bouillirais, nous bouillirions. *Impératif.* Bous, bouillons, bouillez. *Subjonctif.* Que je bouille, que nous bouillions. *Imparfait.* Que je bouillisse, que nous bouillissions, *Participe présent.* Bouillant. *Participe passé.* Bouilli, bouillie.

Courir. (Verbe neutre et irrégulier.) — *Indicatif.* Je cours, tu cours, il court, nous courons, vous courez, ils courent. *Imparfait.* Je courais, nous courions. *Parfait défini.* Je courus, nous courûmes. *Futur.* Je courrai, nous courrons. *Conditionnel.* Je courrais, nous courrions. *Impératif.* Cours, courons, courez. *Subjonctif.* Que je coure, que nous courions. *Imparfait.* Que je courusse, que nous courussions. *Participe présent.* Courant. *Participe passé.* Couru, courue.

Conjuguez ainsi accourir.

Cueillir. (Verbe actif.) — *Indicatif.* Je cueille, tu cueilles, il cueille, nous cueillons, vous cueillez, ils cueillent. *Imparfait*. Je cueillais, nous cueillions. *Parfait défini*. Je cueillis, nous cueillîmes. *Futur*. Je cueillerai, nous cueillerons. *Conditionnel*. Je cueillerais, nous cueillerions. *Impératif*. Cueille, cueillons, cueillez. *Subjonctif*. Que je cueille, que nous cueillions. *Imparfait*. Que je cueillisse, que nous cueillissions. *Participe présent*. Cueillant *Participe passé*. Cueilli, cueillie. Les composés ont les mêmes irrégularités.

Dormir. (Verbe neutre.) — *Indicatif*. Je dors, tu dors, il dort, nous dormons, vous dormez ils dorment. *Imparfait*. Je dormais, nous dormions. *Parfait défini*. Je dormis, nous dormîmes. *Futur*. Je dormirai, nous dormirons. *Conditionnel*. Je dormirais, nous dormirions. *Impératif*. Dors, dormons, dormez. *Subjonctif*. Que je dorme, que nous dormions. *Imparfait*. Que je dormisse, que nous dormissions. *Participe présent*. Dormant. *Participe passé*. Dormi (invariable).

Conjuguez de même endormir et s'endormir qui ont le participe passé variable endormie.

Faillir. (Verbe neutre et défectif.) — *Indicatif*. Je faux, tu faux, il faut, nous faillons, vous faillez, ils faillent. *Imparfait*. Je faillais. *Parfait défini*. Je faillis. *Futur*. Je faudrai. *Participe présent*. Faillant. *Participe passé*. Failli (invariable) (1).

Défaillir a les mêmes temps, sauf le futur.

Férir. (Verbe actif et défectif.) — Ce verbe n'est usité qu'au présent de l'infinitif et dans cette locution : Sans coup férir.

Fuir. (Verbe actif et neutre.) — *Indicatif*. Je fuis, tu fuis, il fuit, nous fuyons, vous fuyez, ils fuient. *Imparfait*. Je fuyais, nous fuyions. *Parfait défini*. Je fuis, nous fuîmes. *Futur*. Je fuirai, tu fuiras, nous fuirons. *Conditionnel*. Je fuirais, nous fuirions. *Impératif*. Fuis, fuyons, fuyez. *Subjonctif*. Que je fuie, que nous fuyions. *Imparfait*. Que je fuisse, que nous fuissions. *Participe présent*. Fuyant. *Participe passé*. Fui, fuie.

Conjuguez de même s'enfuir.

1. Faillir est peu usité sous cette forme , l'usage tend de plus en plus à rendre ce verbe régulier. *Indicatif*. Je faillis, tu faillis, il faillit. *Imparfait*. Je faillissais , tu faillissais.

Gésir. (Verbe neutre et défectif.)—Ce verbe n'est usité seulement que dans ci-gît. *Indicatif.* Il gît, nous gisons, vous gisez, ils gisent. *Imparfait.* Je gisais. *Participe présent.* Gisant.

Mentir. (Verbe neutre.) — *Indicatif.* Je mens, tu mens, il ment, nous mentons, vous mentez, ils mentent. *Imparfait.* Je mentais. *Parfait défini.* Je mentis. *Futur.* Je mentirai. *Conditionnel.* Je mentirais. *Impératif.* Mens, mentons, mentez. *Subjonctif.* Que je mente, que nous mentions. *Imparfait.* Que je mentisse, que nous mentissions. *Participe présent.* Mentant. *Participe passé.* Menti (invariable).

Conjuguez de même démentir dont le participe passé est variable.

Mourir. (Verbe neutre.) — *Indicatif.* Je meurs, tu meurs, il meurt, nous mourons, vous mourez, ils meurent. *Imparfait.* Je mourais, nous mourions. *Parfait défini.* Je mourus, nous mourûmes. *Futur.* Je mourrai, tu mourras, nous mourrons. *Conditionnel.* Je mourrais, nous mourrions. *Impératif.* Meurs, mourons, mourez. *Subjonctif.* Que je meure, que nous mourions. *Imparfait.* Que je mourusse, que nous mourussions. *Participe présent* Mourant. *Participe passé.* Mort, morte.

Les temps composés prennent l'auxiliaire être.

Ouïr. (Verbe actif et défectif.) — Ce verbe n'est guère usité aujourd'hui qu'au participe passé ouï avec l'auxiliaire avoir et au présent de l'infinitif ouïr.

Les autres formes j'oyais, j'ouïs, oyons sont rares.

Ouvrir. (Verbe actif.) — *Indicatif.* J'ouvre, tu ouvres, nous ouvrons. *Imparfait.* J'ouvrais, nous ouvrions. *Parfait défini.* J'ouvris, nous ouvrîmes. *Futur.* J'ouvrirai, nous ouvrirons. *Conditionnel.* J'ouvrirais, nous ouvririons. *Impératif.* Ouvre, ouvrons, ouvrez. *Subjonctif.* Que j'ouvre, que nous ouvrions. *Imparfait.* Que j'ouvrisse, que nous ouvrissions. *Infinitif.* Ouvrir. *Participe présent.* Ouvrant. *Participe passé.* Ouvert, ouverte.

Conjuguez de même couvrir, découvrir, entr'ouvrir, recouvrir, rouvrir, souffrir, offrir, etc.

Partir. (Verbe neutre.) — *Indicatif.* Je pars, tu pars, il part, nous partons. *Imparfait*. Je partais, nous partions. *Parfait défini*. Je partis, nous partîmes. *Futur*. Je partirai, nous partirons. *Conditionnel*. Je partirais, nous partirions. *Impératif*. Pars, partons, partez. *Subjonctif*. Que je parte, que nous partions. *Imparfait*. Que je partisse, que nous partissions. *Participe présent*. Partant. *Participe passé*. Parti, partie.

Ainsi se conjuguent : repartir, de partir de nouveau et de répliquer ; mais répartir dans le sens de distribuer est régulier. Je répartis, je répartissais, nous répartissions.

Quérir. — Ce verbe ne s'emploie qu'à l'infinitif avec les verbes aller, renvoyer.

Repentir (se). — Comme mentir.

Saillir. (Verbe neutre et défectif.) — S'avancer en dehors, être en saillie. — Ce verbe ne s'emploie qu'aux trois personnes et aux temps suivants : *Indicatif*. Il saille, ils saillent. *Imparfait*. Il saillait, ils saillaient. *Futur*. Il saillira, ils sailliront. *Conditionnel*. Il saillirait, ils sailliraient.

Saillir. (Verbe neutre et défectif.) — Jaillir. — Ce verbe est régulier, mais ne s'emploie qu'aux troisièmes personnes et au *Présent de l'infinitif*. Il saillit, ils saillissent. *Imparfait*. Il saillissait, ils saillissaient. *Futur*. Il saillira, ils sailliront.

Sentir. (Verbe neutre.) — Comme mentir.

Servir. (Verbe actif.) — *Indicatif*. Je sers, tu sers, il sert, nous servons, vous servez, ils servent. *Imparfait*. Je servais, nous servions. *Parfait défini*. Je servis, nous servîmes. *Futur*. Je servirai, nous servirons. *Conditionnel*. Je servirais, nous servirions. *Impératif*. Sers, servons, servez. *Subjonctif*. Que je serve, que nous servions. *Imparfait*. Que je servisse, que nous servissions. *Participe présent*. Servant. *Participe passé*. Servi, servie.

Ainsi se conjugue desservir, mais asservir est régulier : j'asservis, j'asservissais.

Sortir. (Verbe actif et défectif.) — *Indicatif*. Je sors, tu sors, il sort, nous sortons, vous sortez, ils sortent. *Imparfait*. Je sortais, nous sortions. *Parfait défini*. Je sortis, nous sortîmes. *Futur*. Je sortirai, nous sortirions. *Conditionnel.* Je sortirais, nous sortirions. *Impératif.* Sors, sortons, sortez. *Subjonctif.* Que je sorte, que nous sortions. *Imparfait.* Que je sortisse, que nous sortissions. *Participe présent.* Sortant. *Participe passé.* Sorti, sortie.

Ainsi se conjugue ressortir dans le sens de sortir de nouveau ; mais ressortir dans le sens de dépendre de quelque juridiction est régulier.

Tenir. (Verbe actif.) — *Indicatif.* Je tiens, nous tenons. *Imparfait.* Je tenais, nous tenions. *Parfait défini.* Je tins, nous tînmes. *Futur.* Je tiendrai, nous tiendrons. *Conditionnel.* Je tiendrais, nous tiendrions. *Impératif.* Tiens, tenons, tenez. *Subjonctif.* Que je tienne, que nous tenions. *Imparfait.* Que je tinsse, que nous tinssions. *Participe présent.* Tenant. *Participe passé.* Tenu, tenue.

Ainsi se conjuguent : s'abstenir, appartenir, soutenir, maintenir.

Venir. (Verbe neutre.)

Ce verbe et ses composés se conjuguent comme tenir ; venir prend l'auxiliaire être.

Vêtir. (Verbe actif et défectif.) — *Indicatif.* Je vêts, tu vêts, il vêt, nous vêtons, vous vêtez, ils vêtent. *Imparfait.* Je vêtais, nous vêtions. *Parfait défini.* Je vêtis, nous vêtîmes. *Futur.* Je vêtirai, nous vêtirons. *Conditionnel.* Je vêtirais, nous vêtirions. *Impératif.* Vêts, vêtons, vêtez. *Subjonctif.* Que je vête, que nous vêtions. *Imparfait.* Que je vêtisse, que nous vêtissions. *Participe présent.* Vêtant. *Participe passé.* Vêtu, vêtue

Les composés revêtir et dévêtir se conjuguent de même.

3° Verbes irréguliers et défectifs de la troisième conjugaison.

Les verbes irréguliers et défectifs de la 3° conjugaison sont très-nombreux.

Le verbe actif et auxiliaire avoir appartient à cette conjugaison. C'est un des plus irréguliers.

Apparoir. — Ce verbe n'est d'usage qu'à l'infinitif avec le verbe faire.

Il a fait apparoir de son bon droit ; et à la 3e personne singulière de l'indicatif, où il ne s'emploie qu'impersonnellement.

Il appert. C'est un terme de palais.

Asseoir. (Verbe actif.) — *Indicatif*. J'assieds, tu assieds, il assied, nous asseyons, vous asseyez, ils asseyent. *Imparfait*. J'asseyais, nous asseyions. *Parfait défini*. J'assis, nous assîmes. *Futur*. J'assiérai, nous assiérons. *Conditionnel*. J'assiérais, nous assiérions ou nous asseyerions. *Impératif*. Assieds, asseyons, asseyez. *Subjonctif*. Que j'asseye, que nous asseyons. *Imparfait*. Que j'assisse, que nous assissions. *Participe présent*. Asseyant. *Participe passé*. Assis, assise.

On dit aussi, mais rarement : J'assois, il assoit, nous assoyons, vous assoyez, ils assoient. *Imparfait*. J'assoyais. *Futur*. J'assoirai. *Impératif*. Assois, assoyez. *Subjonctif*. Que j'assoie. *Participe présent*. Assoyant.

Choir. (Verbe neutre et défectif.)

Ce verbe n'est usité qu'à l'infinitif, et quelquefois au participe passé. Chu, chue.

Comparoir. — Ce verbe ne s'emploie qu'à l'infinitif et ne se dit qu'au palais. Être assigné à comparoir.

Déchoir. (Verbe neutre et défectif.) — *Indicatif*. Je déchois, tu déchois, il déchoit, nous déchoyons, vous déchoyez, ils déchoient. (Sans imparfait). *Parfait défini*. Je déchus, nous déchûmes. *Futur*. Je décherrai, nous décherrons. *Subjonctif*. Que je déchoie, que nous déchoyons. *Imparfait*. Que je déchusse, que nous déchussions. *Participe passé*. Déchu, déchue. (Sans participe présent.)

Les temps composés prennent avoir ou être.

Devoir. (Verbe actif.) — *Indicatif*. Je dois, tu dois, il doit, nous devons, vous devez, ils doivent. *Imparfait*. Je devais. *Parfait défini*. Je dus. *Futur*. Je devrai. *Conditionnel*. Je devrais, nous devrions. *Subjonctif*. Que je doive. *Imparfait*. Que je dusse. *Participe présent*. Devant. *Participe passé*. Dû, due.

Echoir. (Verbe neutre et défectif.)

An présent de l'indicatif, ce verbe n'est usité qu'à la troisième personne du singulier, il échoit. Autres temps usités. *Parfait défini.* J'échus. *Futur.* J'écherrai, nous écherrons. *Conditionnel.* J'écherrais. *Subjonctif.* Que j'échusse. *Participe présent.* Echéant. *Participe passé.* Échu, Échue.

Les temps composés prennent l'auxiliaire être.

Falloir. (Verbe unipersonnel défectif.) — *Indicatif.* Il faut. *Imparfait.* Il fallait. *Parfait défini.* Il fallut. *Parfait indéfini.* Il a fallu. *Futur.* Il faudra. *Conditionnel.* Il faudrait. *Subjonctif.* Qu'il faille. *Imparfait.* Qu'il fallût. *Participe passé.* Fallu (invariable).

Mouvoir. (Verbe actif.) — *Indicatif.* Je meus, tu meus, il meut, nous mouvons, vous mouvez, ils meuvent. *Imparfait.* Je mouvais, nous mouvions. *Parfait défini.* Je mus, nous mûmes. *Futur.* Je mouvrai, nous mouvrons. *Conditionnel.* Je mouvrais, nous mouvrions. *Impératif.* Meus, mouvons, mouvez. *Subjonctif.* Que je meuve, que nous mouvions. *Imparfait.* Que je musse, que nous mussions. *Participe présent.* Mouvant. *Participe passé.* Mû, mue.

Ainsi se conjuguent émouvoir ; promouvoir n'est guère usité qu'à l'infinitif passé, promu, et aux temps composés.

Pleuvoir. (Verbe unipersonnel et défectif.) — *Indicatif.* Il pleut. *Imparfait.* Il pleuvait. *Parfait défini.* Il plut. *Parfait indéfini.* Il a plu. *Futur.* Il pleuvra. *Conditionnel.* Il pleuvrait. *Subjonctif.* Qu'il pleuve. *Imparfait.* Qu'il plût. *Participe présent.* Pleuvant. *Participe passé.* Plu.

Au figuré, ce verbe peut avoir la troisième personne du pluriel. Les coups pleuvent sur lui.

Pourvoir. (Verbe neutre.) — *Indicatif.* Je pourvois, nous pourvoyons. *Imparfait.* Je pourvoyais, nous pourvoyions. *Parfait défini.* Je pourvus, nous pourvûmes. *Futur.* Je pourvoirai, nous pourvoirons. *Conditionnel.* Je pourvoirais, nous pourvoirions. *Impératif.* Pourvois, pourvoyions, pourvoyez. *Subjonctif.* Que je pourvoie, que nous pourvoyions. *Imparfait.* Que je pourvusse, que nous pourvussions. *Participe présent.* Pourvoyant. *Participe passé.* Pourvu, pourvue.

Pouvoir. (Verbe actif et défectif.) — *Indicatif.* Je peux ou je puis. *Imparfait.* Je pouvais, nous pouvions. *Parfait défini.* Je pus. *Futur.* Je pourrai, nous pourrons. *Conditionnel.* Je pourrais, nous pourrions. (Point d'impératif.) *Subjonctif.* Que je puisse. *Imparfait.* Que je pusse, que nous pussions. *Participe présent.* Pouvant. *Participe passé.* Pu (invariable). Avec l'interrogation, on dit puis-je, et non peux-je?

Ravoir. — Ce verbe n'est usité qu'à l'infinitif.

Savoir. (Verbe actif.) — *Indicatif.* Je sais, nous savons, vous savez, ils savent. *Imparfait.* Je savais, nous savions. *Parfait défini.* Je sus. *Futur.* Je saurai. *Conditionnel.* Je saurais. *Impératif.* Sache, sachons, sachez. *Subjonctif.* Que je sache, que nous sachions. *Imparfait.* Que je susse. *Participe présent.* Sachant. *Participe passé.* Su, sue.

Séoir. (Verbe neutre.) — (Résider, être placé, situé.) Ce verbe ne s'emploie qu'aux participes, séant, sis, sise.

Séoir. (Verbe neutre.) — (Être convenable.) Ce verbe n'est usité qu'aux troisièmes personnes des temps suivants : *Indicatif.* Il sied, ils siéent. *Imparfait.* Il seyait, ils seyaient. *Futur.* Il siéra, ils siéront. *Conditionnel.* Il siérait, ils siéraient. *Subjonctif.* Qu'il siée, qu'ils siéent. *Participe présent.* Seyant.

Surseoir. (Verbe actif et défectif.) — *Indicatif.* Je sursois, nous sursoyons. *Imparfait.* Je sursoyais, nous sursoyions. *Parfait défini.* Je sursis, nous sursîmes. *Futur.* Je surseoirai, nous surseoirons. *Conditionnel.* Je surseoirais, nous surseoirions. (Pas d'impératif ni de subjonctif présent.) *Imparfait.* Que je sursisse, que nous sursissions. *Participe présent.* Sursoyant. *Participe passé.* Sursis, sursise.

Valoir. (Verbe neutre et défectif.) — *Indicatif.* Je vaux, nous valons. *Imparfait.* Je valais, nous valions. *Parfait défini.* Je valus, nous valûmes. *Futur.* Je vaudrai, nous vaudrons. *Conditionnel.* Je vaudrais, nous vaudrions. (Point d'impératif.) *Subjonctif.* Que je vaille, que nous valions. *Imparfait.* Que je valusse, que nous valussions. *Participe présent.* Valant. *Participe passé.* Valu, value.

Conjuguer de même équivaloir, prévaloir. Ce dernier fait, au subjonctif présent, que je prévale.

Voir. (Verbe actif.) — *Indicatif.* Je vois, nous voyons. *Imparfait.* Je voyais, nous voyions. *Parfait défini.* Je vis, nous vîmes. *Futur.* Je verrai, nous verrons. *Conditionnel.* Je verrais, nous verrions. *Impératif.* Vois, voyons, voyez. *Subjonctif.* Que je voie, que nous voyions. *Imparfait.* Que je visse, que nous vissions. *Participe présent.* Voyant. *Participe passé.* Vu, vue.

Conjuguez ainsi prévoir et entrevoir. Prévoir fait, au futur et au conditionnel : Je prévoirai, je prévoirais.

Vouloir. (Verbe neutre actif et défectif.) — *Indicatif.* Je veux, tu veux, il veut, nous voulons, vous voulez, ils veulent. *Imparfait.* Je voulais, nous voulions. *Parfait défini.* Je voulus, nous voulûmes. *Futur.* Je voudrai, nous voudrons. *Conditionnel.* Je voudrais, nous voudrions. *Impératif.* Veux, voulons, voulez, veuillez. *Subjonctif.* Que je veuille, que nous voulions. *Imparfait.* Que je voulusse, que nous voulussions. *Participe présent.* Voulant. *Participe passé.* Voulu, voulue.

Des deux impératifs, veux, voulez, veuille, veuillez, le premier, plus rare, exprime le commandement, l'exhortation. Le second exprime le désir.

4° Verbes irréguliers et défectifs de la quatrième conjugaison.

Absoudre. (Verbe actif et défectif.) — *Indicatif présent.* J'absous, nous absolvons. *Imparfait.* J'absolvais, nous absolvions. (Pas de parfait défini.) *Futur.* J'absoudrai, nous absoudrons. *Conditionnel.* J'absoudrais, nous absoudrions. *Impératif.* Absous, absolvons, absolvez. *Subjonctif.* Que j'absolve, que nous absolvions. (Pas d'imparfait du subjonctif.) *Participe présent.* Absolvant. *Participe passé.* absous, absoute.

Conjuguez de même *dissoudre*. (Voir le mot *résoudre*.)

Accroire. — Ce verbe est actif et défectif, et n'est guère employé qu'à l'infinitif.

Atteindre. (Verbe actif et neutre.) — *Indicatif présent.* J'atteins, nous atteignons. *Imparfait.* J'atteignais, nous atteignions. *Parfait défini.* J'atteignis, nous atteignîmes. *Futur.* J'atteindrai, nous atteindrons. *Conditionnel.* J'atteindrais, nous atteindrions. *Impératif.* Atteins, atteignons, atteignez. *Subjonctif.* Que j'atteigne, que nous atteignions. *Imparfait.* Que j'atteignisse, que nous atteignissions. *Participe présent.* Atteignant. *Participe passé.* Atteint, atteinte.

Conjuguer de même les verbes en *eindre, oindre* et *aindre*.

Battre. (Verbe actif et irrégulier.) — *Indicatif présent.* Je bats, tu bats, il bat, nous battons, vous battez, ils battent. *Imparfait.* Je battais, nous battions. *Parfait défini.* Je battis, nous battîmes. *Futur.* Je battrai, nous battrons. *Conditionnel.* Je battrais, nous battrions. *Impératif.* Bats, battons, battez. *Subjonctif.* Que je batte, que nous battions. *Imparfait.* Que je battisse, que nous battissions. *Participe.* Battant ; battu, battue.

Boire. (Verbe actif et irrégulier.) — *Indicatif présent.* Je bois, tu bois, il boit, nous buvons, vous buvez, ils boivent. *Imparfait.* Je buvais, nous buvions. *Parfait défini.* Je bus, nous bûmes. *Futur.* Je boirai, nous boirons. *Conditionnel.* Je boirais, nous boirions. *Impératif.* Bois, buvons, buvez. *Subjonctif.* Que je boive, que nous buvions, que vous buviez, qu'ils boivent. *Imparfait.* Que je busse, que nous bussions. *Participe.* Buvant ; bu, bue.

Braire. (Verbe actif et irrégulier.) — *Indicatif présent.* Il brait, ils braient. *Imparfait.* Il brayait, ils brayaient. *Futur.* Il braira, ils brairont. *Subjonctif.* Qu'il braye, qu'ils brayent. *Participe.* Brayant.

Les autres temps et les autres personnes sont inusités.

Bruire. (Verbe neutre, irrégulier et défectif.) — *Indicatif présent.* Il bruit. *Imparfait.* Il bruyait, ils bruyaient.

Quelques auteurs écrivent, au présent de l'indicatif : les flots bruyent, les insectes bruissent.

Ceindre. — Comme Atteindre.

Clore. (Verbe actif, irrégulier et défectif.)—*Indicatif présent*. Je clos, tu clos, il clôt. (Point de pluriel.) *Futur*. Je clorai, nous clorons. *Conditionnel*. Je clorais, nous clorions. *Impératif*. Clos. *Participe passé*. Clos, close.

Tous les temps composés qui en sont formés sont inusités.

Conjuguez de même enclore.

Conclure. (Verbe actif.) — *Indicatif présent*. Je conclus, nous concluons. *Imparfait*. Je concluais, nous concluïons. *Parfait défini*. Je conclus, nous conclûmes. *Futur*. Je conclurais, nous conclurons. *Conditionnel*. Je conclurais, nous conclurions. *Impératif*. Conclus, concluons. *Subjonctif*. Que je conclue, que nous concluïons. *Imparfait*. Que je conclusse, que nous conclussions. *Participe présent*. Concluant. *Participe passé*. Conclu, conclue.

Conduire. (Verbe actif.) — *Indicatif présent*. Je conduis, nous conduisons. *Imparfait*. Je conduisais, nous conduisions. *Parfait défini*. Je conduisis, nous conduisîmes. *Futur*. Je conduirai, nous conduirons. *Conditionnel*. Je conduirais, nous conduirions. *Impératif*. Conduis, conduisons. *Subjonctif*. Que je conduise, que nous conduisions. *Imparfait*. Que je conduisisse, que nous conduisissions. *Participe présent*. Conduisant. *Participe passé*. Conduit, conduite.

Ainsi se conjuguent les verbes en *uire*, excepté bruire, luire, nuire.

Confire. (Verbe actif et irrégulier.) — *Indicatif présent*. Je confis, nous confisons. *Imparfait*. Je confisais, nous confisions. *Parfait défini*. Je confis, nous confîmes. *Passé indéfini*. J'ai confit. *Futur*. Je confirai, nous confirons. *Impératif*. Confis, confisons. *Participe présent*. Confisant. *Participe passé*. Confit, confite.

L'imparfait du subjonctif est inusité.

Connaître. (Verbe actif, neutre et irrégulier.) — *Indicatif*. Je connais, il connaît. *Imparfait*. Je connaissais, nous connaissions. *Parfait défini*. Je connus, nous connûmes. *Futur*. Je connaîtrai, nous connaîtrons. *Conditionnel*. Je connaîtrais, nous connaîtrions. *Impératif*. Connais, connaissons. *Subjonctif*. Que je connaisse, que nous connaissions. *Imparfait*. Que je connusse, que nous connussions. *Participe présent*. Connaissant. *Participe passé*. Connu, connue.

Conjuguez ainsi les composés méconnaître, reconnaître.

Construire. — Comme Conduire.

Contraindre. — Comme Atteindre.

Coudre. (Verbe actif et irrégulier.) — *Indicatif*. Je couds, tu couds, il coud, nous cousons, vous cousez, ils cousent. *Imparfait*. Je cousais, nous cousions. *Parfait défini*. Je cousis, nous cousîmes. *Futur*. Je coudrai, nous coudrons. *Conditionnel*. Je coudrais, nous coudrions. *Impératif*. Couds, cousons. *Subjonctif*. Que je couse, que nous cousions. *Imparfait*. Que je cousisse, que nous cousissions. *Participe présent*. Cousant. *Participe passé*. Cousu, cousue.

De même découdre, recoudre.

Craindre. — Comme Atteindre.

Croire. (Verbe actif.) — *Indicatif*. Je crois, tu crois, il croit, nous croyons, vous croyez, ils croient. *Imparfait*. Je croyais, nous croyions. *Parfait défini*. Je crus, nous crûmes. *Futur*. Je croirai, nous croirons. *Conditionnel*. Je croirais, nous croirions. *Impératif*. Crois, croyons. *Subjonctif*. Que je croie, que nous croyions. *Imparfait*. Que je crusse, que nous crussions. *Participe présent*. Croyant. *Participe passé*. Cru, crue.

Croître. (Verbe neutre.) — *Indicatif*. Je crois, tu crois, il croît, nous croissons, vous croissez, ils croissent. *Imparfait*. Je croissais, nous croissions. *Parfait défini*. Je crûs, nous crûmes. *Futur*. Je croîtrai, nous croîtrons. *Conditionnel*. Je croîtrais, nous croîtrions. *Impératif*. Crois, croissons. *Subjonctif*. Que je croisse, que nous croissions. *Imparfait*. Que je crusse, que nous crussions. *Participe présent*. Croissant. *Participe passé*. Crû, crue.

Les composés accroître, décroître ne prennent pas d'accent circonflexe au participe passé. Accru, décru.

Cuire, déduire. — Comme Conduire.

Dire. (Verbe actif.) — *Indicatif présent.* Je dis, nous disons, vous dites, ils disent. *Imparfait.* Je disais, nous disions. *Parfait défini.* Je dis, nous dîmes. *Futur.* Je dirai, nous dirons. *Conditionnel.* Je dirais, nous dirions. *Impératif.* Dis, disons, dites. *Subjonctif.* Que je dise, que nous disions. *Participe présent.* Disant. *Participe passé.* Dit, dite.

Redire est le seul de tous les composés de dire qui se conjugue absolument de même.

Contredire, dédire, interdire, médire, prédire font à la troisième personne pluriel du présent de l'*indicatif* : Vous contredisez, vous dédisez, etc. ; mais à l'*impératif* ils se conjuguent comme dire : Contredites-moi si vous l'osez. Maudire fait : Nous maudissons. vous maudissez, ils maudissent. *Imparfait.* Je maudissais, tu maudissais, etc. *Impératif.* Maudis, maudissons, maudissez. *Participe.* Maudissant.

Eclore. (Verbe neutre, irrégulier et défectif.)

Ce verbe n'est usité qu'à l'infinitif et aux troisièmes personnes de quelques temps.

Indicatif. Il éclot, ils éclosent. *Futur.* Il éclora, ils écloront, *Conditionnel.* Il éclorait, ils écloraient. *Subjonctif.* Qu'il éclose, qu'ils éclosent. *Participe.* Eclos, éclose.

Les temps composés prennent l'auxiliaire être ; ils sont usités seulement aux troisièmes personnes.

Écrire. (Verbe actif.) — *Indicatif.* J'écris, nous écrivons. *Imparfait.* J'écrivais, nous écrivions. *Parfait défini.* J'écrivis, nous écrivîmes. *Futur.* J'écrirai, nous écrirons. *Subjonctif.* Que j'écrive, que nous écrivions. *Imparfait.* Que j'écrivisse, que nous écrivissions. *Participe présent.* Écrivant *Participe passé.* Écrit, écrite.

Conjuguez de même les dérivés décrire, inscrire.

Faire. (Verbe actif.) — *Indicatif.* Je fais, tu fais, il fait, nous faisons, vous faites, ils font. *Imparfait.* Je faisais, nous faisions. *Parfait défini.* Je fis, nous fîmes. *Futur.* Je ferai, nous ferons. *Impératif.* Fais, faisons, faites. *Subjonctif.* Que je fasse, que nous fassions. *Imparfait*. Que je fisse, que nous fissions. *Participe présent*. Faisant. *Participe passé*. Fait, faite.

Ainsi se conjuguent : contrefaire, défaire, etc.

Parfaire et forfaire ne s'emploient qu'au présent de l'indicatif et aux temps composés. Malfaire et méfaire n'ont que le présent de l'infinitif.

Frire. (Verbe actif et neutre.) — Ce verbe n'est usité qu'aux personnes et aux temps suivants : *Indicatif*. Je fris, tu fris, il frit. *Futur*. Je frirai, tu friras, etc. *Impératif*. Fris. *Participe*. Frit, frite.

Instruire. — Comme Conduire.

Joindre. — Comme Atteindre.

Lire. (Verbe actif.) — *Indicatif*. Je lis, nous lisons. *Imparfait*. Je lisais, nous lisions. *Parfait défini*. Je lus, nous lûmes. *Futur*. Je lirai, nous lirons. *Conditionnel*. Je lirais, nous lirions. *Impératif*. Lis, lisons, lisez. *Subjonctif*. Que je lise, que nous lisions. *Imparfait*. Que je lusse, que nous lussions. *Participe présent*. Lisant. *Participe passé*. Lu, lue.

Ainsi se conjuguent les composés.

Luire. (Verbe neutre, défectif et irrégulier.) — *Indicatif*. Je luis, nous luisons. *Imparfait*. Je luisais, nous luisions. (Point de parfait défini et d'imparfait du subjonctif.) *Futur*. Je luirai, nous luirons. *Conditionnel*. Je luirais, nous luirions. *Impératif*. Luis, luisons. *Subjonctif*. Que je luise, que nous luisions. *Participe présent*. Luisant. *Participe passé*. Lui (invariable).

Reluire se conjugue de même.

Mettre. (Verbe actif.) — *Indicatif*. Je mets, nous mettons. *Imparfait*. Je mettais, nous mettions. *Parfait défini*. Je mis, nous mîmes. *Futur*. Je mettrai, nous mettrons. *Conditionnel*. Je mettrais, nous mettrions. *Impératif*. Mets, mettons, mettez. *Subjonctif*. Que je mette, que nous mettions. *Imparfait*. Que je misse, que nous missions. *Participe présent*. Mettant. *Participe passé*. Mis, mise.

Moudre. (Verbe actif.) — *Indicatif.* Je mouds, tu mouds, il moud, nous moulons, vous moulez, ils moulent. *Imparfait.* Je moulais, nous moulions. *Parfait défini.* Je moulus, nous moulûmes. *Futur.* Je moudrai, nous moudrons. *Conditionnel.* Je moudrais, nous moudrions. *Impératif.* Mouds, moulons. *Subjonctif.* Que je moule, que nous moulions. *Imparfait.* Que je moulusse, que nous moulussions. *Participe présent.* Moulant. *Participe passé.* Moulu, moulue.

Naître. (Verbe neutre.) — *Indicatif.* Je nais, tu nais, il naît, nous naissons, vous naissez, ils naissent. *Imparfait.* Je naissais, nous naissions. *Parfait défini.* Je naquis, nous naquîmes. *Futur.* Je naîtrai, nous naîtrons. *Conditionnel.* Je naîtrais, nous naîtrions. *Impératif.* Nais, naissons. *Subjonctif.* Que je naisse, que nous naissions. *Imparfait.* Que je naquisse, que nous naquissions. *Participe présent.* Naissant. *Participe passé.* Né, née.

Ainsi se conjugue renaître.

Nuire. (Verbe neutre défectif et irrégulier.) — *Indicatif.* Je nuis, nous nuisons. *Imparfait.* Je nuisais, nous nuisions. *Parfait défini.* Je nuisis, nous nuisîmes. *Futur.* Je nuirai, nous nuirons. *Conditionnel.* Je nuirais, nous nuirions. *Impératif.* Nuis, nuisons. *Subjonctif.* Que je nuise, que nous nuisions. *Imparfait.* Que je nuisisse, que nous nuisissions. *Participe présent.* Nuisant. *Participe passé.* Nui (invariable).

Oindre. — Comme Atteindre.

Paître. (Verbe actif et défectif.) — *Indicatif.* Je pais, il pait, nous paissons. *Imparfait.* Je paissais, nous paissions. *Futur.* Je paîtrai, nous paîtrons. *Conditionnel.* Je paîtrais, nous paîtrions. *Impératif.* Pais, paissons. *Subjonctif.* Que je paisse, que nous paissions. *Participe.* Paissant.

Les autres temps ne sont pas usités.

Repaître a de plus : je repus, j'ai repu, que je repusse, repu, repue.

Paraître. — (Verbe neutre irrégulier et défectif.) — *Indicatif.* Je parais, il paraît, nous paraissons. *Imparfait.* Je paraissais, nous paraissions. *Parfait défini.* Je parus, nous parûmes. *Futur.* Je paraîtrai, nous paraîtrons. *Conditionnel.* Je paraîtrais, nous paraîtrions. *Impératif.* Parais, paraissons. *Subjonctif.* Que je paraisse, que nous paraissions. *Imparfait.* Que je parusse, que nous parussions. *Participe présent.* Paraissant. *Participe passé.* Paru (invariable).

Ce verbe se conjugue avec l'auxiliaire avoir. Apparaître et disparaître prennent les deux auxiliaires et ont le participe passé variable.

Peindre, plaindre. — Comme Atteindre.

Plaire. (Verbe neutre.) — *Indicatif.* Je plais, il plaît, nous plaisons. *Imparfait.* Je plaisais, nous plaisions. *Parfait défini.* Je plus, nous plûmes. *Futur.* Je plairai, nous plairons. *Conditionnel.* Je plairais, nous plairions. *Impératif.* Plais, plaisons. *Subjonctif.* Que je plaise, que nous plaisions. *Imparfait.* Que je plusse, que nous plussions. *Participe présent.* Plaisant. *Participe passé.* Plu (invariable).

Conjuguez de même complaire et déplaire.

Poindre. (Peu usité.) — Comme Atteindre.

Prendre. (Verbe actif.) — *Indicatif.* Je prends, tu prends, il prend, nous prenons, vous prenez, ils prennent. *Imparfait.* Je prenais, nous prenions. *Parfait défini.* Je pris, nous prîmes. *Futur.* Je prendrai, nous prendrons. *Conditionnel.* Je prendrais, nous prendrions. *Impératif.* Prends, prenons. *Subjonctif.* Que je prenne, que nous prenions. *Imparfait.* Que je prisse, que nous prissions. *Participe présent.* Prenant. *Participe passé.* Pris, prise.

Ainsi se conjuguent apprendre, comprendre.

Résoudre. — Comme Absoudre.

Il y a, en outre, le *parfait défini* : Je résolus, tu résolus, etc. L'*imparfait du subjonctif.* Que je résolusse, etc. Et le *participe passé.* Résolue, résolu ; avec une seconde forme : résous, résoute, en parlant de choses qui se changent en d'autres : brouillard résous en pluie.

Rire. (Verbe neutre et défectif.)—*Indicatif*. Je ris, tu ris, il rit, nous rions, vous riez, ils rient. *Imparfait*. Je riais, nous riions. *Parfait défini*. Je ris, nous rîmes. *Futur*. Je rirai, nous rirons. *Conditionnel*. Je rirais, nous ririons. *Subjonctif*. Que je rie, que nous riions. *Imparfait*. Que je risse, que nous rissions. *Participe*. Ri (invariable).

Ainsi se conjugue sourire.

Sourdre. — Ce verbe n'est usité qu'à l'infinitif.

Suffire. (Verbe neutre et défectif.) — Comme confire, excepté au *participe passé*, suffi.

Suivre. (Verbe actif.) — *Indicatif*. Je suis, tu suis, il suit, nous suivons, vous suivez, ils suivent. *Imparfait*. Je suivais, nous suivions. *Parfait défini*. Je suivis, nous suivîmes. *Futur*. Je suivrai, nous suivrons. *Conditionnel*. Je suivrais, nous suivrions. *Impératif*. Suis, suivons, suivez. *Subjonctif*. Que je suive, que nous suivions. *Imparfait*. Que je suivisse, que nous suivissions. *Participe présent*. Suivant. *Participe passé*. Suivi, suivie.

Conjuguez de même poursuivre. S'ensuivre ne s'emploie qu'à la troisième personne du singulier et du pluriel.

Taire. (Verbe actif.) — *Indicatif*. Je tais, tu tais, il tait, nous taisons, vous taisez, ils taisent. *Imparfait*. Je taisais, nous taisions. *Parfait défini*. Je tus, nous tûmes. *Futur*. Je tairai, nous tairons. *Conditionnel*. Je tairais, nous tairions. *Impératif*. Tais, taisons. *Subjonctif*. Que je taise, que nous taisions. *Imparfait*. Que je tusse, que nous tussions. *Participe présent*. Taisant. *Participe passé*. Tu, tue.

Traire. (Verbe actif et défectif.) — *Indicatif*. Je trais, tu trais, il trait, nous trayons, vous trayez, ils trayent. *Imparfait*. Je trayais, nous trayions. (Point de *parfait défini* et d'*imparfait du subjonctif*.) *Futur*. Je trairai, nous trairons. *Conditionnel*. Je trairais, nous trairions. *Impératif*. Trais, trayons. *Subjonctif*. Que je traie, que trayions. *Participe présent*. Trayant. *Participe passé*. Trait, traite.

Ainsi se conjuguent les composés de traire.

Vaincre. (Verbe actif irrégulier et défectif.) — *Indicatif*. Je vaincs, tu vaincs, il vainc, nous vainquons, vous vainquez, ils vainquent. *Imparfait*. Je vainquais, nous vainquions. *Parfait défini*. Je vainquis, nous vainquîmes. *Futur*. Je vaincrai, nous vaincrons. *C nditionnel*. Je vaincrais, nous vaincrions. *Impératif*. Vaincs, vainquons. *Subjonctif*. Que je vainque, que nous vainquions. *Imparfait*. Que je vainquisse, que nous vainquissions. *Participe présent*. Vainquant. *Participe passé*. Vaincu, vaincue.

Vivre. (Verbe neutre et défectif.) — *Indicatif*. Je vis, tu vis, il vit, nous vivons, vous vivez, ils vivent. *Imparfait*. Je vivais, nous vivions. *Parfait défini*. Je vécus, nous vécûmes. *Futur*. Je vivrai, nous vivrons. *Conditionnel*. Je vivrais, nous vivrions. *Impératif*. Vis, vivons, vivez. *Subjonctif*. Que je vive, que nous vivions. *Imparfait*. Que je vécusse, que nous vécussions. *Participe présent*. Vivant. *Participe passé*. Vécu (invariable).

Revivre et survivre se conjuguent de même.

IV.

LOCUTIONS VICIEUSES.

NE DITES PAS :	DITES :
En agir bien, en agir mal (1).	Agir bien, agir mal.
Ainsi donc, vous avez tort.	Ainsi, vous avez tort.
Aussitôt son départ.	Aussitôt après son départ.
Comme de juste.	Comme il est juste.
Conséquente (affaire).	Importante affaire.
Déhonté.	Éhonté.
Embrouillamini.	Brouillamini.
En outre de cela.	Outre cela.
Acabit (poire d'une bonne).	D'un bon acabit.
Aéromètre (pèse-liqueur).	Aréomètre.
C'est une faute *d'inattention*.	C'est une faute d'attention.
Aigledon, aigredon.	Edredon.
Airé (un lieu bien).	Aéré (lieu bien).
Amicablement.	Amicalement.
Angola (chat).	Chat angora.
Apparution.	Apparition.
Apprentisse, apprentive (une).	Une apprentie.
Après écrire, lire, etc. (être).	Etre à écrire, à lire.
Après la porte (la clef est).	La clef est à la porte.
Il y a de la boue après votre robe.	Il y a de la boue à votre robe.
Mettez les chevaux après la voiture.	Mettez les chevaux à la voiture.
On est venu demander après vous.	On est venu vous demander.
Aréolithe.	Aérolithe.
Aréonaute.	Aéronaute.
Aréostat.	Aérostat.
Bailler aux corneilles.	Bayer aux corneilles.
Bonne heure (à).	De bonne heure.
Boulvari.	Hourvari.

1. Racine, dans la quatrième lettre qu'il adresse à son fils, fort jeune encore, le reprend de s'être servi de ces expressions. Cet illustre poëte savait combien il importe de s'appliquer dès l'enfance à éviter les locutions vicieuses.

NE DITES PAS :	DITES :
Brouine, brouillasse (il).	Il bruine. *Bruiner* se dit d'une petite pluie très-fine et ordinairement froide, qui tombe lentement : Il bruine, il ne pleut pas bien fort, il ne fait que bruiner.
Cacaphonie.	Cacophonie.
Cambuis.	Cambouis.
Caneçon (un).	Un caleçon.
Castonnade.	Cassonnade.
Casuel (le verre ou le cristal est).	Cassant ou fragile.
Cataclysse.	Cataclysme.
Célébrale (congestion).	Cérébrale.
Centaure (une voix de).	Une voix de stentor.
Changer de vêtements (se).	Changer de vêtements.
Chrusocale.	Chrysocale.
Cloque aux pieds, aux mains (une).	Une cloche, une ampoule, une vésicule aux pieds, aux mains.
Colidor (un long).	Un long corridor.
Combien du mois sommes-nous (le) ?	A quel quantième du mois sommes-nous ?
Comparition.	Comparution.
Compte de partir (Je).	Je compte partir.
Je compte que vous travaillerez bien.	J'aime à croire que vous travaillerez bien.
Confusionnez (vous me).	Vous me couvrez de confusion.
Contrevention.	Contravention.
Corporence.	Corpulence.
Coûte qui coûte.	Coûte que coûte.
Crainte qu'il vienne.	De crainte qu'il ne vienne.
Crasane (poire de).	Poire de crassane ou de crésane.
Cresson à la noix.	Cresson alénois.
Croche-pied (aller à).	Aller à cloche-pied.
Curer la vaisselle, un chaudron.	Ecurer la vaisselle, un chaudron.
Darte au visage (une)	Une dartre.
Décesse de pleurer (cet enfant ne) ; depuis ce matin cet homme ne décesse de travailler.	Cet enfant ne cesse de pleurer ; depuis ce matin cet homme ne cesse de travailler.
Définitif (en).	En définitive.

NE DITES PAS :	DITES :
Demande excuse (je vous).	Je vous fais, je vous présente mes excuses.
Dépersuader.	Dissuader.
Dernier adieu, argent donné comme arrhes d'un marché.	Denier à Dieu.
Désagrafer un manteau, un habit, une robe.	Dégrafer un manteau, un habit, une robe.
Deviens (J'en).	J'en viens.
Disparution.	Disparition.
Donnez-moi-z-en.	Donnez-m'en.
Echaffourée (une).	Une échauffourée.
Echarpe au doigt (une).	Une écharde.
Eléxir (c'est un).	C'est un élixir.
Embarras (faire ses).	Faire l'important, faire de l'embarras.
En est fait de moi (c').	C'est fait de moi.
Enflammation (une).	Une inflammation.
Envie l'un de l'autre (ils travaillent à l').	Ils travaillent à l'envi.
Errhes (donner des).	Donner des arrhes.
Espadron (large épée).	Espadon.
Esquilancie.	Esquinancie.
Evitez-moi cet ennui.	Epargnez-moi cet ennui.
Face le château (en).	En face du château.
Farce (un homme).	Un farceur.
Filigramme, ouvrage d'orfévrerie.	Filigrane.
Fixer (regarder) quelqu'un.	Regarder fixement, fixer ses regards sur.
Flanquette (à la bonne).	A la bonne franquette.
Fortuné (un homme).	Un homme riche.
Franchipane, franchipale.	Frangipane.
Fur et mesure (au), à fur et à mesure.	Au fur et à mesure, à fur et mesure.
Fut trouver son ami (il).	Il alla trouver son ami.
Geai (noir comme).	Noir comme jais, ou comme du jais (substance minérale très-noire).
Géane.	Géante.
Gisier ou gigier.	Gésier.
Goutte : cet enfant ressemble à son père comme deux gouttes d'eau.	Cet enfant et son père se ressemblent comme deux gouttes d'eau.

NE DITES PAS :	DITES :
Gradé de l'Académie.	Gradué.
Guère (il ne s'en est fallu de).	Il ne s'en est guère fallu.
Hustuberlu.	Hurluberlu.
Ici (en ce moment).	En ce moment-ci.
Idée lui a pris (l').	L'idée lui en est venue.
Invectiver quelqu'un.	Invectiver contre quelqu'un.
Jouir d'une mauvaise santé, d'une mauvaise réputation.	Avoir une mauvaise santé, une mauvaise réputation.
Jusque midi, jusques hier.	Jusqu'à midi, jusqu'à ou jusques à hier.
Laideronne (une petite).	Une petite laideron.
Levier (un) ou un lavier.	Un évier.
Lierre (pierre de).	Pierre de liais.
Linceuil.	Linceul.
Mairerie.	Mairie.
Maline (elle est bien).	Elle est bien maligne.
Marée en carême (comme), pour marquer l'arrivée d'une chose à temps fixe.	Comme mars en carême.
Mars en carême (comme), pour signifier en temps opportun.	Comme marée en carême.
Mégard (par).	Par mégarde.
Memorency.	Montmorency.
Mésentendu.	Un malentendu.
Midi précise.	Midi précis.
Midi (vers ou sur les).	Vers ou sur le midi.
Messi ou Misser-Jean (poire de).	Poire de Messire-Jean.
Montpernasse.	Montparnasse.
Moriginer.	Moréginer.
Nantille.	Lentille.
Outre de cela.	Outre cela.
Parfermier (un).	Un palefrenier.
Pariure (une).	Un pari, une gageure.
Perclue d'un bras, d'une jambe (une femme).	Une femme percluse.
Pointilleur.	Pointilleux.
Poturon.	Potiron.
Poumonique.	Pulmonique.
Promener aux Champs-Elysées (allons).	Allons nous promener aux Champs-Elysées. Se promener, dans le sens de marcher, aller, soit à pied, soit à cheval, soit en voiture, etc. — pour faire de

NE DITES PAS :	DITES :
	l'exercice ou pour se divertir, est verbe réfléchi, et ne peut par conséquent s'employer sans le pronom personnel complément.
Raiguiser.	Aiguiser ou aiguiser de nouveau.
Raisons avec quelqu'un (avoir des).	Avoir des contestations.
Rancuneux.	Rancunier.
Rappeler d'une chose (se), s'en rappeler.	Se rappeler une chose, se la rappeler (1).
Rapport à vous (je me tairai).	A cause de vous.
Rébarbaratif.	Rébarbatif.
Rebiffade.	Rebuffade.
Rebours (à la).	A rebours, au rebours.
Récipissé (un).	Un récépissé.
Recouvrir la santé, il a recouvert ses biens.	Recouvrer la santé ; il a recouvré ses biens.
Rémémorier.	Rémémorer.
Rémouler.	Rémoudre ou émoudre.
Revange.	Revanche.
Revoir (à), sorte de salutation.	Au revoir.
Rimoulade.	Rémoulade ou rémolade.
Ruelle de veau.	Rouelle de veau.
Rhumatisse.	Rhumatisme.
Saigner au nez (dans le sens de avoir une hémorragie nasale ou de manquer de résolution).	Saigner du nez.
Secoupe (une).	Une soucoupe.
Semouille.	Semoule.
Siau d'eau (un).	Un seau d'eau.
Sors d'être malade (je).	Je viens d'être malade.
Soupoudrer.	Saupoudrer.
Substanter (n'avoir pas de quoi se).	N'avoir pas de quoi se sustenter.
Sucrez-vous (voici votre café).	Voici votre café ; sucrez-le , ou sucrez votre café. Sucrer , mettre du sucre en masse ou en poudre dans quelque chose, est un verbe actif qui a toujours un nom de chose pour complément direct.

1. *Voir* Grammaire, page 141.

NE DITES PAS :	DITES :
Suplice (église Saint-).	Eglise Saint-Sulpice.
Sur le journal (j'ai lu).	J'ai lu dans le journal.
Tant pire.	Tant pis.
Tirement.	Tirage.
Tête d'oreiller.	Taie d'oreiller.
Touton (tourner comme un).	Tourner comme un toton.
Tout (une fois pour).	Une fois pour toutes.
Trayage, trayer, treiller.	Triage, trier.
Trémontade (perdre la).	Perdre la tramontane.
Trénière (rose) ou rose première.	Rose trémière.
Très-faim, très-soif (j'ai).	J'ai bien faim, bien soif.
Trésoriser.	Thésauriser.
Trichard.	Tricheur.
Un quelqu'un, un chacun.	Quelqu'un, chacun.
Un petit peu.	Un peu.
Usage (cette étoffe est d'un bon).	Est d'un bon user.
Vagistas (un).	Un vasistas.
Vermichelle.	Vermicelle ou vermicel.
Versicatoire (un), visicatoire.	Vésicatoire.
Vient (la semaine ou le mois qui).	La semaine prochaine, le mois prochain.
Vityver.	Vétyver.
Volte (faire la) aux cartes.	Faire la vole.
Vaille qui vaille.	Vaille que vaille.

V.

ÉTYMOLOGIE

DE QUELQUES MOTS DE LA GRAMMAIRE.

Absolu, adjectif, formé du latin *absolutus*, indépendant, libre de tout lien, complet. (Proposition absolue.)

Académie, substantif féminin, du nom d'*Academus*, dans la maison duquel Platon donnait ses leçons à Athènes.

Accord, substantif masculin, du latin *ad*, vers, et *cor*, cœur ; pris du grec *cordé*, corde d'instrument, convention, conformité de volonté, de sentiment, union de sons, concordance. (Syntaxe d'accord.)

Addition, substantif féminin, du latin *additio*, formé de *addo*, j'ajoute.

Adjectif, adjectif, du latin *adjectivus*, formé de *adjicere*, ajouter. (Adjectif, mot ajouté.)

Adverbe, substantif masculin, du latin *adverbium*, formé de *ad* auprès, et de *verbum*, verbe. (L'adverbe se place ordinairement auprès du verbe.)

Alphabet, substantif masculin, du nom des deux premières lettres grecques *alpha* et *béta* (a, b).

Analogie, substantif féminin, du grec *analogia*, rapport, conformité, ressemblance. (Il y a de l'analogie entre *f* et *v*, onsonnes dentales et labiales tout à la fois.)

Analyse, substantif féminin, du grec *analusis* (1), décomposition d'un corps, d'une proposition en toutes ses parties. (*Analyse grammaticale et logique*.)

---

1. Dans ce mot et dans les autres mots formés du grec, *u* se change en *y*.

Antécédent, substantif masculin, du latin *antecedens*, qui précède. (Le *qui* relatif s'accorde avec son antécédent, avec le substantif auquel il se rapporte.)

Apostrophe, substantif féminin, du grec *apostrophé*, détour; interpellation vive, signe d'élision. (L'honneur.)

Article, substantif masculin, du latin *articulus*, petit membre. (L'article est une des parties du discours.)

Athénée, substantif masculin, du grec *Athéné*, surnom donné à Minerve. (Réunion littéraire ou scientifique.)

Atome, substantif masculin, du grec *atomos*, indivisible à cause de sa petitesse. (Invisibles atomes.)

Attribut, substantif masculin, du latin *attributum*, ce qui se rattache à. (L'attribut du sujet, d'une proposition.)

Caractère, substantif masculin, du grec *charakter* (prononcez karactère); marque, figure dont on se sert dans l'écriture ou dans l'impression.

Circonflexe, adjectif, du latin *circonflexus*, recourbé. (Accent circonflexe.)

Circonstance, substantif féminin, du latin *circumstantia*, formé de *circum stare*, se tenir autour. (Particularité qui accompagne un fait.)

Circonstanciel, adjectif, qui marque une circonstance d'un fait, même étymologie que circonstance. (Complément circonstanciel.)

Collectif, adjectif, du latin *collectivus*, formé de *colligere*, recueillir, rassembler. (Mot collectif, la foule.)

Comparatif, adjectif et substantif, de comparer, en latin *comparativus*, formé de *comparare*, examiner, établir le rapport entre deux objets.

Complément, substantif masculin, de compléter, en latin *complementum*, ce qui s'ajoute à une chose pour la rendre complète, formé de *cum*, avec, et d'*implere*, remplir, rendre complet. (Le complément direct, etc.)

Concordance, substantif féminin, du latin *concordare*, être d'accord ; union, accord. (Concordance des temps.)

Conjonction, substantif féminin, du latin *conjunctio*, union ; formé de *conjungere*, joindre. (Lorsque, etc.)

Conjugaison, substantif féminin, du latin *conjugatio*, formé de *cum*, avec, et de *jugum*, joug ; ensemble des formes auxquelles le verbe est soumis dans une langue.

Conjuguer, verbe actif, même étymologie : *cum*, avec, et *jugum*, joug, assembler ; écrire ou réciter les temps d'un verbe dans l'ordre grammatical.

Consonne, substantif féminin, du latin *consona*, formé de *cum*, avec, et *sonare*, rendre un son ; lettre qui ne sonne qu'avec une autre appelée voyelle, *b*, *c*, *d*, etc.

Construction, substantif féminin, de construire, en latin *constructio*, formé de *construere*, bâtir, disposer, arranger ; arrangement des mots suivant l'ordre grammatical.

Contraction, substantif féminin, de contracter, en latin *contractio*, formé de *contrahere*, resserrer, unir ; réunion de deux lettres en une seule ou de deux mots en un seul. (De pour de les.)

Cynique, adjectif, du grec *kunikos*, de chien ; se dit des philosophes grecs qui reconnaissaient pour chef l'Athénien Antisthène ; ils affectaient un grand mépris pour la parure, les richesses, les arts et les sciences. (Diogène le Cynique.)

Défectif, adjectif, du latin *defectus*, manquer. (Verbes défectifs.)

Dérivé, adjectif, du latin *derivare*, s'écarter de, tirer son origine de. (Assujettissement est dérivé d'assujettir.)

Dialecte, substantif masculin, du grec *dialektos*, langage particulier d'une ville, d'une province.

Dialogue, substantif masculin, du grec *dia*, avec, entre, et *logos*, discours, conversation, entretien écrit.

Dictionnaire, substantif masculin, du latin *dictionnarium*, qui a le même sens.

Diphthongue, substantif féminin, du grec *diphthongos*, formé de *dis*, particule qui marque séparation, division, augmentation, négation, et de *phthongos*, son ; syllabe qui fait entendre deux sons distincts.

Discours, substantif masculin, du latin *discursus*, expression de la pensée par les mots. (Parties du discours.)

Disjonctif, adjectif, du latin *disjunctivus*, formé de la particule négative *dis* et de *jungere*, unir ; qui ne joint pas, qui désunit.

Elision, substantif féminin, du latin *elisio*, formé de *elidere*, couper, retrancher. (L'homme pour le homme.)

Ellipse, substantif féminin, du grec *elleipsis*, manquement ; suppression, dans une phrase, d'un ou de plusieurs mots. (Le pauvre a des peines ; le riche, des soucis. Après riche, on sous-entend *a*.)

Emission, substantif féminin, de émettre, en latin *emissio*, formé de *emittere*, émettre, envoyer ; mettre en circulation, envoyer. (Emission de voix.)

Emphase, du grec *emphasis* (on prononce emmephacisse). Affectation dans l'expression, le son, le geste. (Les Homère, les Virgile ; *les* est mis par emphase.)

Etymologie, du grec *etumologuia*, formé d'*etumos*, vrai, et de *logos*, mot, discours ; origine d'un mot, source dont il dérive.

Euphonie, du grec *eu*, bien, et *phôné*, voix ; ce qui rend la prononciation douce et coulante. (A-t-il dit : *t* est mis par euphonie.)

Exception, substantif féminin, de excepter, en latin *exceptio*. Formé du verbe : *excipere*, *exceptum*, exclure, excepter. (Il y a peu de règles sans exception.)

Exposition, substantif féminin, d'exposer, en latin *expositio*, dérivé de *exponere*, exposer.

Expositive, adjectif féminin, qui est mis en vue. Ce mot a la même étymologie qu'exposition.

Figure, substantif féminin, du latin *figura*, forme extérieure de choses ; tour de mots, de phrases, qui donne de la grâce, de la vivacité au langage.

Genre, substantif masculin, du latin *genus, generis*, ce qui est commun à plusieurs espèces. (Il y a des substantifs du genre masculin, d'autres du genre féminin.)

Gérondif, substantif masculin, du latin *gerundia*, formé de *gerere*, porter. (En allant.)

Grammaire, substantif féminin, du grec *grammatikè*, formé de *gramma*, lettres, parce que les lettres sont les éléments du langage.

Harmonie, substantif, du grec *armonia*, accord. (Harmonie des sons.)

Homonyme, substantif et adjectif, du grec *omonumos*, formé de *omos*, semblable, et *onuma*, nom ; mots qui se prononcent de la même manière, mais qui expriment des choses différentes. (Son d'un instrument ; son, farine.)

Hyperbate, substantif féminin, du grec *uperbaton* (on prononce *uperbatone*) action d'aller au delà, inversion. (Elle approche la mort redoutable ; au lieu de la mort redoutable approche.)

Hypothèse, substantif féminin, du grec *upothésis*, formé de la préposition *upo*, dessous, et de *tithémi*, poser, établir ; supposition d'une chose possible ou impossible dont on tire une conséquence.

Immédiat, adjectif, du latin *in*, particule négative, et *medium*, milieu ; sans milieu, sans intermédiaire.

Immédiatement, même étymologie. (L'article précède immédiatement le substantif : la rose.)

Impératif, du latin *imperatum*, commandement. Mode qui exprime le conseil, le commandement.

Incidente, du latin *incidere*, tomber ; proposition incidente, qui est enclavée dans la principale pour la compléter : on l'appelle aussi subordonnée.

Indicatif, substantif masculin, du latin *indicare*, indiquer ; mode des verbes qui exprime l'existence, l'état, l'action d'une manière absolue.

Infinitif, substantif masculin, du latin *infinitivus*, formé de là particule négative *in* et de *finire*, finir. Mode qui exprime l'état ou l'action d'une manière indéterminée.

Initiale, adjectif, du latin *initialis*, formé de *initium*, commencement. (Lettre initiale.)

Interjection, substantif masculin, du latin *interjectio*, formé de *inter*, entre, et *jacere*, jeter ; mot jeté au milieu du discours pour exprimer les mouvements vifs de l'âme.

Interrogatif, substantif masculin, du latin *interrogativus*, formé de *interrogare*, interrogation, faire des questions, qui sert à interroger, qui marque interrogation. (Aimez-vous le Seigneur ?)

Invariable, adjectif, de la particule négative *in* et du verbe *variare*, varier ; qui peut varier, changer ; invariable, qui ne peut changer. (L'adverbe est un mot invariable.)

Langue, substantif féminin, du latin *lingua*, langage, idiome d'une nation.

Lettre, substantif féminin, du latin *littera* ; chacun des caractères de l'alphabet.

Lexicologie, substantif féminin, du grec *lexikon*, dictionnaire, et *logos*, discours ; science des mots sous le rapport de l'étymologie et des différentes acceptions.

Locution, substantif féminin, du latin *locutio*, formé de *loqui*, parler : expression, façon de parler.

Logique, substantif féminin, du grec *logiké*, science qui enseigne à penser et à raisonner juste. (Analyse logique.)

Majuscule, substantif et adjectif, du latin *majusculus*, un peu plus grand ; grande lettre.

Méthode, substantif féminin, du latin *methodus*, pris du grec *methodos*, ordre que l'on suit pour dire, faire ou enseigner quelque chose.

Minuscule, substantif et adjectif, du latin *minusculus,* un peu plus petit ; petite lettre.

Monosyllabe, substantif masculin, du grec *monos,* seul, et de *sullabé,* syllabe ; mot d'une seule syllabe.

Négatif, adjectif, du latin *negativus,* formé du verbe *negare,* nier ; qui exprime une négation.

Négation, substantif féminin, du latin *negatio,* formé de *negare,* nier ; action de nier.

Nombre, substantif masculin, du latin *numerus,* unité ; collection d'unités ; propriété qu'ont les mots d'indiquer l'unité ou la pluralité au moyen de leurs terminaisons.

Note, substantif féminin, du latin *nota,* remarque, commentaire sur un écrit ; observation sur une phrase, sur un mot.

Observation, substantif féminin, du latin *observatio,* formé de *ob,* autour, et *servare,* garder ; accomplir ce qui est prescrit, considérer avec attention ; réflexion, remarque.

Oral, adjectif, du latin *os, oris,* bouche ; qui se transmet de bouche en bouche ; qui est dit de vive voix. (Composition orale.)

Orthographe, substantif féminin, du grec *orthos,* droit, et *graphô,* j'écris ; art d'écrire correctement les mots d'une langue.

Parenthèse, substantif féminin, du grec *parenthesis,* intercalation ; marques qui servent à renfermer le sens d'une parenthèse.

Parole, substantif féminin, du latin *parabola,* mot prononcé.

Participe, substantif masculin, de participer, formé du latin *pars,* partie, et *capere,* prendre, avoir part à, mot qui tient de la nature du verbe et de celle de l'adjectif.

Passif, adjectif, du latin *passivus,* qui souffre ; verbe passif dont le sujet souffre l'action au lieu de la faire.

Phrase, substantif féminin, du grec *phrasis,* formé de *phrasô,* je parle ; assemblage de mots présentant un sens complet.

Pléonasme, substantif masculin, du grec *pleonasmos*, abondance, répétition d'un mot, d'une idée.

Pluralité, substantif féminin, du latin *pluralitas*, plus grand nombre, plus grande quantité.

Pluriel, adjectif, de *pluralis*, sous-entendu *numerus*, nombre, qui marque plusieurs.

Polysyllabe, substantif et adjectif, du grec *polus*, plusieurs, et *sullabê*, syllabe, formé de plusieurs syllabes.

Ponctuation, substantif masculin, du latin *punctum*, point, art de ponctuer, de mettre les points et les virgules.

Préposition, substantif féminin, du latin *præpositio*, formé de *præ*, devant, et *ponere*, *positum*, poser, placer devant.

Primitif, adjectif, du latin *primitivus*, premier, ancien ; mot dont d'autres sont formés.

Pronom, substantif masculin, du latin *pro*, à la place, et *nomen*, nom ; mot qui tient la place du substantif.

Prononciation, substantif féminin, du latin *pronunciatio*, formé de *pronunciare*, proférer, articuler des lettres, des syllabes, des mots.

Proposition, substantif féminin, du latin *propositio*, formé de *pro*, en avant, et *ponere*, poser ; chose mise en avant pour être examinée, énonciation d'un jugement.

Radical, substantif masculin, du latin *radix*, racine ; qui se rattache au principe d'une chose ; lettres qui sont dans le mot primitif et se conservent dans les dérivés.

Régime, substantif masculin, du latin *regimen*, manière d'administrer, de gouverner ; mot qui dépend immédiatement d'un verbe ou d'un autre mot. Régime a le même sens que complément.

Règle, substantif féminin, du latin *regula*, principe, loi, enseignement ; se dit des préceptes qui servent à l'enseignement des sciences, des arts.

Science, substantif féminin, du latin *scientia*, formé de *scire*, savoir ; connaissance d'une chose, ensemble des connaissances sur quelque matière.

Similitude, substantif féminin, du latin *similitudo*, ressemblance, rapport exact entre deux choses.

Singulier, substantif et adjectif, du latin *singularis*, unique ; en grammaire, nombre qui ne marque qu'une seule personne, une seule chose.

Son, substantif masculin, du latin *sonus*, bruit, ce qui frappe l'ouïe.

Subjonctif, substantif masculin, du latin *subjunctivus*, formé de *sub*, sous, et *jugum*, joug ; ou bien *junctum*, joindre, parce que, à ce mode, le verbe de la proposition subordonnée est placé sous la dépendance de celui de la proposition principale.

Subordonné, adjectif, de subordination, formé du latin *sub*, sous, et *ordo*, ordre, état de dépendance. *Je crois que Dieu est bon. Que Dieu est bon* est une proposition subordonnée.

Substantif, substantif masculin, de substance ; formé du latin *substantia*, qui subsiste.

Sujet, substantif masculin, du latin *subjectus*, soumis, qui est sous la dépendance ; en grammaire, substantif ou pronom qui désigne la personne ou l'objet dont on parle ; en logique, l'un des trois termes essentiels d'une proposition.

Syllabe, substantif féminin, du grec *sullabé*, voyelle seule ou jointe à d'autres lettres qu'on prononce en une seule émission de voix.

Syllepse, substantif féminin, du grec *sullepsis* ; en grammaire, figure qui fait accorder un mot avec l'idée plutôt qu'avec le corrélatif de ce mot.

Synonyme, substantif masculin, du grec *sun* (prononcez *sune*), ensemble, et *onuma*, nom ; se dit des mots qui ont exactement, ou à peu près, la même signification.

Tréma, substantif masculin, du grec *tréma*, trou, parce que ces points semblent deux petits trous au-dessus d'une lettre.

Verbe, du latin *verbum*, parole; en grammaire, partie du discours sans laquelle on ne peut exprimer uu mot, une idée, une pensée complète.

Voix, du latin *vox*, son qui sort de la bouche de l'homme.

Voyelle, du latin *vocalis*, formé de *vox*, mot employé par Cicéron dans le sens de voyelle.

GLOIRE ET AMOUR A MARIE IMMACULÉE !

TABLE DES MATIÈRES.

—

SECONDE PARTIE.

ERRATA.

Page 75, titre du chapitre VII : supprimez *de* avant l'adverbe.

Page 153, ligne antépénultième : *surtout*, lisez : *sur tout*.

Page 210, note, 1re ligne : *ortographe*, lisez : *orthographe*.

Page 233, ligne 24 : *un, Art.*, lisez : *un, Adject.*

Page 252, Questionnaire, ligne 4e : supprimez *sous-entendu*.

Page 268, 6e ligne : *Hauts-des-chausses*, lisez : *Hauts-de-chausses*.

Page 272, 12e ligne : *proprsment*, lisez : *proprement*.

Page, 276, 14e ligne : *trois personnes*, lisez : *troisièmes personnes*.

Page 279, 32e ligne : *pourvoyions*, lisez : *pourvoyons*.

Page 283, 27e ligne : après *confisons*, ajoutez : *Subjonctif.* Que je confise, que nous confisions.

POITIERS. — TYPOGRAPHIE DE HENRI OUDIN.